# 〈悪しき〉文化について

## ヨーロッパとその他者

足立信彦

東京大学出版会

On "Evil" Cultures

Nobuhiko ADACHI

University of Tokyo Press, 2006
ISBN 4-13-010101-3

# はじめに

私はこの本で、人類の「多様性」について考えてみようと思う。

人類が言語、習俗、宗教、文化などの点で実に種々様々であること。それはまったく当たり前のことであって、そのどこに問いをたてる余地があるのか分からない、と言う人もいることだろう。果たしてそうだろうか。

「多様性」について考えるとは、いったい何を問うことなのか。問いの出発点は、たとえば次のような、ささいなことで構わない。

あなたが外国人留学生と友達になったとする。ある日、彼もしくは彼女が、机の上に置いてあったあなたの手帳をめくっているところを発見する。抗議するあなたに対し、彼もしくは彼女は、自分の国では親しくなれば何もかも打ち明けあうのが普通だ、あなたは私の友達ではないか、と応酬してきた。さて、あなたはどう反応するべきか。

隣の部屋に住んでいる外国人が、毎週末、夜になると同国人で集まって、深夜まで楽しそうな歌声やお喋りが絶えない。とても寝ていられないので抗議をしに行ったあなたに対して、彼もしくは彼女から、申し訳ない、母国では皆で集まって深夜まで飲めや歌えの大騒ぎをするのは普通のことなのだ、それにこの集まりだけが異国に住んでいる自分たちの心の拠りどころなのだ、という答えが返ってきた。さて、あなたはそれなら仕方がないと引き下がるべきか。

だが、この種の問いは「ささいなこと」ばかりではない。最近ドイツで起きた事件を例として挙げよう。

ある町の路上で、若いトルコ人女性が、頭部に三発の銃弾を撃ち込まれて死んだ。手を下したのは彼女の弟である。

姉が夫と別居し、ヨーロッパ的な生き方を求めたがゆえに、家族の「名誉を守るため」殺さねばならなかったのだ、と彼は言う。彼は、ドイツの法によって裁かれるだろう。しかし、その行為の背景にある「家父長的」な家族観に対して、われわれはどのように向きあうべきか。

　さらに言えば、特異な一個人による行為ばかりが問題だとは限らない。

　この世界のどこかで、宗教と伝統の名のもとに、夫を失った女性が夫の遺体と共に生きながら焼かれるとしたら、どうだろうか。しかも、この凄惨な死に方を、女性自身が望んでいると聞かされたら。たしかに、このような事件が実際に起こるとしても、それは遠い国の話だ。しかし、それはまぎれもなくわれわれの世界で起きたことなのである。それに対して見て見ぬふりをしたくはない。とはいえ、われわれは一体何をしたらいいのだろう。

　これらの事例はすべて、人類が多様であるがゆえに生じてくる問題である。これだけでも、「多様性」について考えるに充分な理由ではないだろうか。

　これから、このような「多様性の経験」に対処するためにヨーロッパが作り出した、さまざまな言説を論じていく。それらは三つに大別される。

　まず、他者（かれら）を作り上げるための言説。それは、世界の涯に住まう食人種をめぐる言説（第一章）であり、人類を分類する道具立てとしての「人種」についての言説（第二章）であり、そして「反人間的で危険で邪悪な」宗教儀式に関する言説（終章）である。

　次に、自己（われわれ）を作り上げるための言説。それは、ナショナリズムや民族にまつわる歴史物語の言説（第三章と第四章）であり、「文明化の使命」を掲げて植民地支配を正当化する言説（終章）である。

　第三として、このふたつが入り交じって構成される言説。これは、移民の流入によって、自己と他者が絡み合うモザイク状の社会となった現代ヨーロッパ（本書ではドイツを例とする）に対応している。キー・ワードは、同化と統合、差異と普遍、多文化主義と新人種主義などである（第五章と第六章）。

私は、「多様性」をいわば「人類の条件」だと考えている。多様性とは、同じカテゴリーに属しながらも互いに異なった者たちが、位階づけられることなく、同一の平面に広がっている有り様を言う。そこでは、「われわれ」と「かれら」の区別は絶対的ではない。「かれら」は可能的な「われわれ」であり、「われわれ」もまた「かれら」にとって同様なのである。

だが、多様性の経験は、それと知覚されるかされないうちに、ヨーロッパの言説を通じて、自己と他者、「われわれ」と「かれら」の非対称的な経験へと変容させられてしまう。そこから生ずるのは、絶対的相違、敵／味方の二分法である。人類は多様であることを止めて、ふたつに引き裂かれる。

私の目論見は、そのような自己と他者に関する言説が立ち上がる前の地層を掘り起こし、それらの言説によって押しつぶされ埋もれてしまった可能性を救い出すことにある。「われわれ」が多くの「われわれ」のうちのひとつである状態から、「かれら」の対立項としての「われわれ」へと変化する過程を逆にたどり直すことによって、その対立を多様性の経験へと送り返したい。「われわれ」を、そして「かれら」を、この対立、この二分法の桎梏から解放した時、どのような光景が眼前に広がるのか、それを見てみたいのだ。

## 〈悪しき〉文化について——ヨーロッパとその他者　目次

# 第一部——多様性を讃えて

# 第一章　カリブの人喰い人種

## 1　カリブとヨーロッパ

カリブ（カリベ）――それは、人間を食べるとされた人々の名前である。それにちなんで名づけられたこの土地で、食人習慣を意味するカニバリズムという言葉が誕生した。(1) ヨーロッパ人によって食人種の住処として指定されたこの地域が、その後、世界史の中でたどった運命を考えると、この命名行為のもつ残酷さには戦慄せざるをえない。ここでは、つぎのようなことが起きたのだ。

「最初は先住民の労働力を利用しようと企てたが、多くの先住民がヨーロッパ人がもちこんだ病菌ではやった疫病で死んでしまった。戦死した場合もある。労働を強いられた場合も、そのあまりの異質さ、残酷さに耐えられず死んだ。労働の肉体的な苦しさのみならず、文化的に、社会的に適応できない場合も多かった。征服され、破壊され、飢えで死んだ。抵抗して殺された。……〈新世界〉で先住民のほとんどが殺され死滅してしまうと、……広大な土地を持ちながら労働力が不足していた状況を、ヨーロッパ人は人間を鎖につなぐことで解決した。」(2)

カリブ海の先住民に対して、まず奴隷化が試みられた。そして、かれらが、それに耐えられず死滅ないし抹殺されてしまうと、代わりにアフリカから人間が連れてこられた。そのどちらに対しても、食人習慣の嫌疑がかけられたのは偶然だろうか。食人言説と奴隷制――カリブ海域が、ヨーロッパによって支配された世界の最底辺に位置づけられたことをこれほどまざまざと示すものはない。

ヨーロッパは、〈新世界〉に奴隷制を植えつけ、それはその後四〇〇年ちかくにわたって続いた。その期間、ヨーロッパは、世界の軍事的、経済的支配をおしすすめながらも、同時に、物質的にも精神的にも輝かしい近代的成果のかずかずを生み出し続けていた。ヨーロッパとカリブ海域は、いわば光と闇、表舞台と楽屋裏の関係にある。

十九世紀初頭、中南米大陸を調査したドイツ人地理学者アレクサンダー・フォン・フンボルトは、新大陸が征服された当時を思い起こしながら、彼の探検記に次のように書きつけている。

「かれら褐色の肌をした現地人たちの扱いには、アフリカの黒人に対するそれと同様の非人間的な行為がつきものだった。非人間的と言えば、そうした行為がもたらした結果もまた同様で、奴隷の取引は征服者と被征服者の双方を一種動物めいた野蛮な人種に変えたのである。以来現地人の間では争いがより頻繁に起こるようになり、捕虜となったインディオは内陸から沿岸部に連行され、白人に売り渡されてその船の上で鎖に繋がれた。それでもスペイン人はその当時——そしてその後も久しい間——、ヨーロッパでも最も開明的な民族のひとつに数えられていたのである。イタリアの文芸を包んでいた光輝は、その言語がダンテやペトラルカのそれと起源を同じくするすべての民族の上に及んでいた。……ところが海の彼方では、富への渇望が至る所でその力の濫用をもたらし、歴史のどの時代においても、ヨーロッパの民族はひとつの変わることのない性格を露わにしている。レオ一〇世の良き時代も、新世界においては最も野蛮な世紀のものとしか思えないような残忍な行為が目立つばかりだが、より人間的な法制度が整備された今日においてさえ、アフリカの西海岸で依然としておこなわれていることを考えれば、こうしたアメリカ大陸の征服のおぞましい光景さえ色褪せてみえるほどである。」(3)

カリブ海域は、先住民の殺戮、プランテーションと黒人奴隷労働の歴史を通して、ヨーロッパの華やかな物質文明の裏側を見せてくれるだけではなく、ヨーロッパ近代が生み出したすぐれた思想の裏側、その「自己理解」の死角をもかいま見せてくれるに違いない。

だが、それにはふたつの大きな障害がある。

まず、近代ヨーロッパは、たえまなく自己について語り続ける怪物である。この怪物は、批判的視点が自己の外に存在することを許そうとはせず、自分への批判をも自分自身の語りとして回収しようとする。ヨーロッパについて語ろうとする者の多くは、ヨーロッパが自分自身について生産する、ヨーロッパ自身による膨大な言説の網の目にとらえられてしまう。たとえ否定的にであろうとも、その網の目から外に出ることはきわめてむずかしい。

さらに、カリブ海域については、非ヨーロッパ側の「声」を聴くことが事実上不可能だという事情が加わる。先住民が事態をどう見たか、また、なにを考えたかを伝える記録は存在しないか、存在する場合でも解読不能である。したがって、ヨーロッパ側から提供される情報に頼らざるをえないわけだが、しかし、「そのような独語論的な出会いは対話をよそおっているに過ぎない(4)」。

本章では、ひとりのヨーロッパ研究者が、カリブ海域について語ろうとする。しかし、このような理由から、それが、結局は、ヨーロッパについて語るものであることをあらかじめ断っておきたい。これから、習俗の相対性がヨーロッパにおいてどのようにとらえられてきたか、その変遷の歴史について述べる。その中で、カリブ海域という人類最大の暴力を被った地域と、そこに押しつけられた食人言説を通して、相対性というものが本来もつはずのひとつの可能性を示したいというのが、私の狙いである。もし、狭義のヨーロッパのみに視線を限って懐疑主義や相対主義の歴史をたどっていたら、おそらくそのようなことには気づかなかっただろう。カリブ海域というヨーロッパ的世界秩序の最底辺から照らす逆光は、ヨーロッパのもうひとつの形、ヨーロッパ人が望む形とは異なるシルエットを描き出すのではないだろうか。

## 2　黒人少年の食人恐怖

食人言説の大半は、どこか辺境の異民族がおこなうとされる食人習慣に関する物語である。しかし、なかには、以下のような、少し風変わりなものもある。

イギリス人ヘンリー・ボリングブルックは、そのデメララ河流域紀行において、オランダ領ギアナ（現スリナム）を訪れた時の体験をこう記している。(5)

「私は、ある時奴隷市場に行って、新たにアフリカから到着した黒人たちの中に、言い争いをしているふたりの少年がいるのを見つけた。周囲の者は全員、食事が待ちきれず、踊ったり歌ったりしているのに、このふたりの少年だけが、まわりから取り残されていた。その話し方や身振りで、なにかとても興味深いことが話題になっているようだったので、私はふたりをそばに呼ぶ気になった。ふたりのうちの年かさの少年が身振りや片言の英語で説明してくれたことによると、……もうひとりの少年は、白人に売られ食べられてしまうのではないかと怯えていたのだった。」

このエピソードの面白さ（少なくとも当時の読者にとっての）が、一種の逆転の感覚にあることは間違いない。野蛮でひょっとしたら食人すらしかねない黒人から、白人が人喰い人種ではないかと疑われる。なんたる愉快な誤解！そんな誤解はすぐに解ける。白人はそんな連中とは違うことを教えてやろう。

「私は少年を安心させるために、大工が数人働いている中庭へ連れていった。彼の手にハンマーを握らせ、これから家を建てることを学んで、この大工たちと一緒に働くことになるのだということを分からせようとした。すると、彼はハンマーで叩いたり打ったりしてやる気を見せ、それから私のもとへ走ってきて私を抱きしめ、私の唇を指さし、次に自分を指さした。それに対して、私は頭を振って嫌悪感を露わにした。白人は人喰い人種ではないと私が保証したので、この哀れな子供は、見るからにほっとした様子だった。」

この時、おそらくボリングブルックは、善意の救出者が、傷つき恐れる獣にみずからの意図を理解させることに成功した時のような喜びを味わったのだろう。

ここで語られているエピソードにはいくつか興味深い点がある。

なによりもまず、黒人の少年が、よりにもよって白人に対し食人の嫌疑をかけるという、報告されている事実自体が面白い。この印象的なエピソードは、旅行記から抜き出されてフランスの雑誌に掲載された後、ドイツの作家ハインリッヒ・フォン・クライストの手によって「アメリカにおける黒人の状態について」と題され、ドイツの雑誌にも転載された(6)。

クライストがこのエピソードに、わざわざ雑誌で紹介するだけの価値があると認めたからには、当時の読者に対しても、それは興味を惹くものであったに違いない。食人の嫌疑は、ヨーロッパ人が非ヨーロッパ人に対してかけるものであるというのが、著者や読者が共有していた前提であろうから、相手もまたヨーロッパ人に同様の嫌疑をかける、という事実は、軽い驚きを呼び起こしたことだろう。

もし、単なる驚きを越えて、あえてこの事実から何らかの意味をひきだすならば、それはおそらく次のようなものになるはずだ。相手が恐怖によって自分たちヨーロッパ人を食人種とみなすのであれば、自分たちが非ヨーロッパ人をそうみるのも同じ理由によるものかもしれない。見知らぬものへの恐怖が、自分が相手にしているのは人を喰らう化け物かもしれないという疑いをおこさせる。とすれば、見知らぬことが相互的である以上、疑いもまた相互的に生ずるはずである、と。

しかし、エキゾチックな地方で生じた滑稽な小事件を報ずるという記事の性格から考えて、このエピソードをそのように読み解いた者はいなかっただろう。それを書く著者も、それを読むヨーロッパ人の読者も、みずからの健全さについて絶対の自信をもっている。黒人がそのようなおぞましい嫌疑を白人に対してかけるのは、黒人自身がそのようなおぞましい世界に住んでいるからにほかならない、とかれらは考える。食人という習性は、黒人に帰せられることこそあれ、自分に対して向けられるとは想像すらできない嫌疑である。「野蛮な」黒人に対する優越感、それゆえに惹き起こされる「逆転」に対する軽い驚き、そして、そのような「誤解」はすぐに解くことができるという安心感が、このエピソードの読者が感じるであろう愉悦の核心をなしている。

私は、最初に、このエピソードを少し風変わりだといったが、実をいえば、白人と黒人ないし非白人が接触する場面においては、このようなことはさほど珍しいことではない。食人種に関する文献をきびしく検討し、文化人類学においてて自明とされてきた食人習慣の「存在」に疑問を呈したW・アレンズは、タンザニアの農村で自身が「吸血者」とみなされた体験を報告している。彼が「収集したいと思っていたのは、アフリカ人についてのまさにこの類いの話であった。しかし、劇の主役が自分自身であると知って」、彼は狼狽せざるをえなかったのである。(7) ボリングブルックのエピソードが風変わりに見えたのは、通常、食人言説が、相手はひょっとしたら食人習慣をもつかもしれないが自分がもつことは絶対にあり得ない、という非対称性を前提にしているため、相手からの嫌疑を記録することがきわめてまれだからである。「私たち自身の文化伝統を代表する者たちについてこの種のことを信じる者がいても、それは即座に偏見であり、人種差別であるとして斥けられる。しかし、あらかじめ私たちとは異なる範疇に属するとされる他民族を対象として類似の意見が説かれるとき、それはさらに一層の学問的検討を要する事実であると見なされる。(8)」そのために、ボリングブルックのエピソードが示すような、相手から見れば自分たちもまた食人種であるということの深い意味は、見過ごされてしまう。

食人の嫌疑が本質的に相互的であるということ、自分が相手を見ることと相手が自分を見ることが同時に起きているということ、そのことの意味を深く考えるために、まず、ヨーロッパにおける食人言説の歴史を相対性の観点から振り返ってみたい。

## 3　習俗の相対性と王の視点

ヨーロッパにおける食人言説の歴史は古い。『オデュッセイア』には伝説的なライストリュゴネス族[9]が登場する。「民族誌的」記述としてなら、次のヘロドトスの『歴史』の一節が、その最も古いもののひとつである。パダイオイ人と呼ばれる、あるインドの部族について、彼はこう書いている。

「かれらの風習は次のようであると伝えられる。同族民の間で男女を問わず病にかかるものがあると、男の場合は彼と最も親しい男たちが、病やつれしてはせっかくの肉がまずくなると称して、その男を殺すのである。当人は病ではないといいはるが、友人たちは容赦せず殺してその肉を平らげる。病人が女の場合も、右と同じように病人に一番親しい女たちが、男たちと同じことをする。それというのも、この種族では高齢に達したものは殺して食う習いだからであるが、しかしそこまで生き長えるものの数はあまり多くはない。そこに至るまでに病にかかったものは一人残らず殺してしまうからである。」[10]

このぞっとするような情報は、しかしながら、同じく辺境(当時のギリシア人にとって、インドは世界の東端に位置していた)に住むとされる他の諸部族に関する多少空想的な記述に混じって、淡々と語られている。それぞれの時代はそれぞれ異なった世界の広がりをもつものだが、いつの時代も、その周辺部分にありとあらゆる異形の人々、奇妙な習俗と身体的特徴をもつ人々を空想する点ではすこしも変わらない。ただ、異形の人々が住むとされる場所が、世界の広がりにあわせて移動していくだけだ。

そういう意味では、ヘロドトスのこの記事も、時代が早いという以外に特筆すべき点はないように思われる。ところが、もし、この箇所の少し前に、次のようなエピソードが語られていることを知ったらどうだろうか。

「ダレイオスがその治世中、側近のギリシア人を呼んで、どれほどの金を貰ったら、死んだ父親の肉を食う気になるか、と訊ねたことがあった。ギリシア人は、どれほど金を貰っても、そのようなことはせぬといった。するとダレイオスは、今度はカッラティアイ人と呼ばれ両親の肉を食う習慣をもつインドの部族を呼び、先のギリシア人を立ち会わせ、通弁を通じてかれらにも対話の内容が理解できるようにしておいて、どれほどの金を貰えば死んだ父親を火葬にすることを承知するか、とそのインド人に

訊ねた。するとカッラティアイ人たちは大声をあげて、王に口を慎んで貰いたいといった。」(11)

ここで語られているのは、習俗の多様性である。たしかに、死んだ親の遺体を食べるという習慣は、ギリシア人の眼から見て、あるいは、現在のわれわれの眼から見ても、異様なものであろう。しかし、異なる土地で異なる風習がおこなわれるということは、たとえその風習がどんなに異質なものであろうとも、「郷に入りては郷にしたがえ」にあたる諺がたいていの言語に存在するように、広く受け入れられた民衆的な知恵と言ってよいだろう。

このテクストが興味深いのは、単に奇妙な習俗が語られているところにあるのではなく、異なる習俗の出会いを仕組み、お互いにお互いを異様だと観ずる二組の人々を眺めて愉しむ存在が書き込まれているからである。世界帝国ペルシアの王であるダレイオスは、狭隘なギリシア人とは違って、この世の習俗はさまざまであるばかりでなく、時には相容れないものであること、つまり相対的であることを知っている。しかも、彼はそれを愉しんでいる。なぜなら、それは、彼の帝国の広さと彼の権力の大いさの証だからである。ポリスという小さな世界にその存在を託しているギリシア人には、そのような視点を獲得することは決してできない。(12)

このダレイオス王の有名な逸話が、さまざまな辺境諸民族の生活誌に先だって掲げられていることを知ると、われわれは、それらを結びつけて読みたい誘惑にかられる。パダイオイ人のおぞましい食人習慣も、ひとつの習俗として受け入れるべきだ、とヘロドトスは示唆しようとしているのだろうか。しかし、実際には、ヘロドトスはそのようなことは何も語らない。ダレイオス王に関する一節は、次のようなピンダロスの引用で締めくくられているのである。

「ノモスこそ万物の王なれ」

ヘロドトスは、この逸話を、ギリシア人がノモスと呼ぶもの（習俗、掟、法）がいかに強く人々を支配するものであるか、人はいかにノモスに忠実であるかを示す例だと考えた。それゆえ、テクストに書き込まれているダレイオス王の存在、習俗の相対性を見はるかす王の視点は、完全に黙殺されている。

事実、ギリシアにおけるその後のノモスに関する議論は、ノモスとピュシスの対立を軸に、どちらが人間の行動を決定するものであるか、人々を支配するその力の強さをめぐってもっぱら戦わされることになった。(13) プラトンのテクストにもまた、同じピンダロスの詩句が登場するが、そこでは、ソクラテスの論敵カリクレスが、ノモスとは、実は強者が弱者を支配する「自然の正義」を意味するとして、詩句のつづきを引用する。

「ノモスこそ万物の王なれ
死すべきもの　不死なるもの　なべてのものの
非道のかぎりをなしつつも
至高の腕力にて　これを正しとす」(14)

こうして、この世界にさまざまな習俗が存在するという事実を、習俗の支配力ではなく、その相対性の観点から眺めるためには、東と西の融合がなし遂げられ、ギリシア人の視野が拡大したヘレニズム時代、とくにその懐疑主義を待たなければならない。セクストス・エンペイリコスの『ピュロン主義哲学の概要』は、懐疑主義の一〇の方式と呼ばれるものを伝えているが、その最後の方式は、生き方、習慣、法、信仰、教義の相対性を判断保留の根拠として挙げる。

「たとえば、習慣と習慣を対置するのは次のようにしてである。エチオピア人の一部の者たちは、生まれたばかりの赤ん坊に入れ墨を施すが、われわれはそんなことはしない。またペルシア人は、きらびやかで足まで届く衣服を着るのを上品なことと考えているが、われわれは見苦しいことと考えている。そしてインド人は公衆の面前で女と交わるが、他の大多数の民族はそれを恥ずべきことと考えている。」(15)

そして、この方式は、次のような考察によって締めくくられる。

「諸々の物事の変則性はかくも大きいことが示されるのであるから、存在する事物が自然本来的にどのようなものであるかをわれわれは言うことができないのであって、われわれに言えるのはただ、この生き方と相対的に、あるいはこの法律と相対的に、あるいはこの習慣、またその他のひとつひとつと相対的に事物がどのようなものとして現れるかということだけであろう。したがって、この方式によってもまた、外部に存在する諸々の物事の自然本来のあり方についてわれわれは判断を保留しなければならないのである。」(16)

このようにして、食人習慣を最も忌むべきものとして最外縁に配置してきた習俗の多様性のパノラマは、古代懐疑主義において、一種の相対化を経験することとなった。もしわれわれに言えるのが、これこれの事物はこれこれの習俗に対して相関的であるということだけであるなら、われわれの習俗は正常であり、かれらの習俗は異常であるとは言えないだろう。かれらはかれらの習俗にとって当然のことをしているに過ぎない。同様にして、われわれの習俗の正常さも、われわれにとってだけのものに過ぎない。われわれは、事物の本来のあり方については何も知らないのである。

そして、セクストスは、ヘロドトスにとっては思いも寄らなかったであろう対比へと、導かれていく。

「人肉を食することもわれわれの地では不法であるが、他国の諸部族全体においては無差別のことである。それに他国人をわざわざ持ち出さなくても、テュデウスも敵の脳味噌を食べたと言われているし、またストア派も、他人の肉であれ自分の肉であれ、人が人肉を食べるのはおかしなことではないと言っているのである。」(17)

## 4　懐疑主義と視点の相対性

一五六二年における『ピュロン主義哲学の概要』のラテン語訳出版は、ほとんど忘れ去られていた古代懐疑主義の姿をヨーロッパに知らしめることとなった。その衝撃の深さと近代哲学の成立に果たした役割の重要さは、最近の研究によって徐々に明らかになっているが、それによれば、古代懐疑主義、とくにピュロン主義の衝撃を受け止めた最初の重要な人物はモンテーニュである。『エセー』中の長大な一章「レーモン・スボンの弁護」は、セクストスの影響をはっきりと示している。

「われわれは耳朶に穴をあけているが、ギリシア人はこれを奴隷のしるしとしていた。われわれは妻と交わるのに隠れてするが、インド人は人前でする。スキュティア人は神殿に外国人を犠牲として捧げたが、他の国では神殿が外国人の避難の場所となった。」(18)

モンテーニュにとっても、習俗の相対性は格好の論題であった。したがって、食人に関する次のような一節が現れるのは当然ともいえる。

「自分の父親を食うことを想像するくらい恐ろしいことはない。だが、昔この習慣をもっていた国民はこれを親に対する敬愛と親愛の証拠と考えていた。そうやって、祖先の遺体を自分たちの体内に、いわば骨髄の中に宿し、消化と滋養を通して自分たちの生きた肉と化して、ある意味でよみがえらせ再生させることによって、もっともふさわしく立派な墓所を与えようとしたのである。この迷信が頭にしみこんだ人々から見れば、親の遺骸を土中に腐らせて動物や蛆虫どもの餌食にさらすことがいかに残酷で、忌むべきものであるかは想像に難くない。」(19)

しかし、ここには、ヘロドトスとはもちろん、セクストスとも異なる要素が含まれていることは見逃すことができない。セクストスにとって、習俗の相対性は、事物の本来のあり方に対するわれわれの判断を差し控えるよう促す多くの契機のうちのひとつに過ぎなかった。懐疑主義の一〇の方式のうちにあげられている他の例、たとえば、「同じ塔が、遠くからは円いものとして、近くからは四角のものとして現れる」[20]というような感覚に左右される知覚の問題と、つまるところ同じ結論に導くものとして考えられていたのである。

ところが、モンテーニュはここで、さらに一歩踏み込んで、そのような「迷信」を抱く人々がなぜそう考えるにいたったのか、かれら自身にとっての理由を問題にする。かれらの思考をたどり直すことによって、いかにおぞましい習俗といえども、当人たちにとっては充分筋の通った行為であることを発見し、逆に、かれらの眼に映る自分たちの習俗こそがおぞましいものであろうと推測している。つまり、モンテーニュは、習俗の背後に、それをおこなう集団独自のものの見方、その内的な思考を想定しているのである。

これは、集団としての「他者」の設定だと言ってよいだろう。モンテーニュは、単に習俗の相対性を認識したのではなく、習俗の背後にいて、習俗がその内的思考の表現になるような、ある集団的主体を想定している。それは、相対性が対象のレベルで確認される――世界にはさまざまな習俗があるという珍しくもない認識――だけでなく、世界を見る見方それ自体においても意識されたことを意味している。この想定によれば、世界を見る視点の相違が、それぞれの集団が示すさまざまな習俗の相対性の原因なのである。

自分たちとは異なったやり方で世界を見る集団を想定して初めて、かれらの世界のなかでは自分たちはどう見えるのだろうか、という設問が可能になる。また、それは、自分たちも同じようにそれ独自の世界に住んでいて、自分たちが見ている他の集団の姿はあくまでも自分たちの世界に映ったかれらの像に過ぎない、という考えにおのずから導くだろう。そうすると、異なった世界に住む人々は、自分たちの目に映る「異常な」姿とは異なる、かれらなりの「正常な」本当の姿をもっているに違いなく、われわれとは異なる論理で生活するその「正常な」姿を「理解」する、という課題が生じることになる。いうまでもなく、この時すでに、「異常」と「正常」という対立概念自体が相対化されているのである。

習俗を、このようにある集団的主体の内的思考と関係づけることによって、その相対性はまったく新しいパースペクティブのうちに捉えられることになった。この広大な世界にみられる習俗が多種多様であることは、塔の例に示されるような、単に感覚表象が主体の条件と位置によって変化するというような相対性ではないし、ヘロドトスが考えたように、各人はそれぞれの習俗の奴隷であるといったことを意味しているわけでもない。習俗の相対性は、世界を見る見方がさまざまであり得ること、そして、われわれの見方もまたその多くの見方のうちのひとつに過ぎないことを告げている。それゆえ、われわれは、われわれの見方のみに固執せず、もし「かれら」の見方から見たらものごとはどう見えるだろうか、とつねにみずからに問いかけるよう促されるのである。

## 5　相対性について

さて、ここでいったん、相対性（relativity）という概念について整理しておきたいと思う。私はいままで、相対性という言葉をとくに定義することなく使ってきた。しかし、私から見て、この語の一般的な使用法には、すくなくとも三つの意味があるように思われる。

第一に、対象レベルでの相対性を指している場合である。これは、別の言い方をすれば多様性であり、同じ名で呼ばれるものがいろいろある、という事実を端的に表している。とくに、その中で、とうてい相容れないように見えるものが同じ名前のもとに共存する場合を、狭義の意味で相対性と名づけることもできる。このような対象の多様性は、それ自体では、ものには真のあり方は存在しないとか、あったとしてもそれは知り得ない、というような人を不安にさせる結論に導くものではない。むしろ、ヘロドトスが語るダレイオス王のエピソードのように、繰り広げられる多様なパノラマのうちに悦びが見いだされることすらある。

次に相対性と呼ばれるのは、対象とそれを見る視点の関係に関するものであって、相関性といってもよい。広い意味で、対象のありようはそれに対する見方に依存していると考える場合に、このような相対性が意識される。知覚は主体の条件に左右される、認識は概念枠に依存する、世界観は言語によって制約される等々である。さらに、ここから、懐疑主義や不可知論が帰結することもある。

最後に、視点同士の相対性をあげることができる。この意味での相対性で重要なのは、それが平等化と視点交換の可能性を含みもっていることである。ものを見る視点のあり方そのものが複数存在することが可能で、自分の視点もまた、多くのもののひとつに過ぎず、とくにそれを特権化する根拠は存在しない。自分の視点は、いわばたまたま選ばれたものにすぎない。だとすれば、同じく偶然に選ばれている他者の視点と取り替えてみること（を想像すること）は決して無理なことでも馬鹿げたことでもないだろう(21)。

実際、このように他者の視点を想像してみることはめずらしいことではない。たとえば、クセノパネスは、種や民族が違えば神の観念もおのずから違うだろうとして、ギリシア人の神の観念の独断性に次のような一撃を加えている。

「しかしもし牛や馬やライオンが手を持っていたとしたら、あるいは手によって絵をかき、人間たちと同じような作品を作りえたとしたら、馬たちは馬に似た神々の姿を、牛たちは牛に似た神々の姿を描き、それぞれ自分たちの持つ姿と同じようなからだをつくることだろう。」（断片一五）

「エチオピア人たちは〈自分たちの神々が〉平たい鼻で色が黒いと主張し、トラキア人たちは自分たちの神々の目は青く髪が赤い〈と主張する〉。」（断片一六）(22)

ここでクセノパネスのねらいは神の観念の相対化にあるわけだが、一般的に言って、ある独断的な主張に対し、他の視点から見れば同じ事柄が違う風に見えるだろうと反論するのは、私たちがしばしば用いる議論の技巧でもある。そして、よく考えると、そのような議論は、通常、二段階のステップを踏んでいることがわかる。つまり、異なった種や「野蛮な」民族ですら、その内的思考においては、われわれと同じように「理にかなった」動機と思考様式をもっていると想定し（神々を描き、造る。モンテーニュの場合なら、親に対する敬愛と親愛）、ただし、その考えの具体的内容と表現は、たまたまそうであるに過ぎない偶然的な理由（動物には手がない、エチオピア人は色が黒い等。モンテーニュの例ではとくに示されていない）でわれわれと異なっている、と論じるのである。別な言い方をすれば、動機や思考様式の同一性（その在処として、動物や集団にも内的世界を想定することが必要である）が、種や風土などのなんらかの本質的でない要因によって、結果的に多様性として現象している、ということである。むろん、動機や思考様式それ自体がさまざまであることもあるだろうが、そういう場合には、さらにそれらに先行する同一性を想定し、多様化をひきおこす別の要因（言語等）の介在を主張すればよい。いずれにせよ、同一性―多様化要因―多様性という、この議論のパターンが崩れることはない。

このように整理してみると、習俗の相対性に対するモンテーニュのとらえ方のなにが新しいのかが、一層はっきりする。

モンテーニュは、習俗を集団的主体の内的思考の表現とみなすことで、習俗と集団の思考を関係づける（相関性）。さらに進んで、思考様式の同一性ともろもろの思考内容の本質的平等を想定し、視点の交換（理解）可能性に言及する（視点の相対性）。つまり、彼は、相対性という概念がもち得る含意を、集団に対して、最大限ひきだしていると言えるだろう。これらの特徴は、はるかのちに、文化相対主義と呼ばれる考えの基本線を定めることになる。モンテーニュと共に、古代懐疑主義とは異なる「新しい型の懐疑主義的体験[23]」が登場したのである。

モンテーニュが懐疑主義に新しい局面をひらくにあたって、当時新大陸からもたらされていたさまざまな情報がなんらかの役割を果たしたであろうことは想像に難くない。彼は、それまでの懐疑主義者がしたように、古典古代からさまざまな例や意見をひくばかりではなく、新大陸住人たちの生活風習をも自分の議論に取り入れようとした。このことは、ただ議論の素材を収集する範囲が広がったというにとどまらない、大きな意味をもっている。異国辺境の習俗が、怪しげな風聞にもとづく好奇心の対象から、自国文化に対する厳しい批判と自省の契機へと転換したのである。有名な「食人種について」と題されたエッセイにみられるように、「野蛮」とされる人々の習俗と行為が示す高貴さは、ひるがえって自分が属する集団の優越に対する疑いを呼び起こすことになった。そのようなことは、他者集団にそれ独自の思考を想定し、かれらの側から自分たちはどのように見えるのか、と考えることなしにはあり得ない。

他者集団は、神話や伝説の中ではなく、現実感のある生きた存在として現れる時、自省と自己批判の契機となる。つまり、特有の自然的、歴史的コンテクストをそなえ、具体的な気候や地形、歴史や文化の中に存在していて初めて、それ自身の独自な視点をもち、それ自身の独自な思考にしたがって、自己を表現する主体と見なされるようになる。そして、かれらが独自のコンテクストの中に生きているがゆえに、そしてわれわれもまたそうであるがゆえに、まさにそのコンテクストを手がかりとして、われわれの視点とかれらの視点を（仮想的にではあれ）交換できると考えられるのである。

この考え方は、ふたつの相異なる傾向を精妙に結びつけたものだと言えるだろう。あらゆる習俗の背後に同一の思考の様式を見い出し、視点の交換可能性を想定する点で、それは、すべての人間に共通する普遍的要素（consensus gentium）に着目している。異なる習俗を蛮人がおこなう理解不能な事柄として斥ける態度に較べれば、はるかに「普遍主義的」であると言える。しかし、他方で、他の集団の習俗を、その人々がおかれた具体的なコンテクストを手がかりとして理解しようとする点で、それは「相対主義的」あるいは「差異主義的」である。相違を生み出す偶有的な要素を取り除き、あとに残った純粋な普遍的要素を通じて他者を理解しようとするのではなく、他者を他者たらしめている具体的なコンテクストこそ他者理解の鍵だと考えているのである。それは、自己と他者の相違を取り除くのではなく、自己と他者の違いの原因を突き止めることによって、他者の、そして結局は自己の理解にいたろうとするものである。モンテーニュの新しさとは、彼の思考が、このようなふたつの相反する傾向の間で微妙なバランスを保っていることから生み出されているに違いない。

右の三節にわたって、食人言説を素材としながら、ヨーロッパにおいて異民族に対する視線が相対化される過程をたどってきた。次の節では、冒頭にあげたボリングブルックのエピソードが提起している問題に戻り、ヨーロッパ人が相手側から見れば食人種として現れるということの意味を、あらためて考えてみることにしよう。

## 6　恐怖の交換あるいは相互性

実をいえば、食人恐怖の相互性は、ヨーロッパ人と新世界住民との接触の最初の記録に、微かではあるもののすでにその姿を現している。コロンブスの第一回航海の『航海誌』一一月二三日の記述にはこうある。

「連れていたインディオたちはこの陸地をボイーオと呼んでいた。かれらはこの陸地はとても大きく、額にひとつだけ目を持つ人間やカニバルと呼ばれる人間がいると話した。かれらはこのカニバルにひどく脅えていた。〔提督が〕その方向へ向かうのを見ると、食べられてしまうとばかり口がきけなくなり、かれらはしっかり武装していると話したと〔提督は〕述べている。……同じようなことはキリスト教徒や提督について、一行をはじめて見たインディオの何人かが考えたことである。」(24)

これは、カニバリズムという語の起源となる一節であるが、オリジナルの航海誌は失われたため、われわれは現在、ラス・カサスによって要約、編集されたものしか目にすることができない。記述が、提督を主語とする三人称になっているのはそのためである。そして、引用の最後の一文は、ラス・カサスによる挿入だと考えられる。

インディオたちが、見知らぬ部族を食人種として恐れるとすれば、見知らぬヨーロッパ人たちをも同様に恐れたに違いない、とラス・カサスは言う。彼がそのように言うのは、食人幻想が見知らぬ相手に対する恐怖に起因すると考えたからに他ならない。彼は、食人の嫌疑が相互的に生じるものであることを知っていたのである。

ここで注意しなければならないのは、この場合、視点の交換が、モンテーニュの場合ともまた違う、新たな経験をもたらしている、という点である。というのは、ラス・カサスは、インディオの視点を仮想的にとることによって、世界をいままでと違った風に見るというのではなく、むしろ、世界の対称性とでも言うべきものに気づいているからである。自分が相手を恐れるならば、相手もまた自分を恐れている。鏡の手前と奥の世界が対称であるように、ヨーロッパ人とインディオたちは、相互に同じ恐怖をもって見つめあっている。同じ恐怖が、ただ方向だけを逆転させる。

恐怖の交換というこの新たな経験は、新世界住民との現実の出会いがあってはじめて可能となる。自分たちが見ているものは、同時に自分たちを見るものでもある、というこの経験を、おそらく相対性という言葉の四番目の意味として加えるべきだろう（相互性）。この世界に視点が複数あることを認めるならば、他の視点によって見られるということは、ひとつの視点にとって本質的なことに違いない。

このような経験は、他の視点との直接的な接触の場に入ることによって初めてもたらされる。異民族に関する報告にもとづいて、自分とは異なる他の視点から世界はどう見えるであろうか、と想像するだけでは、得ることができない。これはひとつの共生の経験、もしくはその端緒であり、すでに挙げた相対性の三つの意味が理論的なものであったのに対して、むしろ実践的な性格を帯びている。異なった視点をもつ者同士が同じ場を共有するという経験、見る者がつねに同時に見られる者でもあるということは、他者集団の理解をめぐるヨーロッパの言説の中に決定的に新しい問題を作り出したし、今日もなお、いやむしろ今日でこそ、問題であり続けている。

ここで、付け加えておくならば、原住民はヨーロッパ人を食人種として恐れているらしい、ということには、コロンブス自身すでに気づいていたと思われる。一二月一三日には、エスパニョーラ島の住民について、次のように記されている。

「キリスト教徒たちに同行したインディオがかれらのあとを追いかけ、大声で、怖がることはない、キリスト教徒たちはカニバの人間ではない、その反対で、天から来た人間であり、会う人すべてに素晴しい品を配っていると話した。」(25)

もっとも、コロンブスとインディオの間の意思疎通は「われわれは日毎にインディオの言葉がわかるようになり、かれらも同じです。とは申せ、かれらが意味を取り違えるのは毎度のことです(26)」という程度であった以上、インディオが仲間になんといって呼びかけたか、コロンブスが正確に理解していた保証はない。

コロンブス自身が、この時、食人種の存在を信じていたかどうかはわからない。ラス・カサスは、「カニバとはこの地のすぐ近くに住むグラン・カン(27)の配下にほかならないと考えます。かれらは船を保有し、この地に来ては捕虜を獲るものと思われます。そして、連れ去られた者が帰って来ないため、かれらに食べられたと思うわけです(28)」という言葉をコロンブスの日誌から引用している。

しかし、そもそもろくに言葉も通じない段階で、カニバルとかカニバといった単語(今となってはそれが何を意味していたのかわからない)が、現地の言葉で人間を喰らう人々を指すと解釈した時、コロンブスは、ヨーロッパ人が長く培ってきた食人種のイメージをそこに投影した。その結果、たとえ、コロンブス個人がどう考えようと、それは、ついに食人種を現実に発見したというヨーロッパ人たちの興奮を妨げることにはならなかったのである。

コロンブス第二回目の航海に同行したディエゴ・アルバレス・チャンカ博士は、帰国後、セビリア市会にあてた書簡の中で、かなりの紙数を割いて、いわゆるカリベ族のおぞましい風習について報告している。

「カリベ族の風習は獣のそれです。……かれらは他の島々を略奪し、手当たり次第に女を、とりわけ若くて美しい女を連れ帰ります。……これらの女が話すには、カリベ族は信じられないほど残虐なことをしています。すなわち、かれらはこれらの女との間に生まれた子は食べてしまい、土地の女との間に生まれた子だけを育てるということです。かれらは男を捕らえると、生きていれば家に連れ帰って料理し、死んだ男はその場で食べるということです。女たちが話すには、男の肉はとても美味で、これに勝る食べ物はこの世にないということですが、これは本当のようです。なぜなら、私たちがかれらの家で見つけた骨はかじられるところはすべてかじってあり、骨に付いているのは硬すぎて食べられないところだけだったからです。その島のある家では、鍋に男の首が一つ煮てありました。カリベ族は少年を捕虜にすると、去勢し、成人になるまで働かせ、宴会を催したくなったとき、殺して食べます。なぜなら、女たちの話によれば、少年の肉や女の肉は食べても美味ではないからです。このような少年が三人、私たちのもとに逃げてきました。三人とも男根が切り取られていました。」(29)

このような種類の報告がつぎつぎにもたらされ、新たに発見された世界には現実に食人種が存在する、という観念がヨーロッパに広まっていった。一五五七年には、ハンス・シュターデンの虜囚体験記が出版される。これは、南米トゥピナンバ族の捕虜となり、その際食人習慣を目撃したと称する書物で、ヨーロッパ各国語に翻訳され、広く流布した。(30) ところがそれより半世紀も前の一五〇五年、つまりコロンブスの第一回航海から十数年後には、インディオの人肉饗宴を描いた木版画が登場していたことがわかっている。(31)

やがて、カリブ海の島々の先住民は死滅してしまうが、食人種のイメージは死に絶えることはなく、先住民に代わる労働力の供給源となったアフリカ大陸と、新たな探検の場(つまり新たな辺境)となった南太平洋に対して投影されることになるのである。

## 7 食人実験と相互性の抑圧

アメリカ大陸、南太平洋、アフリカ大陸と、それぞれの場所でつぎつぎに食人種が「発見」されていく過程で、ヨーロッパ人と現地住民の接触において生ずる相互性は、次第に抑圧されていった。それは、第二節にひいたW・アレンズが言うように、ヨーロッパ人ないし白人にかけられる食人の嫌疑は「偏見であり人種差別」であるのに対し、相手にかける嫌疑は「さらに一層の学問的検討を要する事実」だと考えられたからである。別の言い方をすれば、それは、ヨーロッパ人ないし白人が一方的に見る者、すなわち主体となり、現地住民が一方的に見られる者、すなわち客体となるということを意味していた。

これについて、もう少し具体的に見てみることにしよう。次に引用するのは、ゲオルク・フォルスターの『世界周航記』の一節である。フォルスターは、ドイツの啓蒙主義者、地理学者で、十八歳の時、父ヨハン・ラインホルトにつれられて、キャプテン・クックの第二回世界周航に参加し、のちにその記録を出版した。次の部分は、一七七三年十一月、ニュージーランドに関する記録である。

「到着したかれらの目をなによりも驚かしたのは、海辺のちょっと盛り上がったところに、人間の内臓が捨てられている光景だった。ショックから気を取りなおす間もなく、今度はインディアンたちは、人間の身体のさまざまな部分を見せながら、言葉やジェスチュアーを使って、残りは食べてしまった、と告げたのである。……ニュージーランド人が本当に食人種であることに、なんの疑いもなくなった。ピッカーズギルは、旅の記録にイギリスに持って帰るべく、釘と交換になんら臆せずに、この頭部を買い求めて受け取った。仲間と船に戻ったピッカーズギルは、上甲板の手すりのところにそれを引っかけて皆に見せていた。ところが、この頭を見ようと私たち全員が周りに群がっていると、水場のところにいた何人かのニュージーランド人たちがやってきた。かれらはこの曝されている頭を見るやいなや、とても欲しがって、しかも、ジェスチュアーを交えて、この頭部の肉はとてもおいしいのだ、と言うのである。しかし、ピッカーズギルは全部をかれらにやる気はなかった。でも、頬の一部の肉ならやってもいいと、ほのめかすと、かれらはとても嬉しそうな顔をした。するとピッカーズギルは本当に頬の肉を切り取り、かれらに渡した。ところが、かれらは生で食べるのは拒否し、火を通すように要求した。そこで、私たち皆の前で、火にあぶると、かれらは皆が見ているところで、たちまちのうちにがつがつとむさぼるように食べてしまった。それからいくらも経たないうちに、キャプテン・クックが部下と一緒に戻ってきた。話を聞いたかれらも、このきわめて珍しい事件をもう一度見たがるので、ニュージーランド人たちは、船員全員の前で、もう一度この実験（Experiment）をやったのである。」(32)

ボリングブルックやコロンブスの引用とは異なり、ここでは、食人に関する妄想や伝聞が報告されているのではなく、一見、食人という生な事実が記録されているかに見える。フォルスター自身、書斎にたてこもってこの明らかな事実を見ようとしないと、食人種の存在を否定する「哲学者たち」を非難している。

われわれとしては、一応、ここに描かれたような事実が実際にあったものとして受け入れることにしよう。先に述べたように、このような「事実」は、記録された側の資料が存在しないため、厳密な意味での検証は不可能だが、また一方、フォルスターの記録が捏造ないし作為にもとづいていると疑わせる積極的な理由もないからである。

そのうえで、ここで報告されている「食人」という現象、つまり、ニュージーランド原住民が人間のものと覚しき頭蓋骨から削り取った一片の肉を口に放り込むという行為が、どのような環境と条件のもとで生じたのかを考えてみよう。

まず第一にはっきりしているのは、この行為が、ヨーロッパ人観察者にとって、何のコンテクストも背景もなしに出現したわけではない、ということである（一方、ニュージーランド原住民のコンテクストがどのようなものだったか、われわれに知るすべはない）。古代から中世まで、ヨーロッパには、さまざまな世界誌の類を通じて、世界のどこか見知らぬ土地には食人種がいるに違いないという観念が流通してきた。新世界の「発見」は、それを消滅させるどころかむしろ強化した。フォルスターの記録にも、船中で、食人種の存在を否定する者、肯定する者の間で議論がたたかわされたことが記されている。見知らぬ世界に向けるヨーロッパ人の関心の中心には、つねに食人種の「発見」があったのである。

カリブ海の原住民が死滅した後、十八世紀後半には、食人嫌疑の有力な候補者はニュージーランド人になっていた。たとえば、ギボンの『ローマ帝国衰亡史』の第二五章には、ローマ帝国時代のスコットランドに住んでいたとされるアタコッティ族について、次のように書かれている。

「獲物を求めて森を狩りするときなど、かれらは羊群よりもむしろその羊飼いを襲うし、また男女を問わず、そのもっとも逞しく美味な部分をとくに選んで切り取って恐るべき人肉料理に仕立てたといわれる。今では商業と文芸との町であるグラスゴーの近くに、もしそうした食人種が事実いたのだとなれば、われらはスコットランド史の中に野蛮と文明と、およそ両極端の生活があったと考えざるを得ない。そしてそうした省察は、われらの思惟圏を大いに拡めることになろうし、いつか未来のニュージーランドが南半球のヒュームを生み出すことにもなるのではないか、そんな楽しい期待さえそそられるのだ。」(33)

野蛮な食人種の住処であったスコットランドが偉大な哲学者ヒュームを生み出し得たのであれば、いつの日かニュージーランドも文明に偉大な貢献をしないとも限らないという、この発言から、ギボンの時代には、ニュージーランド人が食人種であるという考えが当然視されていたことがうかがわれる。つまり、フォルスター個人ではなく、ヨーロッパ人一般が、食人に関し漠然とした予見をもって、異世界、とくにニュージーランドを見ていた、ということをわれわれは知っておく必要がある。

そのようなあらかじめ準備された理解、そのような「眼」の前に、ニュージーランド原住民のあの行為が出現したのである（これは、差別や偏見といった問題とは異なる。食人の存在を否定する者も、食人をひとつの焦点とする視覚をもっていたという点では、肯定する者となんら変わりはない。これは、対象と、それを観察し意味づける視覚の問題である）。

フォルスターたちは、まったく新しい見たことも聞いたこともない事柄を経験したのではなく（一般的に言って、そのようなものはそれと知覚され得ない）、ある程度予想や仮説のもちあわせがある（と信じる）事実を目撃したのである。したがって、かれらの観察は、実は、自分たちがすでにもっている予想の確認という側面をもっている。フォルスターはいみじくも「実験」という言葉を用いているが、まさにそれは一種の検証実験であったとも言える。かれらの行動をそのようなつもりでもう一度見直してみると、たしかに、純粋な観察というよりは、観察対象への介入をともなう操作的要素が数多く含まれていることに気づかされる。

たとえば、最初に内臓を発見するくだりである。かりにそれが本物の人間の内臓であったとしても、それを目にすることから、それが喰われた人間の残滓であるという「事実」が発見されるまでには、いくつかの操作が必要となる。

まず第一に、言葉が通じないのであるから、身振り手振りで意思疎通をしなければならない。ところが、身振り言語は、一般にそう思われているほど単純明快ではなく、実は、未知の言語の場合と同様、見知らぬ者同士で、一歩一歩意味と理解を確認しつつ進んでいくほかない手探りの過程である。そして、それらの意味と理解が間違いなく正しいことを保証するような最終的な準拠枠が存在しないことでも、未知の言語と変わりはない。にもかかわらず、このことは、観察者にとって必ずしも不利にはならない。というのは、身振り言語は、その場で生成されるというアド・ホックな性格と、見かけ上の明快さゆえに、意思疎通を断念させるよりもむしろ促す方向に働くからである。これが、もし、身振りをともなわない純粋に未知の言語に直面するのであれば、意思疎通の努力が放棄される可能性は高い。

しかし、身振り言語は、観察者に対して、眼前の光景の「意味」を発見するように、より正確に言えば、解釈を推し進めるように促すだろう。ヨーロッパ人船員とニュージーランド人との間に実際のところ生じたことは、事実とその観察というよりは、むしろ、相互作用にもとづいた解釈の過程なのである。前者が事実として目にしたのは、地面におかれた臓物に過ぎないのであり、それが調理された人間の残骸であるというのは、事実というよりも、後者との身振り言語のやりとりの中から取り出されたその「意味」である。ヨーロッパ人と食人種との遭遇という光景は、一見単純に見えるけれども、あらかじめ準備された仮説を確証すべく、周到かつ念入りに、ヨーロッパ人にとって理解可能な「意味」を作り出していく過程であるとも言える。

さらに考慮しなければならないのは、この場面に生じ、ニュージーランド人とヨーロッパ人との関係を支配していたであろう力関係である。ニュージーランド人は、ヨーロッパ人と出会って何を感じ、何を考えたのだろうか。侵入者たちに脅威を感じ、対抗手段として、自分たちの威力を強調する必要を感じなかっただろうか。自分たちは人間を喰ったのだと、本当にかれらが言おうとしていたのだとしても、それは見知らぬ相手を威嚇するためではなかっただろうか。相手を脅すために、そのような表現を用いるということが、かれらの習慣の中にはなかったのだろうか。このような疑問はまだいくらでも続けることができるけれども、それに答えを与えることは決してできない。ニュージーランド人の身振りを解釈するためには、その身振りが生まれてきた条件に関する知識が不可欠だが、それは永遠に失われている。したがって、ヨーロッパ人たちがこの点でも、一見、客観的な事実の観察者のように振る舞いながら、実は、「事実」の形成そのものに影響していた、という可能性は排除できない。

船上でおこなわれた「実験」についても、まったく同じことを言うことができる。男が一片の肉片を口に入れたことが事実だとしても、その背後には、彼個人の、その時その場の、彼の属する集団のコンテクストがあったに違いない。しかし、それが何だったのか、その「事実」にヨーロッパ人の存在がどの程度影響していたのか、もはや知るすべはない。われわれに分かるのは、その「事実」が、ヨーロッパ人のコンテクストにとって、おぞましい内容にもかかわらず、その「意味」の点できわめて親しい、受け入れやすいものだったということだけである。

誤解を避けるために付け加えておけば、私がここで問題にしているのは、食人という事実の有無ではない。人類史において食人を容認していた社会があるかどうかについては、いろいろな議論があり、現在でも決着はついていない。(34) どちらに与するにせよ、それらの議論の焦点は、食人という事実の有無にしぼられる。しかし、私がここで言おうとしているのは、食人が事実として存在しなかったということではなく、また、存在したということでもなく、ヨーロッパ人が食人の「事実」を見たと信じた場面に、いかに多くの、ヨーロッパ人側からの介入と操作が含まれ得るか、ということである。

だが、ヨーロッパ人観察者がそのことを意識していたとは思われない。フォルスターが用いた「実験」という比喩にさらにこだわるならば、この言葉は、ヨーロッパ人による対象操作をはからずも暴露する一方で、同時に、客観的、中立的な観察者として自分を位置づけようとする実験者の意識を表してもいる。ヨーロッパ人の意識においては、食人はあくまでも「発見」されるのであり、自分たちがその現象の成立に関与していることなど可能性としても考えることができない。

食人幻想の相互性は、このような、実験的態度、中立な観察者という意識によって覆い隠されてしまう。ラス・カサスは、それが、見知らぬ集団同士が接触する時に、その臨界面で、相互的な干渉によって生じることを見抜いていた。しかし、その後の多くのヨーロッパ人にとって、食人は、あくまでも端的な「事実」、純粋な観察対象に過ぎなかった。原住民同士の間に生じることはあっても、自分たちがそれに巻き込まれることなど決してあり得ない現象だったのである。原住民や黒人が、白人を人喰い人として恐れることがあった(35)にもかかわらず、ヨーロッパ人にとって、食人は、本来的に非ヨーロッパ世界の出来事であった。

## 8　食人言説から人種主義へ

インディオは「自然に反する(36)」罪を犯した、奴隷となるべき存在なのか、そもそもスペインによる新大陸の征服は正当と言えるのか。征服戦争の正当性は、キリスト教徒たるスペイン王にとって、つねに重大な政治的、神学的問題であった。そのために、多くの学者、修道士が動員され、論戦が闘わされた。食人習慣は、その際の中心的モチーフのひとつだった。

食人言説と奴隷制を結びつける最初の試みは、コロンブスその人に見られる。彼は、第二回航海の際、一足早く本国へ帰還する部下に覚書を託し、カトリック両王に対して次のような提案をおこなうよう指示した。インディオの奴隷化を勧めるためか、ここでのコロンブスは、食人種の存在を確信しているような口振りである。

「汝は両陛下に対し、カニバル族の魂の利益のために、また、当地のインディオの魂の利益のためにも、カニバル族をひとりでも多く御地へ連れてゆくのがよいと考える、と申し述べよ。……カニバル族はとても勇猛で気骨があり、体つきがよく、理解力にとても優れているため、例の非人間的な風習さえ取り除かれれば、他のいかなる奴隷よりも優秀な奴隷になるであろうし、その非人間的な風習もかれらの土地から離されれば、すぐに棄てるであろう。」(37)

この時の奴隷化提案は、カトリック両王によって受け入れられるところとはならなかった。しかし、その後の一五〇三年、イサベル女王は、「カニバレスと呼ばれる者どもの捕獲を許可する勅令」を発布した(38)。植民地における労働力需要増大の圧力によって出されたと思われるこの勅令は、食人種の捕獲と奴隷化を許可している。

サラマンカ大学の神学部教授フランシスコ・デ・ビトリアは次のように問いかける。

「キリスト教徒の君主たちは、ユカタン地方のバルバロの間に見られるような、人肉を食するとか人間をいけにえに供するとかの瀆神的な風習のゆえをもって、みずからの権威と見解に従って、かれらに戦争をしかけることができるか、そしてそれはどの程度まで許されるか。」(39)

さらに、アリストテレスの自然奴隷説を援用して征服の正当性を主張したセプールベダは、ラス・カサスとの名高いバリャドリード論戦のきっかけとなった著書『第二のデモクラテス』の中で、次のように言っている。

「かれらはありとあらゆる放埒な行為や忌まわしい淫らな生活に身を任せ、少なからず人肉を食する傾向にある人々なのです。……かれらは敵を捕まえて、その肉で自分たちの驚くべき食欲を満たさないと、たとえ戦争に勝利しても、まったく空しいこと

だと考えるほど、狂ったように、互いに絶え間なく戦いを繰り広げていたのです。」(40)

彼にとって、これはまさに、インディオが「生まれながらにして奴隷であること(41)」の証拠であった。

食人種すなわちカリベ族を奴隷にしてかまわないのならば、誰がカリベ族なのかを正確に知らねばならない。しかし、アレクサンダー・フォン・フンボルトによれば、当時の試みは、恣意的きわまりないものであった。

「リセンシアド・ロドリゴ・デ・フィゲロアが宮廷の命を受けて(一五二〇年)、南アメリカの諸部族のどれがカリブないし〈カニバル〉人種と見なせるのか、また他のどの部族が〈グアティアオ〉、つまりかつてカスティーリャ人に友好的であった平和的インディオであるのかを確定することになった。〈エル・アウト・デ・フィゲロア〉(フィゲロアの判定の意)と呼ばれる民族誌学的文書は、初期〈コンキスタドール〉の蛮行を説明する最も興味深い記録の一つである。いまだかつて、体系的思考が、気まぐれをもっともらしく見せるためにこれほど貢献したためしはない。……何しろ、言語の類似を斟酌せず、戦闘の後に捕虜を貪った咎を負う未開部族はすべてカリブ人種であると独断的に宣告したからである。……そしてフィゲロアがカリブ族として認めた部族はすべてを奴隷にしてよいこととされる。かれらを売り払おうが、絶滅戦争を仕掛けようが、思いのままにすることができるようになったのである。」(42)

注意を惹かれるのは、フィゲロアよりも、むしろフンボルトの批判の仕方の方である。フンボルトは、『キューバ島に関する政治的試論』の中で奴隷制の現状を鋭く告発し、かなりの波紋を呼んだことからもわかるように(43)、決然たる奴隷制反対論者であった。しかし、ここでのフンボルトの批判は、フィゲロアがカリベ族を認定する際の非学問性、非科学性に向けられているように思われる。フンボルトにとって、どの部族がカリベ族に属するかは言語学的事実にもとづいて判断されるべきことだった。してみれば、そのように、「客観的に」分類されたカリベ族であれば、奴隷に落とされても当然なのだろうか。フンボルトの批判の切っ先に見られる微妙なブレには、フォルスターと同様、この時代の客観性信仰が反映していると考えることができる。

そして、インディオの人口が急速に減少し、替わりに、アフリカから黒人奴隷が輸入されるようになると、食人言説はかれらにむかって投影されるようになる。ひとつの大陸の食人種が消滅し、新たな食人種が発明される。

「キューバ島で黒人が子どもをさらう事件が何回かあったために、スペイン人植民地では、アフリカ人の部族の中には食人種がいると信じられるようになった。……迷信的な風習がこのような非難のきっかけを与えたのだろうが、この非難は、不寛容と迫害の時代にユダヤ人が被った非難と同様不当なものである。」(44)

かつてユダヤ人がキリスト教徒の血で宗教儀式をおこなうとして非難されたように、黒人は、奴隷として働かされたばかりではなく、忌まわしい風習をもった劣等人種との烙印を押されることになる。そして、その是非をめぐる論争もまた繰り返される。ただ、十六世紀スペインにおいて、インディオ奴隷化の是非はキリスト教の枠組みで論じられたが、啓蒙の時代に黒人奴隷制をめぐる議論の背景をなすのは人種主義である。

ギボンが、いつの日かニュージーランドもかれらのヒュームを生み出すやもしれぬ、と讃えたかのヒュームは、次のように書いた。

「私は黒人や一般に白人以外のすべての種類の人間（四つないし五つの種類がある）は、もともと白人より劣っているのではないかと思ってしまう。白以外の皮膚の色をした者で、文明化した国民は存在せず、行為や思考において卓越した個人がいたこともない。かれらの間からはすぐれた工芸品も芸術も科学も生まれなかった。……」(45)

ヒュームは、あるエッセイにつけたこの小さな注によって、十八世紀後半における人種差別理論の最も権威ある後ろ盾と見なされるようになった(46)。

かりにヒュームが十八世紀のセプールベダだとすれば、さしずめ、ラス・カサスにあたるのは『法の精神』(47)のモンテスキューだろう。黒人奴隷制の起源を論じつつ、モンテスキューは、人種主義者の口真似をしてみせる。その不条理を暴くためには、それだけで充分であるかのように。

「現に問題となっている連中は、足の先から頭まで真黒である。そして、かれらは、同情してやるのもほとんど不可能なほどぺしゃんこの鼻の持主である。極めて英明なる存在である神が、こんなにも真黒な肉体のうちに、魂を、それも善良なる魂を宿らせた、という考えに同調することはできない。人間性の本質を形成するものは色であるという考え方は非常に自然であり、このゆえに、宦官を作り出しているアジアの諸民族は、黒人とわれわれとの間にあるより顕著な類似点を、常に除去してしまうほどである。」(48)

モンテスキューの皮肉の効き目も空しく、やがて、人種主義が、奴隷制の根拠として、食人言説にとって替わるようになる。肉体的特徴をもって人種の優劣を判断しようとする人種主義は、ヒュームの印象論を経て、十九世紀前半には頭蓋計測学により「客観的」な基盤を獲得する。食人言説はもはや不要となった。ボリングブルック、この善意あふれるイギリス人は、黒人少年の食人妄想を笑いとばし、「彼の手にハンマーを握らせ、これから家を建てることを学んで、この大工たちと一緒に働くことになるのだということを分からせようとした」。白人は黒人を必要としている、食べるためではなく、労働、奴隷労働の担い手として。

スリナムの奴隷について、十八世紀の最も高名なヨーロッパ人のひとりは次のように書いている。

「ふたり[カンディードとカカンボ…引用者]が町に近づくと、地面に寝そべったひとりの黒人奴隷に出会った。黒人はその服、といっても青地のふくらはぎまでのズボンを、いまはもう半分身につけているだけだった。その哀れな男には左足と右手がなかったのだ。〈ああ！　君、そこでなにをしているのだね〉と、カンディードはオランダ語で言った。〈そんなひどい様子をして〉……〈ええ、そうですよ、ムッシュー〉と、黒人奴隷は言った。〈これがしきたりなんですよ。着る物は一年に二度、麻の短いズボンをいただくだけ。製糖工場で働いて指が挽き臼に引っかかりでもすると、わしらは手を切り落とされる。逃げ出そうとすると、足を切り落とされる。わしは両方の場合に当てはまった。そんな犠牲と引き換えに、あなた方はヨーロッパで砂糖を食っていられるわけでして。〉」(49)

この世界があらゆる可能な世界の中で最良のものだというライプニッツの説に対して、ヴォルテールがおこなった激しい抗議はよく知られている(50)。彼はここで、何万人もの命を奪った一七五五年のリスボンの地震と同様、世界の不完全性を示す数多くの証左のひとつとして悲惨な奴隷の姿を描き出した。だが、この場面をよく見てほしい。手足を切られ地面に横たわる黒人奴隷の姿は、ヨーロッパの図像が繰り返し思い描いてきた食人の犠牲者たちと、なんとよく似ていることだろう。ヨーロッパにとって奴隷の存在は、自分たちが作り出した世界に欠陥が存在することを示す悲惨の一部であった。だが、奴隷とされた者たちから見れば、世界そのものが悲惨だったのである。だとすれば、みずからが喰い尽くされることを恐れる黒人少年の恐怖は、つまるところ妄想だったなどといったい誰が言い切れるのだろうか。

(1) Peter Hulm, *Colonial Encounters*, London; New York: Routledge, 1992, pp. 16f. 〔ペーター・ヒューム、岩尾龍太郎・正木恒夫他訳『征服の修辞学』（法政大学出版局、一九九五年）二〇頁以下〕参照。さらに、本橋哲也「初期近代の旅行記における食人言説」『英国ルネサンスの演劇と文化』（中央大学出版部、一九九八年）二九四頁以下。

(2) シドニー・W・ミンツ、藤本和子編訳『アフリカン・アメリカン文化の誕生』（岩波書店、二〇〇〇年）三一頁以下。

(3) Alexander von Humboldt, *Die Forschungsreise in den Tropen Amerikas*, Teilband 1, 1997, Darmstadt: Wissenschaftliche Buchgesellschaft, S. 222. 〔アレクサンダー・フォン・フンボルト、エンゲルハルト・ヴァイグル編、大野栄二郎・荒木善太訳『新大陸赤道地方紀行（上）』（岩波書店、二〇〇一年）一七六頁。〕

(4) Hulm, ibid., p. 9. 〔同訳書、一二頁。ただし引用文は筆者による。〕

(5) Henry Bolingbroke, *Voyage to the Demerary, containing a statistical account of the settlements there, and of those on the Essequebo, the Berbice, and other contiguous rivers of Guyana*, Philadelphia: M. Carey, 1813, pp. 141.

(6) Louis de Sevelinges, *Mercure de France* 誌の一八一〇年一二月号。Heinrich von Kleist, *Sämtliche Werke und Briefe*, hrsg. v. Helmut Sembdner, 2. Bd., München: Carl Hanser Verlag, 1983, S. 440 ff. cf. ibid., S. 959.

(7) W. Arens, *The Man-eating Myth*, New York: Oxford University Press, 1979, pp. 10f. 〔W・アレンズ、折島庄司訳

『人喰いの神話――人類学とカニバリズム』（岩波書店、一九八二年）一二頁以下。〕
（8） ibid., pp. 19f.（同、二四頁。）
（9） 『オデュッセイア』第一〇歌一〇三―一三二行。
（10） ヘロドトス、松平千秋訳『歴史』Ⅲ・九九（岩波文庫上巻、一九七一年、三五一頁）。
（11） 同前、Ⅲ・三八〔三〇七頁〕。
（12） もっとも、カッラティアイ人のために通訳が用意されたという記述はないので、この対称性は完全ではない。それはヘロドトスがギリシア人の側からのみ情報を得たせいなのかもしれない。
（13） Vgl. A. Diehl, Die Verschiedenheit der Sitten als Argument ethischer Theorie, in *Hermes. Zeitschrift für Klassische Philologie*, Heft 44 (1981).
（14） プラトン、加来彰俊訳『ゴルギアス』四八四B（岩波文庫、一九六七年、一二一―一二二頁）。
（15） セクストス・エンペイリコス、金山弥平・金山万里子訳『ピュロン主義哲学の概要』（京都大学学術出版会、一九九八年）七二頁。
（16） 同前、七七頁。
（17） 同前、三七〇頁。
（18） Montaigne, *Œuvres Complètes*, Paris: Gallimard, 1962, p. 566.〔引用文は原二郎訳『エセー（三）』（岩波文庫、一九六六年）二七八頁から。〕ちなみに、インド人が人前で性行為をおこなうという記述は、すでにストラボン『地理学』第一五巻に現れる。同じ箇所に、かれらは肉親の遺体を食べる、とも記されている。cf. The Geography of Strabo, VII, Cambridge: Harvard University Press (The Loeb Classical Library), 1954, p. 93.
（19） ibid., p. 565.〔二七六頁。〕
（20） セクストス、前掲書、五八頁。
（21） 二番目にあげた相関性が、人は自分の視点にもとづく世界を越え出ることはできないとして、しばしば人々を断絶と孤立に追いやるのに対して、この相対性はまったく逆の可能性を提示している。
（22） 内山勝利編『ソクラテス以前哲学者断片集』第Ⅰ分冊（岩波書店、一九九六年）二七三頁以下。
（23） Richard H. Popkin, *The History of Scepticism from Erasmus to Spinoza*, Berkeley: University of California Press, 1979, p. 53.〔ポプキン、野田又夫・岩坪紹夫訳『懐疑』（紀伊國屋書店、一九八一年）六九頁。〕

(24) 青木康征訳『完訳　コロンブス航海誌』（平凡社、一九九三年）一四〇頁以下。
(25) 同前、一七三頁。
(26) 同前、一七〇頁。
(27) グラン・カン（大汗王）とは、コロンブスがそこに到達できると信じていたカタヨ（中国）の支配者のこと。
(28) 前掲『完訳　コロンブス航海誌』一七〇頁。
(29) 同前、三一八頁以下。
(30) Annerose Menninger, Unter 'Menschenfressern'?, in *Kolumbus' Erben*, hrsg. v. Thomas Beck u. a., Darmstadt: Wissenschaftliche Buchgesellschaft, 1992, S. 68.
(31) Arens, ibid., p. 27.〔同訳書、三三頁。〕
(32) *Georg Forsters Werke. Sämtliche Schriften, Tagebücher, Briefe*, 2. Bd., Reise um die Welt, 1. Teil, Berlin: Akademie-Verlag, 1989, 2. Aufl., S. 402 ff.〔ゲオルク・フォルスター、三島憲一・山本尤訳『世界周航記　上』（岩波書店、二〇〇二年）四一一頁。訳文を一部変更した。〕
(33) Edward Gibbon, *The Decline and Fall of the Roman Empire*, Chicago: Encyclopaedia Britannica, 1952, pp. 398f.〔ギボン、中野好夫・朱牟田夏雄訳『ローマ帝国衰亡史』第四巻（ちくま学芸文庫、一九九六年）一五六頁。〕
(34) Arens, ibid. のほか、Heidi Peter-Röcher, *Kannibalismus in der prähistorischen Forschung*, Bonn: Dr. Rudolf Habelt GmbH, 1994.
(35) すでに第二節でW・アレンズの体験を紹介した。同様の例として、Lewis Hanke, *Aristotle and the American Indians*, Bloomington: Indiana University Press, 1959, p. 131.〔ルイス・ハンケ、佐々木昭夫訳『アリストテレスとアメリカ・インディアン』（岩波書店、一九七四年）四三頁。〕Gananath Obeyesekere, *The Apotheosis of Captain Cook*, Princeton: Princeton University Press, 1992, p. 138.
(36) セプールベダ、染田秀藤訳『征服戦争は是か非か』（岩波書店、一九九二年）一七二頁。
(37) 「アントニ・デ・トーレスに託した覚書」前掲『完訳　コロンブス航海誌』、五五二頁以下。
(38) Hulm, ibid., p. 70.〔邦訳、九五頁。〕
(39) ビトリア、佐々木孝訳『人類共通の法を求めて』（岩波書店、一九九三年）一一三頁。ちなみに、ビトリアは「彼らが人肉を食べるとか、人身御供を捧げるとかが自然の法に反するからということではなく、彼らが不正を他の人間におよぼすから」

（一二八頁）戦争によってこらしめることが許される、とした。
（40）セプールベダ、前掲書、一〇四頁。
（41）同前、一〇六頁。
（42）Alexander von Humboldt, *Die Forschungsreise in den Tropen Amerikas*, Teilband 3, 1997, Darmstadt: Wissenschaftliche Buchgesellschaft, S. 240.〔アレクサンダー・フォン・フンボルト、エンゲルハルト・ヴァイグル編、大野英二郎・荒木善太訳『新大陸赤道地方紀行　下』（岩波書店、二〇〇三年）二一一頁以下。ただし、訳文を一部変更した。〕エスパニョーラ島におけるフィゲロアの活動が、これほどの厳しい批判を受けねばならないのかについては疑問が残る。cf. Lewis Hanke, *The Spanish Struggle for Justice in the Conquest of America*, Philadelphia: University of Pennsylvania Press, 1949, pp. 45f.〔染田秀藤訳『スペインの新大陸征服』（平凡社、一九七九年）六九頁以下。〕
（43）Alexander von Humboldt, *Cuba-Werk*, Darmstadt: Wissenschaftliche Buchgesellschaft, 1992, S. 254f.
（44）Alexander von Humboldt, *Reise in die Äquinoktikal-Gegenden des Neuen Kontinents*, Frankfurt am Main; Leipzig: Insel Verlag, 1991, S. 1136.
（45）David Hume, "Of National Characters," in David Hume, *The Philosophical Works*, vol. 3, Aalen: Scientia Verlag, 1964, p. 252.
（46）Richard Popkin, : "Hume's Racism," in Richard Popkin, *The High Road to Pyrrhonism*, Indianapolis; Cambridge: Hackett Publishing Company, 1993.
（47）「モンテスキューは黒人奴隷や奴隷貿易の正当化論者である」という見解がある（押村高『モンテスキューの政治理論――自由の歴史的位相』早稲田大学出版部、一九九六年、七六頁）。押村が参照文献として挙げている Julien J. Lafontant, *Montesquieu et le problème de l'esclavage dans l'esprit des lois*, Sherbrooke, Quebec: Naaman, 1979 を見てもなお、そこまで言い切れるかどうか疑問が残る。
（48）Montesquieu, *Œuvres Complètes*, Paris: Gallimard, 1951, p. 494.〔引用文はモンテスキュー、野田良之他訳『法の精神　中』（岩波文庫、一九八九年）五八頁以下から。〕
（49）Voltaire, Candide ou l'optimisme, in *The Complete Works of Voltaire*, 48, Oxford: The Voltaire Foundation at the Taylor Institution, 1980, pp. 194f.〔ヴォルテール、植田祐次訳『カンディード他五篇』（岩波文庫、二〇〇五年）三六四頁以下。〕

(50) Vgl. Wolfgang Breidert (hrsg.), *Die Erschütterung der vollkommenen Welt*, Darmstadt: Wissenschaftliche Buchgesellschaft, 1994.

# 第二章　言語・人種・多様性

## 1　フンボルトの問題

『フランソワ・ラブレーの作品と中世』で知られるロシアの文学研究者ミハイル・バフチンは、ある時、次のような簡潔なメモをしたためた。

「フンボルトの基本的な問題、言語が非常にたくさんあるということ（その前提と問題の背景は人類の単一性である）。」（1）

ここで名指されているのは、ベルリン大学を創設した政治家であると同時に、言語哲学者でもあったヴィルヘルム・フォン・フンボルトである。

言語がたくさんあること、つまり、言語の多様性の認識は、十九世紀の言語学が、各々の民族に固有な言語の比較と歴史的解明を主要な任務としていたことを考えれば、あらためて指摘するまでもないかもしれない。しかし、バフチンが、フンボルトにとって「たくさんあるということ」が問題だったという時、単なる比較とは異なることを意味しているのではないだろうか。彼は、言語がたくさんあること自体がひとつの問題を構成する、と言っているのだ。

アマチュアの言語学者であった――もっとも言語学の草創期にあって専門家と素人を区別することに意味があるかどうか――フンボルトは、当時主流の言語学とは異なる場所に問題を設定していた。彼のカヴィ語研究は、たとえば、次章で扱うヤーコプ・グリムがゲルマン語を研究する場合とは異なったモチーフのもとにおこなわれている。種々様々な言語が多数存在する、という事実のもつ意味が、ふたりにとって違っていたのである。

グリムが、ドイツ語辞書や文法書の編纂、そしてあの有名な童話集を通して目指したのは、来るべきドイツ統一国家のために国民意識を醸成することであった。そのためには、ドイツ語と他国語との境界をはっきりさせ、どこまでが「ドイツ」に属し、どこからが属さないかを明示する必要がある。結果的に彼は、多種多様な言語からみずからの言語を抜き出し、それをもって言語の世界を、自分たちのものとそれ以外のものに分割したのである。

それに対し、フンボルトは、ヨーロッパの外にある諸世界のさまざまな言語に目配りし、それぞれに異なった言語はそれぞれに異なった民族的世界観の存在を示唆している、と主張した。彼にとって、言語がたくさんあるということは、それだけたくさんの「世界」がある、ということを意味していた。

ふたりの間に見られるこのような違いが、かれらの言語学がその後にたどった「政治的」運命を決定したと言えるかもしれない。グリムの言語学は、ドイツにおけるナショナリズム（一八四八年三月革命へと至る国民統一運動）と深く関わることになった。そもそも、ヨーロッパにおいて、言語学はナショナリズムと同じ淵源から流れ出したのである。それに対して、フンボルトが言語の多様性に向けた視線は、十九世紀を通じて孤立した試みであり続けた。

バフチンの引用には、意味深い後半部分が存在する。「その前提と問題の背景は人類の単一性である。」ここで、バフチンが言おうとしているのは、言語の多様性は、人類の単一性という理念との相関関係において初めて主題化され得る、ということであろう。だとすれば、私がこれからおこなおうとする議論は、次のような疑問の周りを経巡っていくことになる。「人類は単一であるにもかかわらず、なぜかくも多くの言語が存在するのか。」

## 2　言語と文明の齟齬

「言語は精神がやむにやまれずに自己を流出（Emanation）させたもの」であり、「言語そのもの（die Sprache 単数形）は、自己活動をおこないながらおのれの内からのみ生起してくるものであって、神のごとくに自由であるが、現実の諸言語（die Sprachen 複数形）は拘束を免れておらず、その帰属する諸民族に依拠している」[2]とフンボルトは書く。おそろしく観念論的な論述ではあるが、言わんとすることは、現に存在している諸言語の多様性は、唯一の精神（単数形）から流れ出た唯一の言語（単数形）が、民族という要因の介在によって複数化された結果だというのである。したがって、われわれが直接知ることのできる言語の形態は、唯一の言語ではなく各民族語だということになる。

言語に関するフンボルト独自の見解のうちでも、のちに「言語相対性の原理」と呼ばれることになる見解は、サピア、ウォーフの先蹤として今ではよく知られている。しかし、われわれの関心を惹きつけるのは、この原理の言語学的命題としての真偽ではなく、その文明論的帰結である。フンボルトは言う。

「人間の言語が多様であることと、人類が種々の民族に分かれていることとの相互の関係が明らかになっていくにつれて、人間の精神の生産活動は、度合いを異にしながらも絶えず新しい形成を続けながら次第に展開していくことが理解される。」（15、二〇）

人類が異なった言語をもつ多種多様なグループに分かれているという事実、そして、それらが個々に「度合いを異にしながら」精神的に展開していくという見解は、ではその「度合い」とは何によって測られるのかという問いを誘わずにはおかない。フンボルトの答えは、それは言語によって測られる、というものである。なぜなら、「言語というものは、人間の精神的発展と、その奥底で、ぴったりと結びついているもの」（16、二三）であり、それどころか、「言語が人間の精神の展開にともなうのではなく、言語の状況がそのまま精神の展開そのものである」（16、二三）というような場合さえもあり得るからである。

では、言語の展開の度合いとは何だろうか。

「一見、粗野で未開のごとくに思われている言語でも、構造という点では、歴然とした長所を備えていることがあり得るものであるし、また実際に備えてもいるものであるから、未開な言語とみなされているものが、高度に発達していると思われている言語を凌駕していることもあり得ないことではない。」(28、四一)

そのような例を挙げるとすれば、フィリピンの言語やアメリカ・インディアンの言語がそうであって、これらの言語には「すでに非常に抽象的な概念が表現されている」[3](28、四三)。つまり、「言語と文明というものは、常に同じ度合いで互いに対応し合っているとは限らない」(27、四一)のであり、そこから、次のような結論が引き出される。

「文明および文化は、人間の精神の到達し得る最高の頂点とはみなすことができなくなる。」(30、四五)

この結論は、二十世紀になって、多くの文化人類学者たちが、別の途を通ってたどり着くことになるものである。

## 3 「人種」という概念

人種主義者として歴史にその名を残すジョゼフ・アルチュール・コント・ド・ゴビノーにとって、このような結論は我慢ならないものであった。彼は、その主著において、フンボルトとの対決を試みている。「諸言語は平等ではなく、人種の優劣に完全に対応している」はゴビノーの主要なテーゼのひとつである。だが、その点に立ち入る前に、まず、「人種」という概念が成立してきた経緯と、(人種主義とは区別される「学問」としての)人種理論の成立を簡単にではあるが見ておきたい。

「人種」という言葉は、ヨーロッパの諸言語に含まれる語彙として長い歴史をもっている。この言葉は、高貴な血統を指すものとして、ほぼ十六世紀頃から各国民語の中で広く用いられるようになった。しかし、現在われわれが知るような意味で使われるようになったのは、ようやく十七世紀も終わる頃になってからである。

フランス人の医師にして哲学者、また旅行家でもあったフランソワ・ベルニエは、一六八四年、次のように書いている。

「私はしばしば長期にわたる旅行をおこなったが、その時に出会った人々について気づいたことがあり、地球を（地理学者とは…引用者）異なるやり方で分けたらどうかと思うようになった。というのも、たしかに人々の肉体、とくに顔の外見は住んでいる場所によってほとんどまったくといってよいほど互いに異なるので、多くの旅行経験のある人ならそれでまず間違いなく誰がどこの生まれかを言いあてることができる。私は、人間にはざっと言って四つか五つの種（espèce）ないし人種（race）があることに気づいたのである。これらの違いはきわめて著しいので、地球を新たに分けるための正確な基盤として役立つだろう。」(4)

興味深いのは、ひとつの集団の内部における身分的上下関係の表示（高貴な血統）から、いわば空間的に水平な区別の表示へと移行するこの用語の機能上の変化が、ヨーロッパ人が地球規模へその知見を拡大していく過程で惹き起こされたことである。つまり、「人種」の概念は、人類の多様性という新たな経験に対応し、それにもとづいて世界を分類しなおそうという意欲とともに、現在われわれが知るような、肉体的特徴によって全人類を分類するための道具となったのである。

ヨーロッパ人による新世界の「発見」と、肉体的特徴を指標とする分類の登場が、「論理的」にどのように結びついているのか、正確に分析することは難しい。だが、次のようなことは言えるだろう。ヨーロッパは当初、新しくその存在を知ることとなった新大陸の住民を旧来のキリスト教的秩序の中へ組みこもうとして失敗した。まず、かれらはそもそも人間なのか、という議論があり、次に、ヨーロッパ人と同様人間だとしたら、キリスト教徒ではなく、かといってキリスト教徒の敵でもないこの人々をどう位置づけるべきかという問題が生じた。たしかに、新世界の住民を自分たちと結びつけ、一種の「社会的」な関係——人間の分類とは、しばしば、科学的知識の装いをまとった社会関係の見取り図に他ならない——にもたらすには、何らかの新しい基準が必要であっただろう。しかし、「人種」概念がそのような新しい基準として登場するまでには、まだしばらくの時間が必要であった。

「人種」概念を用いた人類の分類が、人種理論として定着し、ヨーロッパの知的財産となるにあたっては（現在の思想史がそれについていかに口をつぐもうとも、人種理論はここ二世紀以上にわたってヨーロッパ人の世界観を支配した「思想」である）、啓蒙主義がキリスト教の権威に挑んで繰り広げた、ふたつの主題をめぐる論争が大きな役割を果たしている。[5] ふたつの主題とは、人類の起源は単一か複数かという問題と、動物、とりわけ猿と人間の区別に関する問題である。[6]

そして、それぞれの主題は、そこから派生した数多くの問題に取り巻かれていて、それらをめぐって聖職者、医師、旅行家、解剖学者、博物学者、（誕生まもない）人類学者、そして哲学者たちが論争していた。数多くの問題とは、たとえば、アダム以前に人間は存在したか、人間の誕生の地はどこか、猿と人間、あるいは白人と黒人は交接可能か、交接可能だとすれば生まれた子供は生殖能力をもつか、等々である。さらに派生的な問題として、すべての人間は極小のサイズですでにアダムの体内に含まれていたという前成説（Präformation）と漸次分化によって生まれたと唱える後成説（Epigenese）の対立、黒人にだけたかる特別な「ニグロじらみ」が存在するか、などというものまである。

キリスト教の正統な教義は、聖書を典拠として、これらの問題にはっきりした解答を与えていた。人類の起源は単一であり、人間と動物の間には乗り越えがたい溝が存在する、はずであった。

啓蒙主義者たちの一部は、おそらくキリスト教への敵愾心から、人類の複数起源説を支持した。ようやく生まれ始めた科学的な自然研究家たちの中で、敬虔なプロテスタントであったリンネはヨーロッパ人と「ホッテントット」が同一起源をもつことを疑った[7]。一方、ビュフォンは、地球の年齢について聖書の権威に公然と反抗しながらも、人類の単一性については確信していた[8]。牧師であったヘルダーは、アフリカ大陸の住民に関する判断は偏見によって歪んでいるとし、断固として黒人を人類に編入し、同時に動物と人間の連続性を拒否した[9]。逆に、生涯教会と闘った啓蒙の旗手ヴォルテールは複数起源説を支持、黒人を他の人種よりも圧倒的に劣っているとした[10]。

## 4　ゴビノーの人種主義

一八五三年から五五年にかけて刊行されたゴビノーの『人種の不平等性に関する試論』には、これらの、さまざまな分野にわたる錯綜した議論が流れ込んでいる。しかし、この著作が、人種理論が人種主義へと転換する里程標と見なされるのは、単にそこに注ぎ込まれた、いささかとりとめのない博識のゆえではない。ゴビノーの著作には、それまでの人種理論には見られなかった新しい要素が付け加わっているのだ。

それは、ある種の社会的ルサンチマンであって、フランス革命以来の近代に対する没落階級の憎悪、新たに歴史の主人公として登場した大衆に対する恐怖と嫌悪が、この著作の通奏低音をなしている。しかし、実をいえば、「人種」概念がこのように社会的対立の表現として用いられるのは新しいことではない。この概念がフランソワ・ベルニエにおいてすでに述べたような変化を経験する以前、たとえば、スペインにおいては、レコンキスタ完了後にユダヤ人が追放される際の口実（limpieza de sangre 血の純潔）であり、フランスにおいては、新興の法服貴族に対して軍人貴族がその血統の正しさを誇る際の拠りどころだったのである[11]。むろん、これらの古い用法には、われわれが知るような肉体的基準による人間の分類という意味あいはなかったわけだが、ゴビノーは、いわば概念の古層に潜んでいた社会的憎悪というモチーフを蘇らせ、近代的な人種概念の意味に重ね合わせた。その結果、彼の人種理論は、血の原理によって文明の興亡を説明するある意味で壮大な歴史的世界観となり、その諦念とペシミズムに彩られた悲劇的色調によって、ヨーロッパ人の、世界の頂点に立っているという高揚感と追い上げられる者の漠然とした不安感をふたつ共に刺激することに成功したのである。そこに表現されていたのは、植民地獲得に奔走しながらその正当化を必要とする白人種の欲求であり、同時に、国内において没落を経験しつつある階級の逆戻りできない歴史に対する復讐であった。

ともあれ、肉体的基準に依拠して人類を分類するというアイディアと、それをある種の社会的対立の関係として理解しようとする姿勢が併存していることをもって、人種理論とは区別される人種主義成立のメルクマールとしたい。一般に、人種主義に対する批判として、「人種」概念の科学的な根拠の薄弱さが指摘されるが[12]、このような批判は、たしかに人種主義の重要な柱を攻撃してはいるものの、人種主義固有のポイントを突いているわけではない。そのため、「人種」概念の科学的脆弱さがいかに暴露されようとも、人種主義者たちはいっこうに意に介さないというようなことが起こる。かれらにとって、「人種」とは、かれらが肌身に感じている社会的対立の表現であって、それは「人種」が本当に存在するかどうかに関係なく、「眼を開きさえすればそれを見ることができる[13]」からである。

おそらく、人種主義に対して有効な批判的分析を加えるには、「人種」概念がどのような回路を通して人種主義のモチーフを吸い上げるのかを明らかにしなければならないだろう。そのために、私は、次の節で、ゴビノーの右記の著作からひとつの章を取り上げ、検討することにしたい。そこでは、言語と人種の関係が扱われている。しかし、そこで本当に問題となっているのは、人類の多様性を前にして分類するという行為のもつ意味であり、「言語」と「人種」というふたつの概念によって示される対立関係である。

## 5　言語と人種の不一致

『人種の不平等性に関する試論』の第一巻一五章[14]は、「諸言語は平等ではなく、人種の優劣に完全に対応している」と題されている。この主題はとりたてて斬新なものではない。それ以前より、言語の類縁関係をもとにして人種の類縁関係を推定できるのではないかという期待が、ライプニッツ、シュレーゲル兄弟、そして言語学者のポットらによって表明されていた。[15]それに対してルナンやアダム・ミュラー[16]が警告を発し、やがて言語学、人類学双方の知見に照らしてそのような期待は誤りであると断定されたこともわざわざ付け加えるまでもないかもしれない。[17]

だが、ゴビノーはここで、ありきたりの偏見に漫然と従ったわけではない、ということに注意を促しておきたい。もともと、聖書の権威のもとにおいては、人種の問題と言語の問題が接合されることはなかった。全人類がアダムの末裔であることと、旧約の言語であるヘブライ語が起源の言語であることとは、交錯することのないふたつの確信であった。[18]したがって、ライプニッツ、シュレーゲル兄弟、ポットが、人種と言語を結びつけた時、それは、言語の多様性を根拠として人類の単一性の教義に疑いをさしはさむという、きわめて「近代的」で反権威的な行為を意味していたのである。[19]ゴビノーが、前記の章において打ち砕かんと狙っているのもまた、人類の単一性という前提であった。

彼にとって受け入れがたいのは、各言語の完成度は、それを使う人々の文明度と一致しない、という事実である。

「言語の網は、人類の上にデタラメに投げかけられた。」(315)

ゴビノーの理論は、文明の興亡の原因を、優れた遺伝的特性（「血」）をもつ人々が劣った性質しかもたない人々を征服し、その支配を拡大していく過程で、支配者の集団と被支配者の集団が交雑した結果、優れた特性を「薄め」てしまうことで説明していた。つまり、「人種」概念は、彼の理論において興隆と滅亡の必然的メカニズムの核心をなしていて、それがために彼の文明観は運命論的な調子を帯びることになった。もし人種の優劣が文明度を決定すべきものであるならば、文明に属さない諸民族が、精緻で複雑な思考を表現し得る完成された言語をもつということは、少なくともなんらかの説明を必要とする事態であることになる。

ゴビノーにとって、この事実がそれほどの問題となるのは、彼自身ははっきりと自覚していない(あるいは、あまりにも当然だと思っている)いくつかの前提にその原因がある。そのひとつは、言語と思考の間になんらかの関係があると想定することである。ゴビノーが、両者の関係について厳密にはどのように考えていたのか定かではないが、思考が言語を離れて存在し得る、と考えていたのでないことは確かである。さらに、もうひとつの前提は、思考とはなによりもまず論理的思考のことであって、それは科学の形態をとり、文明を形成する、というものである。第三の前提は、文明を形成する資質は人種によって決定されている、というテーゼである。

第一の前提は、フンボルトの言語哲学が登場して以来[20]、ある程度普及していた見解であって、ゴビノー自身その意味でフンボルトに言及している。二番目のものは、十九世紀のヨーロッパ人で、この前提を共有しなかった人間を探す方がむしろ困難であろう。第三の前提のみがゴビノーないし人種主義に特有なものである。しかし、これら三つの前提は、未開の人種がもつ高度に発達した言語という事実を前にして、齟齬をきたすことになる。その結果、ゴビノーは第一の前提をフンボルトと共有しているにもかかわらず、フンボルトと争わねばならないことになった。「文明および文化は、人間の精神の到達し得る最高の頂点とはみなすことができなくなる。」(30、四五)フンボルトがたどりついたこの結論は、到底ゴビノーの受け入れるところではなかった。

## 6　ゴビノーの戦略

ゴビノーにとって、ヨーロッパ文明の優位は、それを構成する人々の優れた資質、高い精神的能力によって達成されたものであり、その能力の有無を決定しているものこそ人種の原理でならなくてはならなかった。全人類をひとつの階梯に一元的に序列化するこの尺度のほかに、別の尺度が存在してはならない。「諸言語は平等ではなく、人種の優劣に完全に対応している」と題された章において彼が目指していたのは、フンボルトの権威に逆らい、人種が、そして人種によって決定された文明の尺度のみが人類を測る唯一の基準であることを証明することであった。

それでは、どのような論理をもって、ゴビノーはフンボルトに立ち向かうのだろうか。

ゴビノーもまた、人類の言語は多様であるという事実から出発する。しかし、その事実に対する彼の判断は明快である。現在ある諸言語の相違は、起源においてもそれらの言語が異なっていたことを表している、と彼は考える。そして、コンドルセ－ルソー型の哲学的言語起源論を俎上に載せる。ゴビノーによれば、この哲学者たちは「まったくの抽象的推論」によって言語の起源を説明しようとしたのであり、一切の「人種的、言語的特性」をもたない「原始の人」を想定することによって、不合理から出発したのである[21]。たしかに、十九世紀中葉の言語学的成果からすれば、哲学的言語起源論の思弁は嗤うべきものかもしれない。パリ言語学会は、一八六五年に、言語起源論に関する論文を受けつけないと宣言している。

ゴビノーによれば、現にある諸言語を研究することによって言語の唯一の起源に至りつくことはないであろう。なぜなら、言語は複数の出発点をもっていたからであり、さらにそれがなぜかと言えば、考えることと感じることには多くの形態が存在したからである。この点では、ゴビノーはひとまずフンボルトを引き合いに出し、その権威を利用しようとする[22]。

だが、別の箇所で、ゴビノーは突如としてフンボルトに襲いかかる。先に「未開な言語とみなされているものが、高度に発達していると思われている言語を凌駕していることもあり得ないことではない」というフンボルトの言葉を引いたが、ゴビノーもまたそれを引用する。しかし、その目的は、フンボルトがその証拠として挙げる例に、新たな解釈を加え、証拠能力を奪うためである。

フンボルトは言う。

「ビルマ語と、メキシコ語とまではいかなくても、デラウェア・インディアンの言語とを比べると、後のふたつの言語の方が優れていると判断せざるを得ない。ビルマ語のなかには、パーリ語を介してインド文化の要素がたしかに織り込まれているにもかかわらず、である。」(28、四一)

インドの影響を受け「文明」化したビルマ人の言語が、アメリカ大陸の言語よりも劣っているというこの「事実」を、ゴビノーは奇抜な論理で逆転させてみせる。彼に言わせれば、そもそもデラウェア・インディアンの方がビルマ人よりも未開である、という想定が誤りなのだ。

「かれら(デラウェア・インディアン…引用者)は、ヒンドゥー文明の洗礼を受けたふたつの黄色い民族[23]よりも、もともとは高いレベルに位置していた。かれらが始めは優越していたにもかかわらず、今アジア人よりも劣っているのは、アジア人たちが、ある高貴な人種が作りだした社会組織の影響のもとで生活し、かれら自身の貢献はほとんど無いにもかかわらずその恩恵をこうむってきたからである。ヒンドゥー文明との接触はアジア人たちのレベルをいくらか上昇させ、デラウェア・インディアンはそのような影響をどこからも受けなかったので、現在の文明以上に上昇することができなかったのだ。」(324-325)

つまり、デラウェア・インディアンの言語がビルマ語よりも優れているのは、もともと前者が優れていたためである。その時には、言語と文明、言語と人種の優劣は一致していた。だが、その後の変化によって、アジア人は本来自分のものではない文明度に到達したため、見かけ上それが食い違ってしまった、というのである。このような議論をもって、ゴビノーは、彼にとっての躓きの石、言語と文明の不一致、言語と人種の不一致を取り除き、人類を測る尺度をひとつに限定しようとする。

右のような議論をゴビノーが展開するとしても、それはもちろん、アメリカ大陸先住民の優秀さを証明しようとしてのことではない。彼は同様の議論をあちらこちらの箇所でおこない、彼のテーゼにそぐわない事実をひとつひとつつぶしていく。ゴビノーによれば、彼がその作業をおこなうことを可能にしているのは、「起源」と現在との間にひろがる空間、すなわち「歴史」と呼ばれる空間である。デラウェア・インディアンの例で分かるように、「起源」における正しい秩序が現在見られるような無秩序に陥ったのは、「起源」と現在をつなぐ空間において、ありとあらゆる混乱が起こったためである、と彼は考える。したがって、「歴史」は混乱が起こった空間であると同時に、すべてを説明してくれる空間でもある。

「幸いなことに、これは見かけだけのことに過ぎない。もし、われわれが、歴史の助けを借りて、人種の相違という原理を適用するならば、人種間には知的不平等があるというわれわれの証明がむしろ強化されることがはっきりするだろう。」(316)

バフチンが言うように、フンボルトにおいて、言語の多様性は人類の単一性を背景として主題化され、その豊富な意味を汲み取られたとすれば、ゴビノーにおいては、「歴史」的空間に広がる言語の多様性は人種の序列を覆い隠し、攪乱する厄介な障害物に過ぎなかった。

## 7　言語と人類の「起源」

フンボルトとゴビノーの対立点を追うことによって分かったのは、多様性を肯定的に受け止めるか、否定的に受け止めるかの違いは、多様性を「起源」とどう関係づけるか（あるいは、関係づけないか）に左右されている、ということである。
フンボルトはふたつの関係を次のように理解していた。すでに一度引いた文言であるが、今一度引用したい。「言語そのもの（die Sprache）は、自己活動をおこないながらおのれの内からのみ生起してくるものであって、神のごとくに自由であり、現実の諸言語（die Sprachen）は拘束を免れておらず、その帰属する諸民族に依拠している。」（17、二四）彼においては、（かなり観念論的な）起源における言語の唯一性に対する確信と、現在の多様な言語が示すパノラマの尊重が、なぜか破綻することなく同時に存在していた。それに対し、ゴビノーにおいては、現実の諸言語が示す多様性は、起源における複数の言語および人種の秩序の（混乱した）表現形態として理解された。いうなれば、彼は、現に存在する多様性を梃子に、起源を分割したのである。

この「起源の分割」という戦略は、人類の「起源」をめぐる議論のなかにも確認できる。

第三節で触れた、啓蒙主義の時代から続く人類の起源に関する単一説、複数説の対立は、当然、ゴビノーの著作にも反映されている。その問題が集中的に扱われるのは第一巻第一〇章においてだが、予想を裏切り、彼は人類単一起源説に軍配を上げる。ただし、それはしぶしぶと、意に反して、といった風である。彼としても、黒人と白人が交接可能で、しかもその子供が生殖能力をもつという事実は無視し難かったのかもしれない(24)。

しかし、彼が本当に配慮する必要を感じていたのはキリスト教の教義に対してであろう。キリスト教の教えを斟酌せず、むしろこれみよがしに人類複数起源説を採った一部の啓蒙主義者たちに較べると、ゴビノーの態度は歯切れが悪い。本当は複数起源説を採りたいのだが、聖書の権威への遠慮から単一起源説を採用せざるを得ない、といった様子なのだ。

だが、彼は、いったん単一起源説に与しながら、すぐにそれを骨抜きにする作業にとりかかる。

単一起源説に立つ以上、人類が現在みられるような複数の人種にいつどうして分岐したのかについての説明が必要となるが、ゴビノーはそのために外因説、つまり環境の差がそのような相違を惹き起こしたという説を採用する。外因説によれば、人種的変異は、内在的・本質的な相違ではないことになり、多くの単一起源論者の採るところである。ゴビノーの場合も、ここまでは一見妥当な手順のように思える。しかし、彼は、人種的変異を惹起した環境の変化は、歴史的記録のはるか以前、世界の創造直後に、ただ一回だけ起きた、とする。しかも、その変化は、二度と繰り返されないほど烈しく深いものだったので、人種の変異は今に至るまでそのまま固定されている、とされる[25]（彼はここで、知ってか知らずか、世界の年齢に関する聖書の権威を傷つけている）。したがって、ゴビノーは、見かけ上の単一起源説を採っているに過ぎない。人種の区分は人間がさかのぼり得る限りの昔から存在し、しかも、その属性は不変であったという彼の主張は、複数起源説となんら選ぶところがない。すなわち、彼はここでもまた、現在の多様性をもとにして、実質的に起源を分割したことになる。

このように、ゴビノーの「人種」概念は、世の始まりから世の終わりまで変わることのない本質を意味する、徹頭徹尾、非歴史的な概念である。彼は「歴史の助けを借りて」などと口にするけれども、実を言えば、起源と現在の多様性の間には、真の意味でいかなる「歴史」空間も広がってはいない。

ヘルダーは、このような「人種」概念をはっきりと否定する。

「人類を四つもしくは五つに分け、もともとは住んでいる場所か皮膚の色にしたがっておこなわれたこの区別を、あえて人種と呼んだ人々がいる。私はこのような呼び方には何の根拠もないと思う。人種という言葉は、〈起源や血筋〉[26]の相違を示唆しているわけだが、人類全体としてはその起源が違うなどということは全くないわけだし、血筋ということであれば、地上のあらゆる場所、あらゆる皮膚の色がその中にさまざまな人種を含むことになる。あらゆる集団（フォルク）は、民族（フォルク）なのである。それは、独自の民族形成の歴史をもち、独自の言語をもつ。」[27]

ここでヘルダーは人種概念が無益であることを指摘し、人類の区分としては、「民族」概念の方がはるかに有効であると言う。

だが、この引用をよく読んでみると、人類を皮膚の色や住んでいる地域で分類すること自体が否定されているわけではないことがわかる。彼が否定するのは、そのような分類を「人種」と名づけること、すなわち、そのような分類をもとに起源の複数性を推定すること、逆に言えば、起源の複数性をもってそのような分類を根拠づけること、である。

ヘルダーにとって、人類の多様性は、民族の複数性によって構成されている。ヘルダーのいう「民族」とは、皮膚の色や地域性や風俗習慣（究極的にはそれらはすべて「環境因」にもとづく差異である）、および言語によって重層的に構成され、かつ歴史的に形成された集団である。

ある集団がその歴史をもつということと、その起源をもつということは、しばしば混同されるにせよ、まったく異なるふたつの見解である。「歴史的に」生み出された複数の集団（諸民族）は、相互に異なった特徴を示し、その優劣について判断することもできる。しかし、同時に、環境因によって産み出されたそれらの相違は、ある意味で偶然的なものであり、現に異なっているという以上にさかのぼるべき根拠をもたない。一方、「人種」にもとづく集団の場合、その相違は、すでに起源において固定されているのだから、いかなる意味でも歴史的変化を経験することはない。「言語」は、「人種」ではなく「民族」概念と結びついて初めて、その歴史性を回復するのである（「それは、独自の民族形成の歴史をもち、独自の言語をもつ」）。

## 8　バベルの塔、あるいは「歴史」の陥穽

それでは、「歴史」、すなわち、起源と多様性の間に広がる空間について考えてみることにしよう。

誰でもすぐに思い出すのは、『創世記』の中のバベルの塔の挿話であろう。通常、人間の傲慢を戒めたと理解されるこの挿話には、いくつかの謎がある。

神の罰が下される以前、ただひとつしかなかったという言語はいったい何語だったのか。それは、アダムが最初に喋ったとされる言語と同じだったのか。「旧約の言語」ヘブライ語は、分裂後の多くの言語のうちのひとつなのか。それとも、長くヨーロッパで信じられていたように、「最初の言語」なのか。

もちろん、これらの問いに真正面から答えようとするのは馬鹿げている。これらは、文献学的に、あるいは歴史学的に答えられるべき性質の問いだろう。にもかかわらず、私がこれらの問いをあえてもち出すのは、それによって、バベルの塔の挿話において何が考えられていないか、が明らかになると思うからである。

この挿話が必要だった理由ははっきりしている。唯一神によって創られた唯一の世界が、なぜかくも多様な内容をもつのか。なぜ、人々はかくも異なった生活を送り、かくも異なった言葉を喋るのか。人類の多様性は、自明ではなく、なんらかの説明を要する事柄なのである。挿話の最後に語られる語源俗解は、言語と人類の多様性が、なにか厄介で苛立たしいもの、「混乱(バベル)」であることをはっきりと表明している。

「というのはそこでヤハウェが全地の言葉を乱し(バーラル)、またそこからヤハウェが彼らを全地の面に散らされたからである。」(28)

したがって、ここで考えられていることは明白である。それは、どうしたら唯一の起源と眼前の多様性を結びつけることができるのかということ、唯一の起源と多様性の関係を説明する方法である。「バベルの塔」の挿話は、それに、物語=歴史空間の創出をもって応えている。起源と多様性のあいだに時間的隔たりを挿入し、そこで分裂を惹き起こすある出来事(人間の傲慢と神の罰)を生じさせる。それによって、小さな物語が語られるとともに、「歴史」が誕生する。歴史空間の中に、起源から多様性に至るひとつの筋書きが書き込まれるのだ。

では、ここで考えられていないこととは何か。まさにその欠如ゆえに、先に挙げた数々の疑問が、無意味な問いになってしまうもの、それは、挿話「バベルの塔」それ自体が、いかなる言語で語られているのか、という問いかけである。(29) 言語の多様性を説明しようとするこの歴史モデルは、いかなる自己言及の必要性も認めていないようだ。

同様に、この歴史モデルによって人類の多様性を理解しようとする時、「われわれ」は一体このモデルのなかのどこに位置づけられるのか、という問いが考えられる。さらに重要なのは、「全地の面に散らされた」人類の一員として、このモデルのなかに含まれているはずの「われわれ」が、同時に、なぜこのようなモデルを考え得るのか、という問いかけである。神（の視点に立つもの）ならば、そのような問いかけは免除されもしよう。だが、モデルを見通すと同時に、そのモデルに「巻き込まれて」いるという「われわれ」の二重のあり方について、それがなぜ可能なのか「われわれ」は考えずにはいられない。しかし、ここでもまた「バベルの塔」は沈黙を守っている。

＊

「バベルの塔」は、そこで考えられたことにおいても、考えられなかったことにおいても、多様性に対するひとつの態度決定であった。多様性を把握する主体と、その把握を記述する言語は、多様性それ自体から切り離され、多様性は、対象として、客体化され、説明され、処理されるのである。

その結果、「多様性」は、序列化へと変貌することになる。なぜなら、起源から多様性にむけて扇状に広がっていく連続体のうえのどこに位置するかによって、より起源に近いものとより遠いもの、より本来的なものとより派生的なものの区別が可能になるからである。起源に近ければ近いものほど、その「真正さ」にあずかること多く、離れれば離れるほど、不純物の多いまがい物だとみなされる。

つまり、多様な言語を唯一の言語からの派生物とみなすことだけでは、序列化を回避できない。同様に、人類の単一起源説もまた、人種の優劣を回避する方法にはなり得ない。おそらく、「白色は人類が本来もっていた真実の色」[30]であるというブルーメンバッハの説を意識してのことだと思われるが、どの人種がより本来的であるかという問いを、ヘルダーは次のように揶揄している。

「われわれは、黒人をハムの呪われた息子であり、悪魔の似姿であるとするが、それとまったく同じ権利をもって、黒人は、容赦ない略奪者であるわれわれを、色が抜けた黒人、白いサタンと考えることができる。北極の近くでは多くの動物が白く変わるように、性質が弱いせいで退化してしまった奴ら、というわけである。黒人は言うだろう、〈この黒い私こそが、もともとの人間である。生命の源である太陽は、私に最も強く染み通っている〉。」[31]

## 9 クラテュロス、あるいは相対主義のふたつの貌

はたして、序列化を促すことなく、多様性をとらえる方法などあるのだろうか。言語の多様性をめぐる、もうひとつのモデルを検討してみることにしよう。

プラトンの『クラテュロス』は「名前の正しさについて」という副題をもつ、言語を主題とする小品であるが、そのモチーフは、ソフィスト的な相対主義との対決にある。ソクラテスをのぞく二人の主要な登場人物、ヘルモゲネスとクラテュロスは、ふたつの異なるタイプの相対主義を代表している。

ヘルモゲネスは言語の多様性、すなわち「同一の事物にいくつかの国家がそれぞれ独自の名前をつけている事」[32]（385E）を指摘し、そこから、名前は単なる取り決めによって定まるという、いわゆる命名の慣習説を引き出してくる。その背景をなしているのは、「人間こそあらゆるものごとの尺度」（386A）であるから、事物は各人にそう見える通りに有り、それゆえ事物の名前がまちまちであることに何の不思議もないというプロタゴラス的な相対主義である。

それに対して、クラテュロスの主張、「何か名前の正しさというものが本性的に存在しているのであり、それはギリシア人にも外国人にも万人に同一のものである」（386E）は、いったんソクラテスの同意を得られたかに見える。しかし、ただちに「有らん限りの名前がすべて正しくつけられている」（429B）、「あるものはよりまずくつけられていて、他のものはよりうまくつけられているとは、思えない」（429B）という意味であることが判明し、やがて「そもそも虚偽を語るということは全然ありえない」（429D）というエウテュデモス流の結論にたどりつく。このふたりは、一方は、名前の正しさを測る客観的な基準などないと語り、他方は、およそすべての名前は正しいと言う。両者はともに、多様性に対して相対主義的に対処しようとした時にもたらされるであろう結末を表現している。すなわち、懐疑主義と差異主義である。

懐疑主義は、自分自身がみずからのモデルに「巻き込まれて」いるという逆説によって惹き起こされる。「バベルの塔」の挿話が無視し、ソクラテスが否定しようとした事態、すなわち、みずからが多様性のうちに巻き込まれているがゆえに多様性の全体像を決して手に入れることができないこと、に由来する不安定さが、自己の認識に対する懐疑として表現される。多様性に対して相対主義的に臨もうとする者の過半は、このような懐疑主義的帰結を逃れることはできない。

また、複数の言語の存在をもって、意味されるもの自体を複数化してしまう差異主義について言えば、複数の言語のそれぞれに内在する世界観を平等に擁護する最も効果的な方法は、世界それ自体を分割してしまうことである。その結果、複数の世界観のどれもが正しいことになる。ただし、その代償として、異なる言語を話す人々は異なる世界の住人となり、相互の交流は絶たれてしまう。

プラトンは、相対主義がもたらすこれらの「否定的」帰結をよく知っていた。それゆえ、彼は、この二通りの挑戦から、「事物はそれ自身でそれ自身の固定した有りかたをもっている」（386E）というイデア論を守り抜こうとする。(33)

ヘルモゲネスとクラテュロスそれぞれに対抗してソクラテスが展開する議論の詳細にここで立ち入る余裕はないが、二正面作戦として遂行されるその戦略の基本線は同一である。核心は、名前のイデアの単一性と現実に存在する名前の多様性との間に、中間項を挿入し、それによって「正しさ」の基準を確保することにある。

命名が慣習にもとづくとし、あらゆる可能な名前の平等性を主張するヘルモゲネスに対しては、名前制作者たる立法者の存在が指摘される。それらの立法者は複数存在するがゆえに、言葉は国々で異なるのだが、しかしまた、かれらは「本性上適した名前」(389D)をつける術を知っている点で「すべての制作者中で人間世界に出現することの最も稀少な」(389A)人々でもある。それゆえ、名前は、ヘルモゲネスの主張のようにあらゆる取り決め――私的な命名もふくめた――によって定め得るのではなく、「真に権威ある命名者」(389D)によるもののみが「正しい」とされる。

一方、クラテュロスの議論を封じ込めるためにもち出される中間項は、名前の指示対象たる「事物」である。ソクラテスは、「事物」という新たな参照項を導入し、それぞれの名前が「事物」に対してうまく「割り当て」られたかそうでないかと問うことは可能ではないかと言う。それによって、事物との関係において、表示に成功している「正しい」名前と失敗した「正しくない」名前の区別が作りだされる。すべての名前は、それぞれ異なった名前のイデアに対応しているがゆえに正しいとしたクラテュロスの主張は、こうして退けられる。

これらの議論を、われわれはどう扱うべきだろうか。すでにアリストテレスが、命名の正しさという問題設定が無意味であることを指摘している。真偽を判断し得るのは、命題のみである(34)。しかしながら、ここでソクラテスがみせる戦術は、単一性と多様性をつなぐ空間において何が起こるかを示してくれる点で貴重だろう。空間とは、この場合「歴史」ではなく、中間項を挿入することによって単一性と多様性の間に押し広げられた、いわば理論空間である(逆に、単一性と多様性の間の空間を消去するために、ヘルモゲネスは単一性を否定して多様性のみを残し、クラテュロスは多様性にあわせて単一性を複数化する)。そのような空間は、単一性と多様性を媒介しようと試みる限り、必ず必要となる。そこでは、単一性を多様性へと拡散させる要因――複数化因とでも呼ぼうか――が働くのだが、それは同時に、多様性を単一性にあずからせ、「正しい」ものとする保証としても働くのである。いや、むしろ、多様性を単一性へ媒介するというより、単一性から複数化因によって初めて創り出されたのが多様性だ、と言った方が正確だろう。単一性から複数化因を通して誕生したその空間が、すなわち、多様なる世界なのである。

## 10 多様性を生きる

このように、単一性と多様性の間を「歴史」的につなごうとしても、あるいはイデア論的につなごうとしても、真正なものとまがい物、本物と偽物との区別が生まれることは避けがたい。すでに述べたように、単一な何ものかを起点として始まる空間では、多様性を構成する諸要素が、ある基準にしたがって配置され、序列を形成することになる。起源に近いものほど正しく純粋で優れており、起源から遠ざかるにつれ、誤りと混ぜ物の多い劣ったものとなる。

その場合に生じるであろう問題点は、私の見るところ、以下のふたつである。

まず、単一性と多様性をつなぐ空間のなかに配置された個々の要素(言語、人種、文化、文明等々)が作り出す秩序は、しばしば、その時々の現実における権力的序列を反映したものに過ぎない。どの言語がアダムが用いた言語に最も近いのか、どの民族が最もよく神の摂理を体現しているのか、どの文明が人間性の理想を最もよく実現しているのか、どの人種が歴史において抜きんでた指導者なのかと問うとすれば、これら一連の問いは、人をある倒錯へと導いていく。現実における政治的、経済的、宗教的、科学的権力関係(たとえば、ヨーロッパ文明、植民地主義、一神教、西欧近代科学など)が、いったんその空間のなかへ投影され、それをもって逆に地上における諸権力が正当化される。

単一性に最も多く与かっているがゆえに、ほかならぬこの現実においても優越しているのだ、と主張されるようになるのだ。先行すべきものを取り違えているという意味で、これが一種の倒錯であることは言うまでもない。

第二の、より重要な問題点は、「多様性」という概念それ自体にかかわっている。われわれは、「言語が非常にたくさんあるということ」をもって、言語の多様性と称してきた。つまり、言語というカテゴリーがあり、それに包摂されるものが沢山ある、という事態である。一方、序列という言葉もまた、ひとつのカテゴリーに含まれる多くの要素という事態を前提にしている。そうでなければ、ある基準にしたがってそれらを配置するどころか、比較することすらできないだろう。たとえば、手術台とミシンとこうもり傘を同一のカテゴリーに属するものとして序列化することは――絶対不可能とまでは言わないが――かなり難しい。

だとすれば、多様性と序列化はどう異なるのだろうか。

まず、確実に言えるのは、序列化がひとつのスケールの上にすべての言語、人種、文明を配置するのに対して、多様性のスケールは――フンボルトが言語と文明のスケールを分離したように――複数存在し、唯一絶対的な優劣が生じることを防いでいる、という点である。

では、いったい誰が多様性と序列化を区別できるのだろうか。

第一章で触れたように、多様性を多様性として享受できるのは、王の視線を持つものだけである。王は世界を超越しているがゆえに、眼前で繰り広げられる世界の種々様々な有様を愉しむことができる。そういう意味で、多様性は高みからの視線に対して初めてそれとして現れるものであり、多様性を構成する各々のものたちはその中に「巻き込まれて」いて全体を見渡すことはできない。多様性を享受する視線は、多様性を構成するものたちとは次元の異なる「権力」の視線であり、さらに言えば、「美的」権力の視線なのである。複雑なテクスチュアは単純なそれよりも眼に悦ばしいという端的な相違によって、高所に立つ者は多様性と序列化を区別することができる。逆に言えば、「われわれ」にそのような美的享受の能力が備わっていない理由は、「われわれ」が当の多様性のなかで一要素としての役割を果たしている、という事実に尽きる。

だが、それにもかかわらず、「われわれ」には多様性の知覚が備わっている。「われわれ」は、王とは異なった風に、つまり、自分が最上位者ではないと知りつつ、多様性を受け入れる。そして、すべてのものがひとつの起源から生まれていると確信し、自らはそれら多くのものの中の一であることを自覚する。

多様性に「巻き込まれて」いる「われわれ」が、自分と他者、敵と味方の二分法から脱けだし、なぜ多様性（の中の自分）を知覚できるのか、それはひとつの謎であり、また、ひとつの奇跡のようにも思われる。単一起源への確信、多様性の知覚、多のなかの一としてあるという自覚、この三つの要件が揃った時、そのような「われわれ」のあり方を、私は多様性を「生きる」と表現することにしたい。王が多様性を愉しむとすれば、「われわれ」はそれを生きるのである。

だが、これがきわめて不安定なあり方であることも強調しておく必要があるだろう。なぜなら、多様性の概念自身のなかに自己否定的なもの、序列化へと滑り込んでしまうようななにかが潜んでいるからである。

いかなる形であれ、多様なものはひとつの起源から流れ出た、それゆえ、すべてのものは起源のいくばくかを分けもっている、という可能性が、単一起源への確信の根本にある。それは、あくまでも可能性であり、可能性でなければならない。なぜなら、すでに述べたように、それを現実の証拠にもとづいて証明しようとした瞬間に序列化が始まるからだ。「多様なものはひとつの起源から流れ出た」という想定自体が、序列化の鋳型を用意している。

フンボルトにおいて見たような、単一起源への確信と多様性の擁護が、結びつけられることなく「併存」していることの積極的な意味はそこにある。序列化を生じさせないためには、それらを結びつけてはならない。しかし、他方、単一性の想定を手放すこともできない。これなしには、クラテュロスが示したような差異主義的な帰結を避けることができないからだ。フンボルトは、一見折衷的ともとられかねないこの立場を選択することによって、多様性を把握することの歴史において転機を画することになった。『クラテュロス』で表現されたイデア論と相対主義の相剋は、ここにひとつの解決をみたのである。

多様性を生きることがもつ不安定さ、それは、人種主義のような、王の視線を簒奪し、（あくまで擬似的に過ぎないが）最高位者の立場に立とうとする試みが存在することからもうかがい知ることができる。

人種主義には、フンボルトがもたらしたものに対する反動という側面がある。それは、フンボルトがあえて立ち入らなかった起源と多様性の関係を、「人種」概念を用いて説明し、単一性への確信と多様性の擁護との間に成立していた微妙なバランスを崩してしまう。すると、あの古代的な対立が甦る。人種主義が二面性をもつのは、そのためである。一方では、人種の序列を創りだし、白人の黒人に対する優越が、歴史におけるアーリア人種の主導権が、植民地支配の正当性が保証される。他方、それは、人種間に深淵をひらき、比較の可能性を否定し、交接を拒否する。すべての人種は、それぞれ永遠に交わることのないひとつの世界である、と宣言するのだ。[35] 時々の状況と文脈にあわせて、人種主義はその姿を変幻自在に変えていく。

起源は一にして、序列はなし。人類の単一性への確信をいだきつつ、多様性がもつ豊かな意味を汲み出すこと。そして、そのなかの一員として生きる自覚をもつこと。この理想を保ち得るのは、単一性と多様性の間をバランスをもって歩むものだけである。

(1) ミハイル・バフチン「人文科学方法論ノート」、新谷敬三郎他訳『ミハイル・バフチン著作集8 ことば 対話 テキスト』（新時代社、一九八八年）三四〇頁。
(2) Wilhelm von Humboldt, Ueber die Verschiedenheit des menschlichen Sprachbaues und ihren Einfluss auf die

geistige Entwicklung des Menschengeschlechts, in *Wilhelm von Humboldts Gesammelte Schriften*, hrsg. v. der Koeniglich Preussischen Akademie der Wissenschaften, Bd. VII, Berlin: Gruyter, 1907 (Nachdruck 1968), S. 17.〔ヴィルヘルム・フォン・フンボルト、亀山健吉訳『言語と精神』（法政大学出版局、一九八四年）二四頁。ただし、訳文を一部変更した。以下、フンボルトの引用については、頁数を原著、翻訳の順に括弧に入れ、本文中で示す。〕

（3）抽象的な概念に恵まれていることが高度に発達した優れた言語の徴である、ということがなぜか自明の前提とされている。ここで議論の俎上にのせることはしないが、これはもちろん疑われてしかるべき前提である。

（4）François Bernier, Nouvelle division de la Terre, par les differentes Espèces ou Races d'hommes qui l'habitent, *Journal des Sçavans*, vol. 12 (Monday 24 April 1684), pp. 148-155, in Robert Bernasconi (ed.), *Concepts of Race in the Eighteenth Century*, vol. 1, Bernier, Linnaeus and Maupertuis, Bristol: Thoemmes Press. cf. Léon Poliakov, *Der arische Mythos*, Hamburg: Junius, 1993, S. 166f.〔レオン・ポリアコフ、アーリア主義研究会訳『アーリア神話』（法政大学出版局、一九八五年）一九一頁。〕

（5）人類の多起源論（Polygenesis）については、以下のような浩瀚な資料集が刊行されている。Robert Bernasconi (ed.), *American Theories of Polygenesis*, Bristol: Thoemmes Press, 2002, 7 vols.

（6）この論争に関しては、注（4）の Poliakov の第二部第二章が詳しい。しかし、以下の方が簡潔でまとまりがよい。John C. Greene, *The Death of Adam*, Ames: Iowa State University Press, 1959/1996, chap. 8.

（7）Carl Linnaeus, '*Anthropomorpha*' Amoenitates Academicœ, vol. 6 (1760), p. 65, in Bernasconi, *Concepts of Race in the Eighteenth Century*, vol. 1. cf. Poliakov, ibid., S. 185.〔邦訳、二一四頁。〕

（8）Poliakov, ibid., S. 192.〔邦訳、二三三頁。〕*Geschichtliche Grundbegriffe*, Bd. 5, Art. Rasse, Stuttgart: Klett-Cotta, 1984, S. 146. また Tzvetan Todorov, *On Human Diversity*, Cambridge: Harvard University Press, 1993, p. 97.〔ツヴェタン・トドロフ、小野潮・江口修訳『われわれと他者』（法政大学出版局、二〇〇一年）一五八頁以下。〕

（9）Johann Gottfried Herder, Ideen zur Philosophie der Geschichte der Menschheit, in *Herders Sämtliche Werke*, hrsg. v. Bernhard Suphan, Bd. 13, Hildesheim: Olms-Weidmann, 3., unveränderter Nachdruck, 1994, S. 257.

（10）*Œuvres Complètes de Voltaire*, t. XII, Essai sur les Mœurs II, éd. Moland, Paris: Garnier Frères, 1878, pp. 380f.

（11）*Geschichtliche Grundbegriffe*, ibid., S. 140.

（12）たとえば、最近では、遺伝子研究にもとづく批判。Luca und Francesco Cavalli-Sforza, *Verschieden und doch gleich.*

*Ein Genetiker entzieht dem Rassismus die Grundlage*, München: Droemer Knaur Verlag, 1994, S. 368. また、竹沢泰子編『人種概念の普遍性を問う』（人文書院、二〇〇五年）とくに第一章と第五章。

(13) Houston Stewart Chamberlain の言葉。Geoffrey G. Field, *Evangelist of race*, New York: Columbia University Press, 1981, p. 216 より再引用。

(14) M. A. de Gobineau, Essai sur l'inégalité des races humaines, in *Œuvres I*, Paris: Gallimard, 1983, pp. 315f. 以下、ゴビノーの引用については、頁数を括弧に入れ、本文中で示す。

(15) Ruth Römer, *Sprachwissenschaft und Rassenideologie in Deutschland*, 2. verbesserte Auflage, München: Wilhelm Fink, 1989, S. 124.

(16) Poliakov, ibid., S. 234 u. 242.〔邦訳、二七四および二八五頁。〕

(17) Edward Sapir, Language, in *Selected Writings in Language, Culture, and Personality*, ed. by David G. Mandelbaum, Berkeley: University of California Press, 1985 (orig. 1949), p. 29.

(18) Poliakov, ibid., pp. 214f.〔邦訳、二四九頁以下。〕

(19) ライプニッツ、シュレーゲル兄弟、ポットが人種理論家であったわけではない。だが、後の「人類多起源論者」たちは、さらに意識的に言語の数の問題と人種の数の問題を結びつけた。cf. Römer, ibid.

(20) この点に関し、フンボルトがもっていた曖昧さについては、ジュリア・ペン、有馬道子訳『言語の相対性について』（大修館書店、一九八〇年）一七頁以下を参照。

(21) 典型的な「反動的」思想家の議論である。たとえば、ジョセフ・ド・メストルの次のような言葉「一七九五年の憲法は、先行の諸憲法とまったく同じように、人間のためにつくられた。ところが人間というようなものはこの世に存在しない。私はこれまで生きてきた間にフランス人、イタリア人、ロシア人などを見たことがある。モンテスキューのおかげでペルシア人ということもあり得ると知っている。だが人間について言えば、はっきり言って私は生まれてこのかたまだ出会ったことがない。もし人間が存在するとしても私には未知である。」(Isaiah Berlin, Joseph de Maistre and the Origins of Fascism, in *The Crooked Timber of Humanity*, New York: Vintage Books, 1992, p. 100.)〔松本礼二他訳『バーリン選集 4』（岩波書店、一九九二年）九九頁。〕ゴビノーであれば、存在しているのは、白人、黒人、黄色人だけだと言うだろう。

(22) Gobineau, ibid., p. 317, la remarque.

(23) もうひとつの黄色い民族とはジャワ人を指す。ゴビノーはここでカヴィ語についても同じ論旨で触れているのだが、論述の簡素化のためそちらは省く。

(24) ただし、それについても、彼は妙な風説を挙げて留保をつけている。「大西洋の一部地域の原住民女性は、ヨーロッパ人の子供を産むと、同族の男性との間に子供をもうける能力を失う、と言われている。この情報が仮に正しいものであれば、より深く問題を掘り下げる出発点となり得るであろう。」(Gobineau, ibid., p. 251)

(25) Gobineau, ibid., p. 268.

(26) 〈起源や血筋〉は、原語ではAbstammungという一語であるが、ヘルダーの論述の趣旨にあわせ、意味の二重性がはっきり出るように訳した。

(27) Herder, ibid., S. 257f.

(28) 関根正雄訳『創世記』岩波文庫、三二頁。

(29) 言うまでもないが、ここで問題にしているのは「バベルの塔」というテクストの歴史的生成ではない。

(30) Johann Blumenbach, Über die natürlichen Verschiedenheiten im Menschengeschlechte, in Bernasconi (ed.), *Concepts of Race in the Eighteenth Century*, vol. 5, S. 214.

(31) Herder, ibid., S. 228.

(32) 『クラテュロス』の訳文については、すべて以下にしたがった。水地宗明訳『プラトン全集 2』岩波書店、一九七四年。

(33) これが、ヨーロッパ文化におけるこの種の闘いの、われわれが知る限り最も早い例である。エルマー・ホーレンシュタインは、多様性に対する普遍主義的な対処の仕方をプラトン的テーゼと名づけ、『クラテュロス』を例に挙げている。Elmar Holenstein, Human Equality and Intra- as well as Intercultural Diversity〔一九九四年一二月の東京大学における講演原稿。後に、石原孝二訳「人間の同等性と文化間の、そして文化内部での多様性」『理想』六五六号（一九九五年）、一五〇―一六七頁〕。

(34) 『カテゴリー論』2a 9-10.

(35) すでに十九世紀において、序列化する人種主義――植民地主義のイデオロギー――ばかりではなく、「新しい」人種主義といわれる差異主義的傾向が存在した。ツヴェタン・トドロフのルナン、テーヌ、ル・ボンに関する記述を見よ。Todorov, ibid., pp. 156. ル・ボンと日本の植民地支配との興味深い癒着については、以下の論文を参照のこと。小熊英二「差別即平等」『歴史学研究』第六六二号（一九九四年九月）、一六―三一頁。

# 第二部——書斎からの革命

# 第三章　童話と政治

しかし、……すべての人々の、情愛に満ちた心を包んでいるのはただひとつの祖国なのです。
ゲッティンゲン就任講演『郷土愛について』(1)

われわれは、第三部で、現代ドイツ社会における外国人問題あるいは移民問題を題材として、多様性を取り巻く問題をより具体的に論じることになる。

ここ第二部では、その準備として、十九世紀前半のドイツにおけるナショナリズムの成立とその性質を見ておきたい。

私が考えるに、フランスとドイツは、対極的なふたつのナショナリズムのあり方を体現している。フランス共和国の普遍主義的なナショナリズム（自国こそが普遍的な価値の担い手であるという信念）に対して、ドイツは、理念に立脚するというよりも、むしろ、より具体的かつ歴史的なものに足場をおいてその国民意識を作り上げてきた。

このふたつのナショナリズムは、どちらもそれぞれ固有の欠陥をもっている。しかし、ここでは、ドイツが経験した「不幸」な歴史的状況（「遅れてきた国民」）ゆえに生じた歪みの方に注意を集中したい。第三部で見るように、ドイツでは今もなお、外国人問題をめぐる議論において、「政治的運命共同体」であるとか「文化的な意味でのドイツ人」であるとかいった、社会契約の合理性とはほど遠い語彙が用いられることがある。その、そもそもの発端がこの時代に成立したナショナリズムにあると思われるからだ。

国民国家を前提として研究対象を設定する諸学科、たとえばドイツ文学研究、フランス文学研究、イギリス文学研究等々といった国民文学研究が、なんらかの形でナショナリズムと関係するであろうことは、誰にでも容易に推察できる。これからおこなおうとするのは、そのような国民語ごとに区切られた文学研究がもつ自明性を取り払い、学科の成立時に立ち返って、それがもつ意味、その歴史的課題と限界を明らかにすることである。

＊

ここでは、国民文学研究のひとつの例として、ゲルマニスティク（Germanistik）を取り上げることにしたい。この名称は、現在ではもっぱらドイツ文学（およびドイツ語）研究の意味で使われているが、その成立期、すなわち十九世紀前半においては、ゲルマン法、ゲルマン諸語、ドイツ史、ドイツ民俗をはじめとするおよそドイツに関わるものすべての研究分野を意味していた。この言葉の意味が「ドイツ文学（語）研究」へと狭隘化されていく過程自体が、ひとつの考察の対象である。

さらに言えば、ドイツでは統一された国民国家の成立が遅れたため、学問としてのゲルマニスティクと政治としてのナショナリズムが、うねり絡み合いながら進行していく様子がより直截に観察できる、という利点もある。

ヤーコプ・グリムとヴィルヘルム・グリム、いわゆるグリム兄弟は、ゲルマニスティク草創期の重要人物であって、かれらの有名な童話集も、この学科の基礎を築いたその仕事の一部である。ここでは、重要性に照らして特にヤーコプ・グリムを取り上げ、彼の著作の分析を通じて、ゲルマニスティクの概念枠がいかにナショナリズムの刻印を受けているかを見ていくことにしよう。

その際、中心となるのは、「歴史」という概念である。ドイツの国民意識を形成するにあたり、ゲルマニスティクはドイツの文化的過去を「発掘」し、実証し、再構成するという形でそれに関与した。それは、ドイツに欠如していた市民的伝統を、過去の発見と探求を通じて新たに創造するということを意味している。

## 1　自然的にして歴史的

ヤーコプ・グリム（以下単にグリム）における歴史の概念を論じるには、兄弟の師であるサヴィニーから話を始めるのが適当だろう。フリードリヒ・カール・フォン・サヴィニーは、ドイツ語やドイツ文学の研究者ではなく（当時そのような学科はまだ存在していない）、ローマ法の研究者であり、ドイツ法学史の一時代を画した「歴史法学派」の創始者であった。従来の研究では、「グリムに民族精神のあらゆる表現形式としての歴史性という理念を伝えたのはサヴィニーである」(2)という形で、サヴィニーとグリムの関係を定式化することが多かった。事実、歴史法学派の立場は、法を民族精神から産み出されたものとみなし、理性法の立場を排して歴史的なアプローチを重視する、というもので、ドイツ民族の言語と文化の歴史的研究を創始したグリムとはぴたりと符丁があうかに見える。

しかし、ここでひとつの複合的な概念を問題にすれば、この定式もいささか怪しいものになるだろう。サヴィニーはその論文「立法および法学に対する現代の使命について」（一八一四年）のなかで、「われわれの自然法（Naturrecht）とは異なった意味での自然的な法（natürliches Recht）」(3)について言及した。グリムは師サヴィニーに宛てた手紙のなかで、その箇所をとらえ、次のように書いている。

「そのような、自然的な法以外のいかなる自然法も存在しないのです。この自然的な、あるいは神的な、あるいは歴史的（historisch）な法を、われわれは歴史的（historisch）にのみ知ることができます。なぜなら、われわれ自身の理性は一筋の光線に過ぎず、鋭く照らしはしますが、満遍なく照らし出すということはないからです。抽象的な哲学は刺し貫き、熱し、燃やしますが、歴史、自然史（Naturgeschichte）は神々しく輝き、隅々まで明るくするのです。」(4)

ここで私が問題にしたいのは、「自然的な、あるいは神的な、あるいは歴史的な」という概念の複合体である。この自然的・神的・歴史的という組み合わせを、グリムは、サヴィニーの論文の文脈を離れて、いわば強引に持ち出している。サヴィニーが「自然的」と呼んでいるのは、「技術的要素」が勝った「学者による法（gelehrtes Recht）」に対置される、「政治的要素」が優勢な法のことである。それは「一般的な民族の生に対する関係」をもっている。法の成立に関する歴史法学派の命題、すなわち「法はまず、習俗と民間（＝民族）信仰によって、次に法学によって産み出される」[5]という命題にもとづいて考えれば、「自然的」という形容詞は、「民族の生から産まれ、それと深い関係にある」という以上の意味ではない。サヴィニーがこの言葉を用いる場合、その意味は明瞭である。

また、「歴史的」という形容詞に関していえば、サヴィニーは、法が民族の生との関連のうちに成立してきたという事実の記述を「歴史的見解」[6]と呼ぶ。それは、単にその事実が歴史的に記述されたという意味であって、決して歴史的記述を離れた法に関する判断が不可能だとはされていない。ましてや、グリムのように、法自身が歴史的存在なのだから歴史的判断以外は下せない、と言っているわけではない。

ところが、グリムは、自然的、歴史的という形容詞を結合して法にかぶせ、法の本質を自然的にして歴史的でもあると規定しようとする。自然的であることと歴史的であることが、その間にはさまれた「神的な」という、サヴィニーにはまったく登場しない形容詞によって連結され、しっかりと固定される。これによって、「自然的な」という言葉から、サヴィニーにおけるような明確に定義され得る内容が失われてしまう。さらに、「歴史的な」という言葉は、自然的な法（natürliches Recht）は「歴史的にのみ知ることができる」といった極端な主張に用いられることになる。そしてグリムの言葉は、認識に関する一般論にまで高まっていき、理性的認識に対する歴史的認識の優位を誇らしげに宣言するのである（「抽象的な哲学は刺し貫き、熱し、燃やしますが、歴史、自然史は神々しく輝き、隅々まで明るくするのです」）。

なぜグリムが、サヴィニーの言葉を換骨奪胎してまで、「自然的にして歴史的」というような奇怪な概念複合体を作り上げ、それを、ある特定の存在が示す特性だと考えるようになったのか、その問いに答えるため、いま一度サヴィニーとグリムの関係を、そして、歴史の概念をめぐる当時の言説的、政治的布陣を振り返ってみよう。

## 2　グリムとサヴィニーの言説的、政治的布陣

先にその名を挙げたサヴィニーの論文は、同じ年に発表されたアントン・ティボーのパンフレット『ドイツ一般民法典の必要性について』に対抗するために書かれたとされている。ティボーは、このパンフレットにおいて、表題にある通り、小邦分立状態にあるドイツ語圏諸国に対して統一民法典編纂の必要性を説いている。その際、彼は、自然法思想の一種である啓蒙主義的な理性法の立場に依拠しているのだが、それに対立するサヴィニーの見解、すなわち、法を民族の生から産まれた歴史的生成物とする見解が歴史法学派の創設へと繋がっていくのである。グリムはサヴィニーから歴史性の概念を引き継いだのであるから、ティボー対サヴィニーとグリムという対立関係が存在したと考えるのが妥当だろう。

ところが、各々の主張の背後にある政治的関心に着目すると、この図式の見え方は変わってくる。ティボーは、パンフレットの中ではっきりと、統一民法典を（対ナポレオン）解放戦争後に予想されるドイツの政治的分裂に対する対抗手段として位置づけている。(7) 復古体制の下で旧領邦制を温存しようと試みる勢力に対して、ドイツ統一を求める市民階層の立場を法的側面から援護しようとする意図は明確である。一方、サヴィニーは、ティボーの政治的意図を素知らぬ顔でやり過ごし、問題を巧みに法学上の議論とすり替える。(8) だが、サヴィニーが、法の歴史的研究が不充分であるという理由で一般民法典の制定を時期尚早であると言う時、彼が擁護しようとするものの正体がはっきりする。

統一民法典編纂への反対は、神聖ローマ帝国において通用してきたローマ法を、帝国の崩壊によって生じた危機から救済し、延命することを意味しているからである。サヴィニーは、一八〇六年まで存続した帝国の国制を理想的なものと考えていたし、[9] 帝国のもっていた緩やかな統合機能を、部分的にせよ、ローマ法の救済を通じて維持しようと望んでいた。[10] このようなサヴィニーの姿勢が一種の文化的汎ヨーロッパ主義であり、ゲーテ的なものとみなすことができるとしても、[11] 古典期とは異なった復古体制下の政治的文脈の中で考えれば、それは保守色の強いものにならざるを得ない。それに対して、市民的自由主義によるドイツ統一運動――グリムはやがてある意味でそれを体現することになる――は、そのような「帝国」理念とは程遠い、明確に国民主義的な運動であった。その意味で、同じ歴史法学派の中にありながらも、ローマ法を研究対象とするロマニスト、サヴィニーと、ゲルマン法の研究者ゲルマニスト、グリムとの間には決定的な対立が存在したのである。[12]

グリムの政治的立場は、市民的な利益を追求し、ドイツ統一を願うという点で、むしろティボーの立場に近い。しかし、精神史的な系譜から言えば、グリムは、ティボーとは違い、もはや理性の世紀に属してはいない。歴史の理念に従うサヴィニーの弟子である。言うなれば、グリムは、ティボーが追求して果たさなかった目的を、それを阻んだもの、すなわち「歴史」をもって達成しようとした。そこに、彼の奇妙な概念の複合体「自然的にして歴史的」が、ひいては彼のゲルマニスティク全体が誕生した理由を見ることができるだろう。

### 3　自然的にして歴史的な諸領域

自然的なものから歴史的なものへの移行は、啓蒙主義から歴史主義への変化を特徴づける大きなポイントと言える。グリムが、十八世紀の理性法思想を基盤とするティボーと政治的目標を同じくしながら、歴史という異なった基盤の上に立たねばならなかったという事実は、この変化を如実に物語っている。サヴィニーとの師弟関係やロマン派サークルとの交流といった彼個人の精神的生い立ちばかりではなく、十九世紀の大きな精神的潮流としても、啓蒙主義的な理性信仰と普遍的で超歴史的な価値に対抗して、歴史的なものを打ち出すことはいわば必然的な流れであった。

しかし、この「自然的にして歴史的」という概念複合体を、単に、自然法思想に代表される十八世紀の非歴史的な自然概念が、歴史的なものへと読み換えられたのだと考え、「歴史的なものは自然的である」という意味に解するならば、それはこの概念複合体の本質を見誤っている。もし、「歴史的なものこそが自然的である」というだけであったならば、それは、伝統的制度の擁護を意味するに過ぎないだろう。実際、王政復古（Restauration）という語のもととなったカール・ルートヴィヒ・フォン・ハラーの著書の表題『国家学の復興あるいは人工的・市民的状態のキマイラに対立する自然的・社交的状態の理論（Die Restauration der Staatswissenschaften oder Theorie des natürlich-geselligen Zustandes der Chimäre des künstlich-bürgerlichen entgegengesetzt）』（一八一六―三四年）が明瞭に示すように、この論理は復古体制のイデオロギーとして用いられた[13]。そこでは、人工的で不自然な市民階級に対して、貴族とその歴史的伝統が自然的なものとして擁護されている。

市民的利益を追求しようとしたグリムにおいて、「自然的にして歴史的」という組み合わせは、歴史的なものを自然の名によって肯定することではあり得ない。そうではなく、「自然的であると同時に歴史的なもの」が要求されているのだということを理解しなければならない。その際に重要なのは、歴史への転回によって生じる危険、つまり、歴史を通して貴族とその伝統や制度を擁護することになるという危険を回避し、貴族の伝統とは異なる、もうひとつの歴史的伝統を確保するという要請がグリムに課せられていたことである。

当時のドイツ（ドイツ語圏）にはまだ、市民的伝統なるものは、文化的にも政治的にも存在していなかった。歴史的伝統は貴族の占有物であり、貴族の存在を正当化する根拠として機能していた時代である。それゆえグリムは、新たな歴史的領域、貴族がその占有権を主張することができず、そこから正統性を汲み出すことのないような歴史的領域を発見する必要に迫られていた。それらの歴史的領域を見いだし、ひとつの学問の対象領域として措定する時の指針となったのが、まさにこの「自然的にして歴史的な」ものという概念なのである。この概念の二重性によって、一方では歴史への転回という、啓蒙主義的諸価値からの訣別を敢行し、他方ではその歴史を市民階層のために取り込むという行為が可能となる。

では、自然的にして歴史的なものという二重性をもつ概念は、実際には何を指しているのだろうか。

## 4　言語

なによりもまずそれが意味するのは、言語である。

グリムが『ドイツ語文法』第一部第二版（一八二二年）における文字論（＝音論）で記述した音韻推移の法則が、言語の歴史的研究の基盤を築き、のちの歴史文法発展のきっかけを作ったことはよく知られている。しかし、のちの発展はともかくとして、グリム自身は言語の歴史性をどのように把握していたのだろうか。

一八五一年、ベルリンのアカデミーでおこなわれた講演『言語の起源について』から、言語の歴史に関する典型的な箇所を引いてみよう。

「われわれの言語はまたわれわれの歴史である。ひとつに結合し、共同の習俗と法を受け入れ、同盟を結んで行動し、その財産の範囲を拡大した個々の種族によって、ひとつの民族、ひとつの帝国の基礎が築かれたように、この習俗（＝言語…引用者）もまた、すべての後に続く行為がそこから引き出され、逆にそこへさかのぼるような最初の発見的な行為を要求した。その後、共同体の持続する時間が、無数の修正を加えたのだ。」（KS I 290）

ここには、民族を結びつける絆としての言語、その起源、起源から離れるにしたがって生じる変化というような観念が述べられている。言語が経験した変化、すなわち言語の歴史は、言語が民族の紐帯であるからには、われわれ＝民族の歴史である、と冒頭の一文は解釈される。しかしさらに一歩踏み込んで、長い年月を経るうちに言語に加えられた「無数の修正」とは、どのような意味での変化なのか、と問うてみることにしよう。

グリムのテクストでは、いたるところで、言語が、植物や他の有機物に喩えられている。彼は、言語の発展段階を、創造・成長の段階、屈折の完成の段階、屈折が退化し思考への衝動が高まる段階の三つに分け、それを「葉と花と熟していく果実」に喩える。それらの段階は「自然が要求するように、動かし難い順序で、互いに並んで、あるいは、前後して現れる」(KS I 282)。また、動詞の語根の数は、最初幾百かに過ぎなかったが、きわめて急速に「成長(wachsen)」し、そこに含まれていた感覚的観念から類推的・抽象的な「つぼみ(Knospe)」が「開花する(sich erschließen)」とされる(KS I 286)。これらの比喩は、言語の変化に関するグリムの観察から導き出されている。

「言語の諸族は、植物や動物、いやそれどころか人間自身の諸種族に、その変化する形態、ほとんど無限とも言える多様性において似ている、と言えないだろうか。良好な環境にある言語は、なにものにも遮られることなく、あらゆる方向へ自由に広がっていく木のように、生い茂るではないか。光と土の不足に悩む植物が渇き干からびていかぬばならないように、言語もいじけ、ないがしろにされ枯死していくのではないか。言語が、被った損傷をすばやく治し、あらたに補う時の驚くべき治癒力もまた、力強い自然の治癒力そのものに思われる。」(KS I 261)

この引用は、グリムが言語の変化を、歴史的というよりもむしろ生物的な誕生、成長、死滅の過程としてとらえていたことを示している。(14)

グリムによれば、「言語は人間の作品であり行為である」(KS I 294)。つまり、言語は自然の産物ではない。「われわれの言語はまたわれわれの歴史である」。言語は、人間の共同体にその歴史的根拠を開示する。ところが他方で、言語は自然的存在としても把握される。言語の変化は「自然の根本的な力」(KS I 295) によって惹き起こされる。それによって、人間の共同体は、言語という歴史的生成物を通して自然的根拠づけを獲得することになる。

だが、それだけではない。『言語の起源について』からの最初の引用には「すべての後に続く行為がそこから引き出され、逆にそこへ遡るような最初の発見的な行為」、すなわち、言語の起源という観念が語られていた。それに対し、「最初の発見的な行為」の後に加えられた「無数の修正」は、生物的変化とみなされることによって、変化それ自身としての重要性を奪われる。歴史は、起源に対して副次的な位置を占めるに過ぎないものになる。

## 5　メルヘン

この点は、メルヘンの起源をめぐる問題において、より明確になるだろう。

『子供と家庭のためのメルヘン』、いわゆるグリム童話集のテクストが、版を重ねるごとに、ヴィルヘルムによって手を入れられ、より複雑な物語的文体へと変化していった、つまり作品として「完成度」を高めていったことは、専門家の間ではよく知られている。

それにもかかわらず、グリムのメルヘンのなかに「純粋な原ドイツ的神話[15]」が潜んでいるというグリムの主張は、十九世紀を通じて受け入れられてきた。しかし、研究が進むにつれ、説話の提供者たちの来歴が必ずしも「純粋で原ドイツ的」ではなく、他の文化圏からの影響が色濃く見られることが指摘されるようになった。さらに、ハインツ・レレケは、一九七五年、グリムの重要な説話提供者のひとり「マリー婆さん」が、従来想定されていた人物とはまったくの別人で、ユグノーの血筋をひく若い女性であることを論証した。これによって、なぜ彼女の提供する話がペローやドルノワ夫人の創作メルヘンと似通っているのか、その理由が明らかになった。この「マリー婆さん」の存在こそが、童話集が純粋に「ドイツ的」出自であることを主張する最後の砦であったために、レレケの研究はとどめの一撃を与えたことになる。(16) グリムの主張は、それ自体ひとつの神話であることがはっきりしたのである。

グリムのメルヘンが、必ずしもドイツの民衆の中から出てきたわけではないという事実を前にして、研究者たちは、メルヘンを汎ヨーロッパ的影響関係のなかに置き直して考察することを提唱したり、あるいは、テクストと出典から独立した「昔話の本質」を設定し、それがやはりグリムのメルヘンのなかに保持されていると主張することによって解決を図ろうとした。しかし、このグリムのメルヘンの素性をめぐる一連の事柄を理解するためには、メルヘン自体の「真偽」を問題にするのではなく、なぜその出自が強調されねばならなかったのかと問う方が有益だと思われる。

一八一四年、サヴィニーに宛てたグリムの手紙には、次のような文章が見い出される。

「メルヘンと伝説の収集に関して、私たちは、エプコ・フォン・レプコが〈この法は私が考え出したのではない。われわれの良き祖先が古代よりわれわれのもとにそれをもたらしたのだ〉と言ったのと同じようにするつもりです。……今はまだ集めることのできる時代です。数百年前ならもっと精力的におこなうことができたでしょう。しかし、この点でもわたしたちはかのエプコに似ています。つまり、われわれが、いま目前に迫ってくる没落を前にして、それに抗して収集しているところがです。」(17)

ここから、グリムがメルヘンを二つの側面において認識していたことが分かる。ひとつには、メルヘンは遠い昔の自分たちの先祖からそのまま伝わってきたものだという認識であり、もうひとつは、メルヘンは今や消滅の直前にあるという認識である。これらの認識に基づいて、いまメルヘンを収集しておくことがいかに重要であるかが強調されるわけだが、その際、グリムにとって収集行為が意味するのは、誕生から長い時間を経て滅びかかったメルヘンに、適切な保護と世話を与えて生き返らせることである。しかし、メルヘンの収集というグリムの行為自体が、グリムの理解が誤りであることを証明している。この収集行為が意味するのは、グリムが意図したのとはまさに逆のこと、すなわち、メルヘンの再生ではなく、歴史的対象化にほかならない。

イェンス・ティスマーは、グリムのメルヘンが「民衆メルヘン（Volksmärchen）」と「芸術＝人工メルヘン（Kunstmärchen）」の間の中間的位置を占めるとし、ヘルマン・バウジンガーにならって、「本のメルヘン（Buchmärchen）」という呼称を与えている。[18]この名称は、メルヘンが家庭における口頭伝承として、生きた伝統であると主張されながらも、収集され公刊されて本棚に収められ、ときどき取り出しては頁を繰る歴史的遺産になりつつあるという事情を的確に表現している。

グリムが引用しているエプコの「この法は私が考え出したのではない。われわれの良き祖先が古代よりわれわれのもとにそれをもたらしたのだ」という言葉の中には、祖先が造りだしたものがわれわれのもとに届くまでの間に経過した時間と、そのうちで生じたであろう変化を認めまいとする、ある種の非歴史的思考が潜んでいる。起源とわれわれの間に存在する時間を無化する思考である。

## 6　起源と民族

グリムは、一八五一年、ベルリンのアカデミーにおいて、当時の指導的な文献学者であり友人でもあったカール・ラッハマンの追悼演説をおこなった。その中で、文献批判の重要性を次のように説いている。

「叙事詩（epische Poesie）は、民衆自身のもとで、民衆の口のなかで……芽吹き、長い時代を運ばれてきたものですから、芸術詩（Kunstpoesie）と呼ぶのがふさわしいようなものとは全く違っています。それは、入れ替わり立ち替わり、さまざまな変化や追加、省略にさらされてきたと考えてまず間違いありません。そして、真の姿をゆがめるような追加を取り除くことによって、その真正な、いや、少なくともより真正な姿にふたたび迫ることができるというのは、たいへん魅力のある仕事です。」

（KS I 155）⑲

グリムによれば、文献批判とは、作品が時間の経過のうちに被るさまざまな変化を取り除き、起源に存在したであろう「真正な姿」を再発見する作業である。このように純粋無垢な起源を設定することによって初めて、歴史的対象を、同時に自然的なものとして扱うことが可能になる。起源のなかに想定される、歴史的変化にさらされる以前の「根源的な」自然が、歴史的に変化する対象に対してその自然性を保証するからである。グリムのメルヘンにおいて、その出自が重要とされたのも、このような意味で、歴史的変化に対して起源における自然性を強調するためにほかならない。

起源における自然性とは、もともとあるもの、歴史を通じて変化にさらされてはきたものの常に存在していた基底的なもの、として理解される。つまり、歴史の場で展開しながらも、本質的には非歴史的であるような自然である。このような自然、このような「基底的なもの」、歴史の変化を通して潜在的に常在するものの担い手として指名されるのが「民族」である。同じように歴史的伝統の担い手であっても、貴族階級はその担い手ではあり得ない。かれらの伝統は、顕在的であり歴史的に公認されている、という理由で、グリムの自然概念とは一致しないのだ。「民族」という観念は、「自然的にして歴史的」なものとして成立したさまざまな領域（ゲルマン法、ドイツ語、ドイツ史、メルヘン、民謡等）が指し示すその焦点に、伝承の主体として浮かび上がってくる。それは、各領域の起源と結びつくと同時に、歴史を通じてその伝承の主体でもある。

「民族」をグリムは次のように定義する。「民族とは、同じ言語を喋る人間の総体である」（KS VII 557）。この定義は、いわゆる「言語国民（Sprachnation）」の思想として理解されてきた。それは、ドイツに欠けていた政治的統一の代替物として文化的統一性（ドイツ語）を提示する。だが、私の考えでは、ここには単なる代替関係以上の問題が秘められている。

言語を指標とすることによって、「民族」という観念は、ある種の正当性を獲得することになる。それは、たとえば「社会」が、契約の合理性に基づいた正当性を獲得するのとはまったく異なった正当性である。

言語が歴史的存在である以上、「民族」もまた歴史的に形成されたものであり、歴史的根拠に裏付けられた正当性をもつ共同体であるように見える。また一方で、言語は自然的存在でもあり、それゆえ「民族」は自然的な、すなわち、「民衆」[20]と言い換えるのがふさわしいような非教養層、基底的で根源的な（であるとされる）階層の人々を指すことになる。それは、決して、公の歴史的伝統の後継者たちを意味することはない。

グリムの業績のうちでも最大のものとされるドイツ語辞典は、言語の集積によって民族の存在を証明しようとした試みと見なすことができる。その中で、グリムが、非教養層の言語、卑語、俗語の類を重視し、多く採用したのも、以上のことから当然と言えるだろう[21]。

このような「民族＝民衆」の設定によって、グリムはドイツの国民意識に自然的にして歴史的な根拠を与えようとした。では次に、統一された国民意識を支えるべき論理が、どのように構成されていったのかを見ることにしよう。

## 7　家族から祖国へ

作家ヴィーラントは、その子供時代を回想して、「ドイツの愛国者でなければならないという義務など、当時は問題にされたこともないので、ドイツという言葉を……そもそも名誉の意味をこめて人が語るのを聞いた記憶がない[22]」と語っている。愛国心は、ドイツにおいて、十九世紀に入ってもなお基礎をもたないものであった。

だからこそ、市民階層がドイツの国家的統一という政治目標を追求するためには、まず、ドイツ人としての国民意識が形成されなければならなかった。クライストは一八〇九年に『ドイツ人の教理問答書』を書き、ドイツ人としていかに祖国を愛すべきかを示そうとした。

「問　我が子よ、おまえはおまえのドイツを愛するのか。
答　はい、我が父よ、わたしは愛します。
問　なぜおまえはそれを愛するのか。
答　なぜなら、わたしの祖国だからです。
問　神がそれを、おおくの果実で祝福し、多くの美しい芸術作品がそれを飾り、英雄や政治家、賢者たち……がそれを卓越したものにしたから、というのか。
答　違います、我が父よ。……なぜなら、ローマとエジプトの三角州は、……果実と美しい芸術作品、それに偉大で卓越したものすべてにおいてドイツよりもはるかに恵まれているからです。
問　それでは、なぜおまえはドイツを愛するのか。
答　なぜなら、ドイツはわたしの祖国だからです。」(23)

この問答は、愛国心の論理構造——あるいはその限界と言うべきか——をはっきりと示している。「わたしはドイツを愛する、なぜならそれはわたしの祖国だから」という言明は、「人はその祖国を愛さねばならない」という前提を有すると同時に、それ以上の根拠に遡ることを拒絶している。それによって、クライストは、祖国愛を絶対化しようとしたのだが、彼の意図を裏切って、この引用からは、いまだ存在せぬ統一ドイツに向けられた愛国心が、自己を正当化するいかなる根拠も見い出していないことが知られてしまう。

ところが、グリムは、ゲッティンゲンにおける就任講演で、郷土愛は郷土の長所によってではなく、むしろ欠陥によって増加すると言う。

「私たちが両親として我が子を愛し慈しむように、しかも優雅で愛らしい姿が好ましい子や申し分のない健康に恵まれた子ばかりでなく、ある種の奇形やあざで不格好な体をもつ子、病に苦しむ子をも愛するように、故郷への愛もまた、故郷で経験したさまざまな不幸や故郷にさし迫っている災いの数々を考慮に入れても、決して損なわれることなどないのです。いや、それどころか、故郷への愛は、それによって不思議な形で増大し、そこから新たな力を汲み出すのです。」(24)

クライストが根拠を挙げることのできないまま祖国愛を絶対化しようとしたのに対して、グリムは郷土愛をむしろ積極的に郷土の欠点に結びつける。しかし、その際、より重要なのは、そのような郷土愛が、両親の我が子への愛にたとえられていることである。この比喩によって、郷土愛の非合理性は、両親の子を愛する気持ちの非合理性と同質とされ、いわば、より根源的な根拠を得たかのように見える。

次の引用のなかで、グリムは祖国愛を、家族愛や郷土愛とつらなる一続きの文章のなかで告白する。

「祖国への愛は、どのようにしてかは判らないが、私たちに深く刻み込まれた。それについて特に話すわけではなかったけれども、父と母のもとでそれ以外の考えが沸き起こるような事柄が何か起きたことは一度もなかった。私たちは、私たちの領主を、存在し得る最良の領主だと思っていたし、私たちの邦をあらゆる邦々のなかで最も恵まれていると考えていた。」(KS I 2)

ここでは、家族愛、郷土愛、そして祖国愛が、人為の介入しない「自然な」ものとして描き出されている(「どのようにしてかは判らないが」、「特に話すわけではなかったけれども」、「それ以外の考えが沸き起こるような事柄が何か起きたことは一度もなかった」)。祖国への愛――それはヴィーラントにおいて存在を否定され、クライストにおいて根拠づけられなかった――が、あたかも自然な現象であるように見える家族愛や郷土愛と結びつけられることによって、「自然な」ものに見え始める。

だが、これらの三つの愛を「自然な」ものとする発言自体は、きわめて社会的なレトリックであることに注意しよう。祖国愛だけではなく、郷土愛や家族愛もまた、およそ人間がいだく感情である限り、純粋に「自然な」ものではあり得ない。あり得るのは、それをあたかも「自然な」ものとして扱う言説のみである。
こうして祖国愛は、「自然な」根拠を獲得することになる。

## 8　有機体的国家観

現実的政治目標である統一されたドイツ国民国家[25]に、このような意味で、なんらかの自然的基盤を付与しようという志向は、基本的にはロマン派の有機体的国家観の線に沿ったものだといえる。しかし、グリムの国家観を、初期ロマン派、たとえばノヴァーリスのそれと比べてみるならば、その違いは際だっている。

ノヴァーリスは、『信仰と愛』のなかで、「機械論的（maschinistisch）[26]」な国家観に対置する形で、一種の有機体としての国家をイメージしている。

「金と銀は国家の血液である。……心臓が強ければ強いほど、血液は活発に豊かに体の隅々まで送られる。四肢は暖かく生き生きとして、血液は素早く力強く心臓に帰還する。」[27]

ここでは、部分と全体の統一が生命体のイメージのうちに捉えられている。ノヴァーリスは国家を形成する原理として代表民主制のような形式的制度を、個人の恣意と利己心に左右されるものとして斥け[28]、なんらかの実質的な規定性をもつ原理を要求する。それは、ここでは差し当たり、「精神」と「愛」と名づけられて、王と王妃に仮託されている。

「心のなかの無私の愛と、頭のなかのその格律。これこそ、あらゆる真の、分かちがたい絆の、唯一にして永遠の基盤である。国家の絆とは、ひとつの結婚以外のなにものであり得ようか。」[29]

こうした国家のモデルとして、愛をその原理とする家族が採用されるのは、当然と言ってもよいだろう。

「その時、人間は、なによりも最も美しい詩的な形態、最も自然な形態を選ぶだろう。家族の形態——君主制を！　幾人かの主人——幾つかの家族——ひとりの主人——ひとつの家族を！」(30)

このように、ノヴァーリスにおいても、国家の基盤としては、形式的な合理性以上の、なんらかの実質が要求されている。だが、それは理念的に表明されていて、具体的に特定することのできるようなものではない。それに対して、グリムが国家のために要求した基盤は、きわめて具体性を帯びたものである。彼が「家族」と言うとき、それは自分の家族であり、郷土と言うとき、それはヘッセンである。さらに、祖国と言うとき、それは実現されるべき具体的なドイツ国家なのである。

具体的な家族、具体的な郷土、具体的な祖国をもち出すことによって得られる優位とは、あたかも個々の政治的主張に対して超越しているように振る舞えるという点にある。それは、理念のもつ普遍性という意味で超越しているのではなく、政治以前の基底的な「自然」を根拠としているため、個々の政治的立場を越えた妥当性をもつ、と主張できるのである。

## 9　ゲッティンゲン七教授事件

ナポレオン戦争以後の状況の変化によって、グリムの政治的思考は、理念的な国家をめぐるものではなく、民族(=国民 Volk)主義の軌道にそって進められることになった。

一八三七年に、当時ゲッティンゲン大学の教授であったグリム兄弟が、ハノーファーの新王エルンスト・アウグストがおこなった憲法破棄に抗議して他の五人の教授とともに罷免され、さらにヤーコプは国外追放の処分を受けた。世に言うゲッティンゲン七教授事件である。この事件は、グリム兄弟を現実政治の渦中に投げ込み、一躍当時の政治的な焦点に置くことになった（さらに言えば、この事件は、現在に至るまで代わるもののないドイツ語最大の辞書『ドイツ語辞典』誕生のきっかけともなる）。(31)

ところが、この事件に際して、ヤーコプが公にした弁明の書『ヤーコプ・グリム　彼の罷免について』（一八三八年）では、事件の明瞭な政治的性格にもかかわらず、彼は自分を政治的な人間として描き出してはいない。このパンフレットは、彼の生い立ちから説き起こされる。「私は、財産というほどのものは持たないが実直な両親から生まれた。両親とは、早くに死に別れることになったが。」つづいて、郷里ヘッセンへの思いが語られる。「私はいまだに、故郷が与えてくれたあらゆるものに強い愛着を感じている。その欠点、その欠陥にすら心動かされる。」さらに、この郷土愛は祖国ドイツへの愛情によって包摂される。「私は子供の頃から、両親のおかげで……この土地は祖国ドイツを構成する本質的な要素のひとつであり、この土地もまた祖国ドイツの名誉と偉大さによって照らされている、という考えに慣れ親しんできた。」（KS I 27）この箇所の後には、ナポレオンによるドイツ占領とヘッセンの解体がきっかけとなって、ゲルマニスティクへと目覚めていく様子が語られている。

この冊子は、もっとも肝心な教授職からの追放を語る部分で、その——表向き——非政治的な性格の頂点に達する。

「その（＝罷免の…引用者）理由はと言えば、私を受け入れてくれた邦が……課した義務を、私が破ろうとしなかったからなのだ。偽りの誓いなしにはとてもできないようなことをしろという、脅しにも似た要求が突きつけられた時、私がためらうことなく良心の声に従ったからなのだ。」（KS I 28）

新たに王位に就いたエルンスト・アウグストは、一八三七年勅書を出し、一八三三年に成立した憲法を破棄し、一八一九年の旧憲法を復活させると宣言した。それによって、すべての公僕は、その憲法遵守宣誓から解除されることになった。グリムを含む七人は、当時ハノーファー領であったゲッティンゲンの教授として宣誓した憲法への忠誠と、その憲法を廃止した国王への忠誠のあいだに挟まれ、憲法への忠誠を選んだのである。[32]
しかし、グリムはその弁明の書において、憲法と国王の命令が矛盾した時にあえて憲法を選んだ――彼は立憲君主制の支持者であった――という事情には触れず、いったんおこなった憲法への忠誠を破ることはできないという「良心」を、自分の行為の動機だとしている。それゆえ、彼は次のように付け加えることをためらわない。

「私はあらゆる既存のものごと、諸侯と諸憲法に心魅かれるのを感じる。もしかなうものならば、ひとり静かに世間を離れ、学問が私に与えてくれる栄誉に満足し、民衆の愛と畏敬につつまれた君主に仕えて生涯を送ることをどんなにか喜んだことだろうか。」(KS I 31)

「あらゆる既存のものごと」への愛着、静かな学究生活への憧れ、君主への従順という消極的な、非政治的発言を額面通り受け取り、「ゲッティンゲンの七人」と呼ばれるこの事件を、政治には無縁の「素朴な教授たち」[33]が惹き起こした勇敢ではあるが世間知らずな行為と解釈してはならない。グリムにおいては、このような発言自体が優れて政治的な思考の表現と見ることができる。彼は、自分の政治的、党派的立場を正当化するために、巧妙にも、一見非政治的とも受け取れるポジションを選んだのである。

「私は、私が感じている祖国への愛を、ふたつの党派が相争うあの桎梏のなかへ投げ込もうなどと一度たりとも考えたことはない。」(KS I 29)

祖国愛は、党派的な政治を越えた、あるいはそれ以前の、いずれにせよそれに左右されることのない、なにか基底的なものとして捉えられている。家族愛、郷土愛が描く線の延長上に祖国愛は位置づけられる。それによって、祖国への愛は、ドイツ国家成立のための根拠、単なる形式ではなく実質をともなった根拠、政治以前の地平から生じる基底的な根拠として働くことが可能となる。

## 10　フランクフルト国民議会とゲルマニスティク

ヤーコプ・グリムの生涯において、ふたたび政治問題が浮上してくるのは、フランクフルト国民議会に参加した一八四八年のことである。その二年前には、同じフランクフルトにおいて、最初のゲルマニスト大会が開催され、グリムはその議長に選出されている。一八四六年と四七年の都合二回開催されたこの学術会議は、当時すでにその政治性が指摘されていた。乱暴を承知で言えば、学者の議会と揶揄されたフランクフルト国民議会は、この二回のゲルマニスト大会の延長だと考えることもできる。(34)

ゲルマニスト大会やパウル教会の議会(35)におけるグリムの発言を検討すると、ここでもまた、彼の政治的思考が「民衆=民族」や「祖国」といった語彙によって支えられていることが判明する。グリムは「国民」ではなく「民衆=民族」について、「国家」ではなく「祖国」について語る。しかし、それは、グリムが政治的に思考しなかったということを意味するのではない。それらの、現実政治からほど遠く見える語彙を駆使することこそ、彼の政治的思考の核心なのである。

「民衆=民族」という観念は、グリムが求める政治共同体を「自然的」な根拠に接続する。そして、この、いまだ未聞のドイツ統一国家をこそ彼は「祖国」と呼ぶのである。

# 11　歴史と国家

この章の目的は、ヤーコプ・グリムの思考圏における「歴史」把握の様相を明らかにすることであった。「自然的にして歴史的」という二重の概念によって創り出すことが可能になった数多くの歴史的対象領域（ゲルマン法、ゲルマン諸語、ドイツ史、童話、伝説、民謡など）が、「民族」の存在に保証を与えているように見えること。そして、「家族愛」から「郷土愛」を経て「祖国愛」へと高まっていく感情の曲線が、来るべきドイツ国家に「自然な」基盤を与えようとしていること、を確認することができたと思う。

この概念複合体によって、それまでそうとは気づかれていなかった諸事物が、突如としてひとつのパースペクティブのなかで、まとまった対象領域として立ち上がったのだ。同時に、それに呼応する形で、学問分野としてのゲルマニスティクが誕生したのである。この学科が、いかに深く十九世紀前半のナショナリズムと関っているか、改めて強調するまでもないだろう。

ヤーコプ・グリムが追求した政治目標、すなわち市民的自由主義にもとづくドイツ統一は、フランクフルト国民議会の結末が示す通り、無惨な失敗に終わった。そして、その後、ビスマルクによって実現された統一ドイツ帝国が、初期ゲルマニスティクが負っていた国民意識の形成という課題を時代遅れなものとし、その存在理由を空洞化することになる。

新しく形成されたドイツ帝国について、ヘルムート・プレスナーは次のように書いている。「ドイツにとって歴史がもつ重要な意味は、歴史が、新帝国に欠けている市民的、政治的伝統の代用物であると考えれば理解できる。この伝統の欠如は、それ自身、ドイツ史の産物である。[36]」小邦分立のもと、まだ見ぬ国民的統一の基盤を求めて過去をさかのぼった市民階層の「歴史」が、ようやく実現した統一ドイツ帝国のもとでは、現状の賛美と正当化のための「歴史」へと転化してしまった。それにともない、ゲルマニスティクという学問分野が前提とする「歴史」の概念と、学問としての存在理由も変容することになった。

着々と進行する学問の専門化によって、ゲルマニスティクから、法制史学、歴史学、歴史言語学といった分野が次次と分化独立し、独自の対象と方法と存在理由をもつ専門科学として定着していった。ゲルマニスティクのなかに取り残されたドイツ文学研究は、必死で固有の方法論と存在理由を探し求めることになる。

一八六三年、ヤーコプ・グリムが死んだ時に、やがて新世代のゲルマニスティクの領袖となるべき若きヴィルヘルム・シェーラーは、「ゲルマニスティクの父」の臨終の様子を荘重に描き出している。その描写は、ある研究者が指摘する通り[37]、グリムへの崇拝を暗示する寓意に満たされている。だが、他ならぬこのシェーラーが、やがて、国民意識の形成に替わる新たな存在理由をゲルマニスティクに与えようと苦闘することになるのである。彼がおこなった自然科学への接近、「実証主義的」文学史の試みは、現在の眼から見ればとても説得力を持つものとは言えないが、この学問分野に付託されていた歴史的課題が消滅した後、なんらかの存在理由を取り戻そうとして苦心に苦心を重ねた結果だと考えれば納得できる。

最後に、ヤーコプ・グリムという一個人の例を越えて、より一般的なテーゼを仮説として提示しておきたい。

国家を支える民族（＝民衆＝国民）主義と、その「自然的」基盤をつなぐ回路がいったん開かれてしまった以上、ある種の非合理性が合理的な形式を身にまとって、国家制度の中へ侵入することが可能になった。もしこの推測が正しければ、「自然的にして歴史的」という概念は、グリムが意図したところを越えて、はるかに大きな災厄を惹き起こしたことになる。国民国家としての統一を目指して「歴史」に訴えるとき、家族的情愛、言語、口頭伝承といった「自然的」要素がそれに伴走するならば、その一見自明で親密な印象にもかかわらず、思わぬ危険が待ちかまえていることを、その後のドイツの歴史は示している。

グリムの引用出典は本文中に示した。KS I は、Jacob Grimm, *Kleine Schriften*, Bd. 1, Hildesheim: G. Olms, 1965 を、KS VII は同 Bd. 7 を、後の数字は頁数を表す。

（1） Jacob Grimm, *De desiderio patriae*, Kassel: Bärenreiter-Verlag, 1967, S. 9.

（2） Ulrich Wyss, *Die wilde Philologie. Jacob Grimm und der Historismus*, München: Beck, 1979, S. 60.

（3） Hans Hattenhauer (eing.), *Thibaut und Savigny. Ihre programmatischen Schriften*, München: F. Vahlen, 1973, S. 104.

（4） Wilhelm Schoof (hrsg.), *Briefe der Brüder Grimm an Savigny*, Berlin: E. Schmidt, 1953, S. 173.

（5） Hattenhauer, ibid., S. 105.

（6） ibid.

（7） ibid., S. 77f.

（8） 堅田剛『法の詩学』（新曜社、一九八〇年）七二頁以下にも同様の指摘がある。

（9） 村上淳一「ヤーコプ・グリムとドイツ精神史」、谷口幸男他『現代に生きるグリム』（岩波書店、一九八五年）七二頁。

（10） 同、九四頁。

（11） Franz Wieacker, *Privatrechtsgeschichte der Neuzeit*, 2., neubearbeitete Aufl., Göttingen: Vandenhoeck & Ruprecht, 1967, S. 393.

（12） Jutta Strippel, Zum Verhältnis von Deutscher Rechtsgeschichte und Deutscher Philologie, in *Germanistik und deutsche Nation 1806-1848*, hrsg. v. Jörg Jochen Müller, Stuttgart: Metzler, 1974, S. 135.

（13） Vgl. H. A. Glaser (hrsg.), *Deutsche Literatur. Eine Sozialgeschichte 6 Vormärz*, Reinbek bei Hamburg: Rowohlt, 1980, S. 113f.

（14） 風間喜代三「グリムの法則」、前掲『現代に生きるグリム』一四六頁以下。

（15） Brüder Grimm, *Kinder- und Hausmärchen*, Göttingen: Vandenhoeck & Ruprecht, 1986 (Nachdr. d. ersten Ausg., Berlin, 1812 u. 1815), Bd. 2, S. VII.

（16） Heinz Rölleke, Die 'stockhessischen' Märchen der 'alten Marie'. Das Ende eines Mythos um die frühesten KHM-Aufzeichnungen der Brüder Grimm, in *GRM NF* XXV (1975), H. 1.（翻訳は前掲『現代に生きるグリム』所収。）さらに、野村滋「グリム二〇〇年」、日本独文学会編『ドイツ文学』七四（一九八五年春）を参照。

(17) Schoof, ibid., S. 174. Epko von Repkoとは、ザクセンシュピーゲルの編者Eike von Repgau (Repgow, Repegouw) のことだと思われる。

(18) Jens Tismar, *Kunstmärchen*, 2. Aufl., Stuttgart: Metzler, 1983, S. 59.

(19) この引用のなかでは、叙事詩／芸術詩という対立概念が用いられているが、この対立関係は、一八〇八年に発表された論文のなかですでに提起されている。そこでは叙事詩は、自然詩 (Naturpoesie) と同義で使われている。Gedanken: wie sich die Sagen zur Poesie und Geschichte verhalten, ***KS*** I 399.

(20) ドイツ語では、民族も民衆も同じVolkという言葉で表される。

(21) Vgl. *Deutsches Wörterbuch*, München: Deutscher Taschenbuch Verlag, 1984 (Nachdr. d. Ausg., Leipzig: S. Hirzel, 1854-1971), Bd. 1, Sp. XXXIIf.

(22) Christoph Martin Wieland, *Sämmtliche* (*sic*) *Werke*, IX, Hamburg [i. e.] Nördlingen: Greno 1984. (Nachdr. d. Ausg., Leipzig: G. J. Goschen, 1797), S. 474.

(23) Heinrich von Kleist, *Sämtliche Werke und Briefe*, 2. Bd., 7. Aufl., München: Hanser, 1983, S. 351.

(24) Grimm, ibid., 1967, S. 9.

(25) グリムはプロイセン選出の議員として、一八四八年のフランクフルト国民議会に参加した。彼が所属したカジノ党は、小ドイツ主義による立憲君主制の統一ドイツ国家を目標にしていた。Wolfram Siemann, *Die Frankfurter Nationalversammlung 1848/49 zwischen demokratischem Liberalismus und konservativer Reform*, Bern; Frankfurt a. M.: Lang, 1976, S. 313.

(26) Novalis, *Schriften*, Bd. 2, hrsg. v. Richard Samuel, Stuttgart; Berlin; Köln: Kohlhammer, 1960, S. 494.

(27) ibid., S. 486.

(28) ibid., S. 502.

(29) ibid., S. 495.

(30) ibid., S. 503.

(31) Vgl. Alan Kirkness, *Geschichte des Deutschen Wörterbuchs 1838-1863*, Stuttgart: Hirzel, 1980, S. 51f.

(32) Vgl. Ernst Rudolf Huber, *Deutsche Verfassungsgeschichte seit 1789*, Bd. 2, Stuttgart; Berlin; Köln[u. a.]: Kohlhammer, 1960, S. 96ff.

(33) Hermann Gerstner, *Brüder Grimm*, Reinbek bei Hamburg: Rowohlt, 1973, S. 86.

(34) Siemann, ibid., S. 24.

(35) Paulskircheで開催されたため、フランクフルト国民議会はこう呼ばれることがある。

(36) Helmut Plessner, *Die verspätete Nation*, Frankfurt a. M.: Suhrkamp, 1974, S. 95.〔H・プレスナー、土屋洋二訳『遅れてきた国民』(名古屋大学出版会、一九九一年)一一七頁。ただし、訳文は筆者による。〕

(37) Jörg Jochen Müller (hrsg.), ibid., IXf.

# 第四章　文学・歴史・革命

前章で示したように、ゲルマニスティクは、高まりつつあったドイツ市民層の政治的意識と密接に連動して、十九世紀前半に誕生した。(1) 初期ゲルマニスティクの内容は、ドイツ語の歴史的研究および中世のテクストを扱う文献学（ドイツ文献学）とドイツ語で書かれた文学的テクストの歴史の記述（国民文学史）のふたつに大別される。学問史において後者の始まりとつねに結びつけて語られるのはゲオルク・ゴットフリート・ゲルヴィーヌスであり、彼の五巻にのぼる『ドイツ人の国民文学の歴史』（初版一八三五—一八四二年）である。(2) しかし、ゲルヴィーヌスの文学史をこの分野の始まりとして位置づけるのが果たして正当であるのか、言い換えれば、どのような意味で、何を基準としてゲルヴィーヌスを最初とするのかは、ドイツ文学史と称するものがゲルヴィーヌス以前にも多数存在した以上、(3) 簡単に答えられる問題ではない。とはいえ、ここでその問題に立ち入ることは避けたい。

この章の眼目は、国民文学史記述を素材として十九世紀における歴史の機能を問うというところにある。ゲルヴィーヌスの文学史が、成立しつつあったゲルマニスティクの他の多くの仕事と同様、明らかに市民的政治意識とのつながりをみずから表明し、また当時そのようなつながりの中で読者によって受け入れられたという事実だけでゲルヴィーヌスを問題とする理由としては充分だと思われる。(4)

十九世紀における歴史の機能とは何か。この問いにはさまざまな角度からの答えが試みられてしかるべきだろうが、ここで私が問題にする機能とはたとえば次のような言葉が語っているものである。前章終りに引用した文言を再度引用したい。「ドイツにとって歴史がもつ重要な意味は、歴史が、新帝国に欠けている市民的、政治的伝統の代用物であると考えれば理解できる。(5)」これはヘルムート・プレスナーがビスマルクによって成立したドイツ帝国について述べた言葉であるが、ここで示されているのは、近代ドイツにおける文化と政治の関係についてのよく知られた見解、すなわち、ドイツにはフランスのような国民国家としての政治的統一の経験が欠けているがゆえに、その統一性は言語と文化の歴史がもつ共通性によって担保されるという見解である。無論、プレスナーは、そのように捉えられた文化と政治の関係を「代用」関係と呼んでいることから明らかなように、この見解に同調しているのではなくいわばそのイデオロギー的性格を見抜いている。しかし「代用」と呼んだからといって、なぜそれがそうであり得るのか、文化の歴史が政治的伝統の代わりをするというのは一体どういう事態を意味するのかを説明したわけではない。歴史がもつ機能とは何かという私の疑問は、この「代用」という説明の不充分さを出発点としている。

とはいえ、そのような疑問を追求するにあたってなぜプレスナーが問題にした時代ではなく、三月前期（広義には一八一五年の王政復古から一八四八年の三月革命までの時期。狭義には一八三〇年のフランス七月革命からとする）の国民文学史記述、その代表例としてのゲルヴィーヌスにまでさかのぼるのかについては説明が必要だろう。

プレスナーが指摘しているのは、一八七一年に成立したドイツ帝国下において、その帝国が市民的統一運動から誕生したのではないことに由来する国民国家としての正当性の欠如を糊塗するために、過去の文化遺産が国民的紐帯としてイデオロギー的に動員されるということである。ところが、ゲルヴィーヌスが国民文学史を書き、ゲルマニスティクが誕生した時期である三月前期においては、まだ統一ドイツ帝国は存在しておらず、したがってドイツの文化的過去はすでに存在した統一をイデオロギーとして下支えするために動員されたわけではない。それは形成されつつあった市民的政治意識の文化的対応物であり、その表現であった。そのように文化的過去が歴史として機能した条件が異なっていたのであれば、当然、歴史としての機能それ自体も異なっていると推測される。

私がここであえてゲルヴィーヌスを例にとろうとするのは、十九世紀を通じて根底において貫徹している歴史の機能規定、歴史とはどのようなものでありどのような機能をもつのか（あるいは、もつべきか）という観念は、ドイツ帝国下に初めて現れたのではなく、すでに三月前期において明確な形をとっていたと予想されるからである。その機能規定が具体的にどのようなものかを明らかにするのが本章の目的である。差し当たりここでは、それは歴史を他の問題、たとえば国民的統一であるとか政治的正当性であるとかの問題になんらかの形で結びつけることを許すような規定である、と言っておこう。この規定を根底においた上ではじめて、歴史は、三月前期においていまだ存在しない国民的統一を形成ないし保証する力として作用し、ドイツ帝国成立以降においてはすでに存在している統一の正当性を演出するものとして作用した、というような違いが生じてくる。それゆえ、三月前期における歴史の機能規定を明らかにすることによって、帝国成立後の変化、相違を測ることが可能になり、後者における歴史の機能規定もおのずから明らかになると期待される。

さらに、われわれは差し当たりドイツの十九世紀に視線を限って出発するけれども、本章Ⅱの2においては、歴史記述の物語性を問題にすることによって、ドイツに限らず、十九世紀における一般的な歴史の機能を考えるための手がかりを得ようと望んでいることを付け加えておきたい。

## Ⅰ 実践への関連

### 1 実践への要求と歴史の俯瞰的視角

三月前期において市民層が歴史に対して課した機能規定は、ゲルマニスティクの中に潜在的、あるいは顕在的に表現されている。たとえば、「言語国民」の理念を明確に述べたものとしてよく知られているヤーコプ・グリムの言明

「一体われわれは言語と文学以外に何か共通のものをもっているだろうか(6)」はドイツ語文法、ドイツ語史、ドイツ語辞典と彼の生涯にわたって続いた仕事の基本的なモチーフがどこにあったかを示しているのだが、ここにも実は歴史に対するある種の要請が潜んでいる。グリムにとって、否、この時代一般の言語研究、文学研究にとって、言語と文学とは何よりもまず時間のベクトルの中で捉えられた歴史的存在であった。したがって、グリムが「われわれ」すなわち当時のドイツ人(それが地理的にはどの程度の広がりを意味するにせよ)の唯一の共通性として言語と文学を指示するとき、それは歴史を(当時という)現在との関係にもたらすことを意味している。さらに、この「われわれ」とは、ドイツ民族ないしはドイツ国民という観念によって表現される、いまだ存在せぬ文化的ないしは政治的統一体への希求を含んでいる言葉なのであるから、このグリムの言明はすでに存在する事実を陳述しているのではなく、歴史に対して、現在時における要求を正当化する機能を要請している、と言うことができる。

歴史に対して課せられるある種の機能の要請は、ゲルヴィーヌスの文学史序文の中ではより自覚的に表現されている。

「国民にかれら自身の現在の価値を理解させ、痩せ細ってしまった自分自身に対する信頼を蘇らせ、最古の時代に対する誇りと共に、現時点での喜びと未来への決然たる勇気を呼び起こす時が、ついにわれわれに訪れたと思われる。しかしこれが可能なのは、国民の目の前に、かれらの歴史を最も新しい時代に至るまで繰り広げてみせ、その歴史やそれと比較される他民族の歴史から、自己の何たるかが国民自身に明らかになる場合だけである。歴史のすべての面がこの目的に適うわけではない。何らかの教えを得ることができるためには、諸々の出来事があるひとつの目標へ、あるひとつの静止点へ通じていなければならない。ドイツの運命を今日に至るまで語った政治史は、どれも正しい影響を与えることはできない。なぜなら、歴史は芸術と同様、静止、安らぎへ通じていなければならないのであり、ある歴史的芸術作品を何の慰めもないままに読み終えるなどということはあってはならないからである。今日のドイツの政治状況を描いて、しかもわれわれに慰めを与えてくれるような手腕をもった歴史芸術家がいたらお目にかかりたいものだ。それに対して、ドイツ文学の歴史はその内的性状に照らしても、その価値とわれわれの時代の欲求に照らしても選ぶにふさわしいように思われる。……ドイツ文学の歴史はすでにある目標に到達しているのであり、そこから全体を首尾よく見渡し、心を落ち着かせるような、いや高揚させるような印象を獲得し、これ以上ないような教えを引き出すことができるのである。」(7)

これは、ゲルヴィーヌスが文学史を書く際にどのような目的をもっていたのか、つまりゲルヴィーヌスが歴史にどのような機能を要求したのかを問題にする時には常に引用される個所である。ここには、国民主義的情熱の鼓舞を意図した歴史の動員や、文化史と政治史の間の不均衡な並行関係の設定——後の「代用」関係説の雛形——など、ひとりゲルヴィーヌスのみならず十九世紀における歴史の機能を規定している要素が現れている。しかし、われわれの問題設定にとって重要なのは、歴史が実践へと促しそれを正当化する(「現時点での喜びと未来への決然たる勇気」)機能の核心が、歴史が(文学という部分領域においてであるにせよ)すでに完結しているという意識、より正確に言えば、そのような意識を可能にする俯瞰的な視角(「国民の目の前に、かれらの歴史を最も新しい時代に至るまで繰り広げてみせ」)に求められている点だと思われる。この、歴史の全体を眼前に見ているという意識、その意識を可能にする視点の設定こそが、歴史による現在の正当化機能を支えている根本的な一契機である。

このような正当化は、受動性と自発性の混ざりあった一種独特の形をとる。歴史の全体性を眼前にしているという意識は、一方でそこに繰り広げられている(と信じられる)歴史の必然性に対する服従を要請する。他方で、まさに誤りなき歴史の全体性を把握しているという確信から、個々の実践は歴史的必然性という強力な正当化を受け取るのである。たとえば、ゲルヴィーヌスの言葉に「歴史家は運命に与する者でなければならない」というものがある。これは、しばしば、実証主義的な客観中立主義に対して歴史の実践的性格を主張したものとして単純化され、後述するように左翼的伝統がゲルヴィーヌスを高く評価する理由ともなった。しかし、この言葉をその文脈の中に置き直してみよう。

「歴史家はとらわれることなく不偏不党に、たとえ心が逆らおうとも決して真理から目をそむけてはならない。しかしまた、決して性格を欠いたなまぬるい者であってもならない。……歴史家のすべては落ち着いた精神、冷静さと慎重さにかかっている。そのような落ち着きをもって、歴史家は人間の諸々の宿命を報告し判断しなければならない。しかしまた、歴史家は運命に与する者であり、進歩の生まれながらの擁護者でなければならない。それゆえ、歴史家は自由というものに共感する者だという疑いから逃れることはできない。なぜなら、自由こそが諸々の力の活動なのであり、その中にこそ歴史家が呼吸し生きている空気があるからだ。」(8)

ここでは、進歩、すなわち自由の増大を押し進めようとする主体的な努力が歴史の必然性によって受動的に正当化されている。われわれは自由のために闘わねばならない、なぜなら自由の増大へ向かって歴史は必然的に動いているからだ、という論理である。「歴史家は運命に与する者でなければならない」という言葉の真の意味はここにある。歴史の全体性を把握したという意識は、このような正当化の形式を生み出す。歴史とは、まさに自由と必然との絶妙な結合を可能にするカテゴリーなのである。歴史の全体を眺めわたす俯瞰的な視角が、歴史の必然性の名のもとに実践的要求の正当化を可能にするのだ。

ゲルヴィーヌスにおいて見られる、このような実践的要求と歴史に対する俯瞰的視角の結びつきは、単にゲルヴィーヌスにとどまるものではなく、歴史の名において実践の正当性を主張する思想一般を特徴づけているものと言えよう。

## 2 従来の評価

前述のように、ゲルヴィーヌスが歴史と実践との関連を強調したことは、彼の評価を、いわゆるブルジョア的文芸学や歴史学においてよりも、むしろ左翼的伝統において高からしめることになった。その先鞭をつけたのは、おそらくフランツ・メーリングであろう。彼は『レッシング伝説』の中で、ゲルヴィーヌスの文学史を「古典文学の理念的内実を市民階級の政治的闘争の中へ取り入れるために市民的学問がなした唯一の偉大な試み」[9]と呼んでいる。この系統の評価は、戦後旧東ドイツで活躍したロマンス語文芸学者ヴェルナー・クラウス[10]を経て、やはり旧東ドイツでゲルヴィーヌスの文学関係の著作をまとめ一巻本の選集を編んだゴットハルト・エルラー[11]まで続いている。

これらの高い評価は、ブルジョア的歴史学の「偽りの」客観性に対して、ゲルヴィーヌスが歴史学のもつ実践への関与、党派性を認識していたとの理解にもとづいている。たしかに、ランケ――ゲルヴィーヌスの同時代人であり、実証主義的歴史学の祖――とゲルヴィーヌスの歴史学に関する見解は対立していたと言えよう。[12]しかし、ゲルヴィーヌスの言う意味での歴史家の党派性を学問の階級的党派性と同一視するのは、いかにも後の時代の考えをゲルヴィーヌスに投影したもので無理があると思われる。[13]ゲルヴィーヌスを、学問の党派性を認識する途上にいる先駆者と位置づけることも可能ではあろうが、そう結論してみたところで先駆者という言葉の意味がはっきりしない限り有益とは思えない。

この左翼的伝統とは別に、しかしやはり同じ理由からゲルヴィーヌスを高く評価する一連の動きが、一九六〇年代後半から始まった。一九六六年、ミュンヘンで開催されたゲルマニスト大会は、制度としてのゲルマニスティクに対して非を鳴らす一大スキャンダルに見舞われた。批判的な若いゲルマニストたちによって、この学科がナチ政権下においてファシズムへの協力者として振る舞ったという過去が厳しく糾弾され、その原因を探るためにかれらは学科の歴史をさかのぼっていった。そして、そこに、公認されたゲルマニスティクの伝統とは異なった、実践的要求をもつ文学史記述、すなわちゲルヴィーヌスを発見したのである。

このゲルマニスティクの忘れられたもうひとつの伝統を強調するために、しばしばゲルヴィーヌス対グリム兄弟

（おもにヤーコプ）という対立の図式が用いられた。ゲルヴィーヌスの同時代人グリムは公認された学科史においてゲルマニスティク草創期の輝かしい代表者のひとりであり、童話集や辞書を通して知られる、世間を離れて静かに研究にいそしむ学者というイメージによって、ゲルヴィーヌスと対立関係におくには最もふさわしいからである。[14] しかし、この図式は、従来の評価をもとにして単にそれを逆転させたに過ぎず、それ自身として新しい見解を含んでいるわけではなかった。研究が進むにつれて、この対立関係の設定は現在の批判者たちの立場を投影しているのであり、[15] 当時の実際の布陣とは異なっているということが明らかとなってきた。事実、前章で見たグリムの政治信条からすれば、ゲルヴィーヌスとグリムの間にはイデオロギー的対立はほとんどなく、両者がゲルマニスティクに託した政治的、社会的役割に対する期待もほとんど変わらないのである。[16]

ゲルヴィーヌスが要求した実践との関連を、現在のなんらかの立場に引きつけて解釈するのは、鏡に映った自分の顔を見るようなものでそれほど多くの認識をもたらすとは思えない。一方、歴史家としてのゲルヴィーヌスがもっていた背景に着目すれば、ゲルヴィーヌスの要求はさほど奇妙なものではなくなる。彼は、師のＦ・Ｃ・シュロッサーを通じて、市民的＝自由主義的、進歩主義的、国民主義的な歴史叙述の伝統に連なっている。他にロテック、ダールマンなどを挙げることのできるこの伝統に属する歴史家たちに共通しているのは、「学問的な仕事によって直接政治に働きかけようという望み[17]と、国家生活に関心を集中していること」[18]である。このように理解した場合、歴史家としてのゲルヴィーヌスの出自からして実践への関連の強調は当然のことであり、のちに実証主義化したドイツ歴史学、文芸学の文脈から振り返って見たときに孤立して見えるほどには特異であったわけではない。

しかしながら、私の考えでは、ゲルヴィーヌスの文学史に見られる実践への関連の要求をどのような傾向に結びつけて理解するにせよ、従来の解釈の範囲内では、そのような要求の源、何がそのような要求をおこなうことを可能ならしめているのかという点が明らかにされていない。実践への関連の要求が歴史の全体性把握の意識から由来するとすれば、そもそも何が歴史の全体性なるものを可能にしているのか。何によって歴史への俯瞰的視角は可能となるのか。問いはそこへ集中されるべきである。

## 3　歴史記述と芸術

### i　芸術への恐れ

歴史から現時点の実践を正当化する、ある種の規範性を汲み出そうとする努力は、しかし常に、その規範性が「作りもの」ではないかという疑惑につきまとわれていた。歴史の中に見い出されたと信じられるその種の規範性が、真に歴史が歴史たるところのものを根拠としているのか、つまり、それらの規範性が「現実」にもとづいており、想像的なものではないと言えるのかという不安が、これらの試みを脅かすのである。この不安は歴史記述が文学に近づくことへの恐れ、そしてそれゆえにその二つを何とかして区別しようとする試みとして現れた。

カントは、人類の歴史は「自然の隠された計画の遂行[19]」と見なすことができるとしているが、歴史をそのようなものとして記述することから生ずる危険も同時に承知していた。

> 「もし世界がある種の理性的目的にふさわしく経過するならばその世界経過はどのように進行しなければならないか、という構想にしたがって歴史を書こうとするのは、たしかに奇異な一見馬鹿げた目論見かもしれない。そのような意図のもとに出来上がるのはただの小説に過ぎないように思われる。」（傍点引用者）[20]

歴史記述が小説に転落してしまうという懸念は、歴史と詩の区別に関するある古い基準を背景としている。アリストテレスによれば、「歴史家と詩人の区別は、前者が起こったことを物語るのに対し、後者は起こり得ることを物語るところにある」[21]。このアリストテレスの提案した区別、すなわち記述対象に現実的対象と可能的対象の区別を設け、どちらを記述対象とするのかによって歴史記述を文学から分離する試みは、しかし、ドイツ観念論における一般史の構想においては文学に対して歴史記述のステータスを充分保証することにはならない。なぜなら、観念論的歴史観は「起こったこと」の背後に何らかの計画ないし意図を想定し、歴史をそれの展開の過程として記述することを要求するからである。その場合、記述の対象範囲に「起こったこと」以外のものが入り込んだのではないかという疑念が避けがたいものとなる。もしそうだとすれば、アリストテレスが用いたような区別の基準に従う限り、歴史記述と文学の差をつけることは難しくならざるを得ない。

ここで歴史記述が文学への転落を恐れねばならないのは、歴史から汲み出される規範性が歴史に内在するとされる意図ないし法則の把握にもとづいているからである。カントによれば、意志の自由をどう解釈するにせよ、その意志の現象形態である人間の行動は、他のあらゆる自然の出来事と同じく「普遍的な自然法則」に従っている。それゆえ、その人間の行動を記述対象とする歴史の中には、個々の混乱した人間の営みを越えて、全体として見れば、「自然の意図」が発見できるはずである[22]、とされる。つまり、歴史記述はあくまでも記述的な言表なのであって、文学のような想像的な言表であってはならず、もし歴史の中に理性的な目的に向かって進む規則的な発展過程が観察されるとすれば、それは対象そのものに内在しているはずである。歴史記述が何らかの規範性を提示するとしても、つまり「アプリオリな手引き」[23]を与えるようなものであるとしても、その規範性は命令として与えられているのではなく、あくまでも対象を（経験的にではないが）忠実に記述しているという前提によって支えられているのである。それゆえ、歴史記述の実践への関連は、ここではまさにそれが書かれるということそのものに求められる。「自然の計画に沿って一般世界史を書くという哲学的試みは可能であり、それればかりかこの自然の意図を促進するものだと見なされなければならない。」[24]このように、ここでも歴史から何らかの規範性は汲み出されているけれども、それは、ゲルヴィーヌスのように歴史を全体として眺めわたしているという意識にもとづいているのではなく、歴史に内在する法則性によるのである。

ところが、歴史記述の記述的言表としての地位は、歴史記述において記述主体による対象の構成を容認、いや前提にせざるを得ないという認識によって危ういものとなる。シラーはこの事態をきわめて直截に述べている。

「哲学的精神はこの調和を自分自身から取り出し、それをみずからの外、事物の秩序の中へ植えつける。すなわち、哲学的精神は世界の歩みの中へある理性的な目的を、世界史の中へ目的論的な原則を持ち込むのである。」(25)

これは、ヘーゲルが『歴史哲学』序論において、みずからの企てる「哲学的歴史、歴史哲学」とは区別して、既存の「一般史」と呼ばれる歴史の特徴としてはっきりと指摘したことでもある。

「ここでは歴史的資料の加工が眼目となる。歴史的資料に対して、加工者は内容の精神とは異なった彼の精神をもって近づくのである。そのためとりわけ重要となるのは原則、つまり歴史の書き手が描こうとする行為や出来事の内容や目的に関して立てる原則や、いかに歴史を作成するかというやり方に関して立てる原則である。」(26)

つまり、一般史の構想においては、記述対象と記述主体の分離、記述主体による主体側の原則にもとづいた記述対象の構成という局面が前面に出てこざるを得ない。シラーが率直に認めていたように、また、ヘーゲルが容赦なく暴いたように、もしこの「自然の意図」なるものが記述者が記述対象へ持ち込んだものに過ぎないとすれば、歴史の中に見られる法則が実は外部から与えられたものに過ぎないとすれば、もはや歴史は、実践を正当化する規範性を、歴史記述の記述的言表としての地位をたよりにして主張できないのは明らかであろう。歴史記述は、記述対象を構成する局面において文学となんらかの形で区別されない限り、その規範性を失うことになる。すなわち、もし歴史記述においてその対象を対象たらしめるために記述主体による構成が必要だとされるならば、一体それは想像力によって対象を構成する美的言表と区別され得るだろうか、という問題が登場するのである。

### ii　芸術への接近

ゲルヴィーヌスの文学史が現れた三月前期は、歴史学において実証精神が発達し、史料に基づく事実の究明としての歴史研究と、それらの事実を関連づけて一個の全体として描き出す歴史記述が意識的に分離されるようになった時期である。一八四四年に出版されたブロックハウス百科辞典に載った歴史の項目では、歴史研究と歴史記述――すなわち歴史芸術――を分けた上で[27]、両者の関係が次のように規定されている。

「このふたつの機能は相互に密接に関連し、お互いに規定しあっている。歴史芸術を欠いた歴史研究は年代記の編纂に堕してしまうし、歴史研究の基盤を欠いた歴史芸術にできるのは単に美しく描き出された沢山の寓話やメルヘンを語ることだけである。」[28]

一見すると、ここでも歴史記述はやはり想像的な言表への転落を恐れているように見える。そして、それは歴史研究の助けによって防がれるとされる。歴史記述は、歴史研究を通し事実の忠実な裏付けを得ることによってかろうじて空想的物語から区別されるというわけである。

ところが逆に言えば、それは、歴史記述は「歴史研究の証明された結果をその内的連関に沿って配列し、真実に対応した生き生きした一枚の絵にまとめあげ、芸術的に美しい形式で表現する」[29]やり方、つまり歴史研究と区別される意味での歴史記述が歴史記述である本来の局面においては、文学と何ら区別できないということを意味する。にもかかわらず、この項目の著者は、歴史記述が歴史記述であり寓話やメルヘンと区別されるためには歴史研究による保証だけで十全であり、歴史記述がその対象を描き出すやり方そのものは何ら文学と区別される必要はないと考えているようである。ここには、カントからの大きな懸隔が存在する。歴史記述は実証的な歴史研究と厳密に分離されることによって、つまり記述的言表としての地位をすべて歴史研究へ譲り渡すことによって、文学と混同されることへの恐れを失ったように思われる。

**(二) フンボルト**　第二章に登場したヴィルヘルム・フォン・フンボルトは一八二一年に『歴史著述家の使命について』という小論を著している。ゲルヴィーヌスはその文学史公刊中の一八三七年に歴史記述に関する方法論的反省とも言える『歴史学大綱』を発表したが、そのなかでフンボルトのこの論文を歴史記述と歴史家の仕事の本質について考察したほとんど唯一のものとして賞賛している。(30) そして内容的に両者を比較してみると、多くの点でゲルヴィーヌスがフンボルトの影響下に立っているのが明らかになる。

このフンボルトの論文でまず注意をひくのは、歴史記述を「哲学的歴史」から区別しようという姿勢である。フンボルトは個々の歴史的出来事の理解は歴史全体を導いている諸理念の把握があって初めて可能になる、とする。しかし、

「言うまでもなく、これらの理念は沢山の出来事それ自体の中から現れてくるのである。より正確に言えば、真に歴史的な意識をもって出来事を観察することによって精神の中に生じるのであり、添えもののように歴史に付け加えられるものであってはならない。これは、いわゆる哲学的歴史がしばしば陥る誤りである。」(31)

ここで哲学的歴史と呼ばれているのは、「出来事に目的を押しつける」「目的論的歴史」である。その目的が、地球上の農業の拡大と人口の増加であろうと、諸民族の文明化であろうと、全人間の内的結合であろうと、完成された市民

社会の達成であろうと、これらの理念は「世界の運命の生きた真実には到達[32]」できないとされる。ここでカント的な一般史の構想が、外から歴史に理念を押しつけるものとして批判されていることは明らかであろう。そして、さらに興味深いのは、

「そもそも歴史的忠実さにとっては、哲学的取り扱いがもつ危険の方が詩的取り扱いがもつ危険よりもはるかに大きい。というのも、ふつう詩的取り扱いは、少なくとも史料に無理な強制を加えることはないのだから。」[33]

と、されていることである。つまり、歴史記述は文学よりもむしろ哲学的言表への接近を警戒しなければならないことになる。カントの場合、歴史の中に展開する「自然の意図」なるものが歴史記述者による対象への押しつけとなることを恐れ、その恐れを、そうなった場合それは小説へ転落してしまうという言い方で表現したのだった。ところが、フンボルトはカント的な歴史における自然の意図の定立をまさに押しつけとして排除した上で、歴史記述をむしろ文学に近いところに置いているように見える。

ところが、さらに正確に言うならば、フンボルトがここで言っている「詩的取り扱い」とは、美的言表そのものではなく詩人がそれを生産するやり方を指しているのである。フンボルトが歴史記述者と詩人の仕事の間に類似性を認める根本的な点は、両者の努力が全体性の獲得に向けられている点にある。歴史記述者はバラバラでそれ自体では不完全な出来事をひとつの全体へとまとめあげる、ないしはそれらの「真の関連が理解し得るような中心点に到達[34]」しなければならない。芸術家が自然の中に理想的な形姿を見い出しそれを模倣するように、歴史記述者は錯綜した歴史的出来事の中に理念に導かれた真の形姿を発見しそれを記述することによって、歴史を全体として把握することができるようになる。そして、その際に歴史記述者が働かせる能力とは、論理的演繹や概念的分析を操作する悟性ではなく、芸術家と同様の想像力である。ただし、歴史記述者が働かせる想像力は、詩人の「純粋な想像力」とは違って、

歴史的出来事の中に理念を見い出す「予感の能力」とそれにもとづいて出来事をまとめあげる「結合の才能」[35]である、とされる。

フンボルトはここで、個々の歴史的事実への忠実さという実証的要求を満足させつつ、なおかつ歴史全体を導く理念の把握を可能なものとするために、芸術と一種の妥協を試みていると言えよう。歴史をひとつの全体にまとめあげるのに必要な理念は、想像力と呼ばれる能力によって歴史的出来事の集積の中に「予感」され、それに導かれて出来事は「結合」され歴史となるわけだが、その理念が哲学的歴史とは違って外からの押しつけではないと主張し得るのは、この想像力が一種の解釈学的循環の過程の中で「研究する力と研究される対象との融合」[36]において働くとされるからである。すなわち、歴史記述者は歴史的事実の中に「沈潜する」[37]一方、「個物を完全に理解するためにはその個物を把握するのに必要な普遍をまず認識しなければならない」[38]がゆえに、個々の歴史的出来事と理念の間には個と全体との解釈学的な循環が成り立っている。このような根拠づけをもってフンボルトは歴史の全体性を導く理念という考えを放棄することなく、歴史記述を歴史研究の実証的要求と融和させようと試みる。それによって、歴史記述はフンボルトが理解するところのカント的な哲学的言表でもなく、美的言表でもなく、それ自身の独自の地位を占めることになる。その際、歴史記述は哲学的歴史から距離をおこうとするあまり、ある種の美的契機の介在を容認する姿勢を示している。このような、実証的要求に直面し、それを満足させつつ、なお歴史をバラバラな事実の集積ではなく全体として把握し、そこから規範性を汲み出そうという努力は、カントが感じていた芸術への恐れを減少させる傾向がある。そのことは、ゲルヴィーヌスにおいてなお一層はっきりした形をとることになるだろう。

**(二) ゲルヴィーヌス**　ゲルヴィーヌスにおいても歴史的記述は、哲学と文学の間で、双方からの距離を測りつつ自分の位置を確定しようとする。これら三者は、それぞれ現実性、必然性、可能性という世界の三様態に対応し、その際に働く能力として悟性と理性と想像力が対応するとされる。ただし、単なる事実の収集におわらない真の歴史記述は歴史を導く諸理念を認識、提示すべきだとされ、それゆえ悟性ばかりではなくこれらの契機をすべて含んでいると言われる。その際、歴史記述は「人間の行動の描出という点で詩と共通性がある」[39]という理由で、哲学よりも文学により近い位置に置かれる。歴史記述と文学はともに人間とその精神的＝道徳的世界を対象としている、というのである。ここまではフンボルトの論理に本質的に付け加える点はない。フンボルトにおいては世界の様態の三分類というような図式は見られないが、歴史を導く理念の認識の強調、言表が生産される際に働く能力を問題にして歴史記述を文学の方へ引き寄せるという大筋に変わりはないからである。

ところが、ゲルヴィーヌスがフンボルトと異なっているのは、歴史の全体性を把握するために歴史の理念を認識しようとする際に働く想像力を強調しただけではなく、歴史記述がどのような光景を読者の眼の前に繰り広げるべきかという点をも問題にしたことである。そのことによって、ゲルヴィーヌスは、歴史から規範性を汲み出すという努力におけるひとつの新しい局面を切り拓いたことになる。

ゲルヴィーヌスによれば、歴史記述とは歴史的芸術作品でなければならない。「歴史芸術」という言葉は、先に引用したブロックハウス辞典の項目にも用いられていたように、歴史研究と区別する意味で歴史記述の同義語として当時普通に用いられており、単に対象の適切な記述を意味しているに過ぎない[40]。そこに、今日的な意味での歴史記述の虚構性の認識が含まれていたとするのは行き過ぎであろう。しかし、ゲルヴィーヌスが歴史記述は芸術作品としての要求を満たさねばならないとする時には、この芸術という言葉ははっきりとした強調をともなって用いられている。歴史記述が芸術作品として満たすべき条件とは、完成ないしは自己完結性である。「芸術作品はなによりもそれ自身のうちにおける完成を要求する。閉じた全体と計画の統一性を、各部分の全体への統合を要求する。[41]」たしかに、フンボルトにおいても歴史の全体性の把握は歴史記述に対して要求されていたと言うことはできる。しかし、その際、歴史の全体性の把握が可能になるのは、歴史を導く理念の発見を通してであった。ゲルヴィーヌスもまた、一方ではフンボルトの影響のもとに、歴史を導く理念を把握し、それを中心として出来事を編成することを主張する。[42]しかし、それとは別に、彼が芸術作品としての自己完結性を歴史記述に要求する時、明らかにもうひとつの他の局面を問題にしている。というのも、芸術作品の自己完結性という要求は、歴史記述をいかにして正当に生産するかという局面ではなく、歴史記述がいかなる効果を発揮すべきかという受容の局面に深く関るものとされるからである。

受容における歴史記述の効果とは何か。一般にゲルヴィーヌスの文学史は国民主義的情熱の鼓舞を目的としていたと考えられ、この章の最初に引用した文学史序文の言葉もそのように解釈される。ところが、『歴史学大綱』においてゲルヴィーヌスは、民族に密着した民族史＝国民史というタイプの歴史記述を「国民史の中に記されていることはどんなことでも国民的関心を呼び起こすが、それはそれ自身として、つまり物珍しい骨董品として関心を呼ぶのであり、その時代を越えた事柄や国民全体の問題にそれがどのように関係しているのかを考えさせることはない」という理由で非難している。そのような歴史家は「目的への見通し」を欠き、完成したものと未完成なものの区別をつけず、そのような歴史記述は「いかなる結末にも到達することがない[43]」。それに対して、真に必要な立場は、「近視眼的な国民的立場ではなく、俯瞰的な人間的立場[44]」であるとされる。すなわち、ゲルヴィーヌスは歴史記述の対象として扱われる個々の事実が直接的に国民と関係していること、に国民主義的情熱の鼓舞の根拠を見い出してはいなかった、ということをまず確認しておきたい。

さらにもうひとつ、ゲルヴィーヌスは実用的歴史と呼ばれるタイプの歴史記述も排している。これも一見奇妙なことであって、すでに述べたようにゲルヴィーヌスは別名教訓学派[45]とも呼ばれる市民的＝自由主義的歴史叙述の伝統に属するとされ、その特徴は、歴史から道徳的ないしは政治的行動指針を得ることだと理解されている。このように教訓を引き出すことを目的として書かれた歴史こそまさに実用的歴史と呼ばれるものであり、ゲルヴィーヌスもこのタイプの歴史記述に属すると考えるのはそれほど不自然なことではない。

ところが、この実用的歴史もまたゲルヴィーヌスは、歴史を個人の心理的動機から説明しようとして「世界史の大きな歩み(46)」を見落とすものだとして斥けるのである。つまり、ゲルヴィーヌス自身は国民的関心への直接的な訴えかけも歴史から実践的な教訓を引き出すことも否定する。しかし、ゲルヴィーヌスの文学史は疑いもなく国民主義の鼓舞を狙ったものであり、国民を政治的実践へ促すことを意識的に目的としていることは文学史序文からの引用にあったように明らかなことだ。このことから、国民史をも実用的歴史をも排しながらそれらの歴史記述が目指している効果をふたつながら達成し得るような手段があるとゲルヴィーヌスが考えていたと推測される。

その手段がどのようなものであるのか、ゲルヴィーヌス自身がはっきりと自覚的に表明しているわけではないが、『歴史学大綱』から再構成し得る限り、歴史記述に対して芸術作品としての自己完結性が要求されていることが手がかりになると思われる。歴史記述が「それ自身のうちにおける完成」を必要とするのは、それが「心情に対する快適な印象(47)」を与えねばならないからとされる。

> 「賢明な読者はこれらの（歴史記述の…引用者）作品が全体として作り出す印象に較べれば、個々の具体的事実から引き出し得る利益など無に等しいと思いなすことだろう。悟性はどこでも切り離し分割するが、これらの作品はそのような悟性に働きかけるのではなく、どこでもひとつであるような心情に働きかけるのである。それらは個々の気分や情熱、感覚に語りかけるのではなく、ひとりの人間全体に対してまるごと語りかけるのである。」(48)

この引用から、ゲルヴィーヌスが、芸術作品が与える完成された統一体であるという印象に、個々の事実から教訓を引き出す実用的歴史や国民主義的情熱に訴える国民史の効果とは異なった歴史記述の効果の可能性を見い出そうとしていたことがうかがわれる。この完結性の印象は、まさに芸術作品の効果であるゆえに、悟性ではなく心情に働きかけ、そこから歴史記述のもつ実践への関連、読者を実践へと促す作用が生じるとされる[49]。右の引用箇所は次のように続く。「これらの作品はあれやこれやの行為をするよう促したりはしない。むしろそれは人間全体を高め、力強い決意と意志そのものへと至らせるのである。」だが、芸術作品が与える完成の印象が読者に決意を促すというのは、一見すると奇妙な論理である。完成の印象はむしろ読者にすべてが終わった、すべてがなし遂げられたという感覚を与え、読者は安堵や浄化を覚えこそすれ、何らかの決意を固める必要を感じることはないのではないだろうか。ところが、ゲルヴィーヌスにおいて歴史記述を実践へと結びつける契機はまさにここに存在する。完成は必然的に未完成を対立項として持つ。そして、この完成／未完成の対立に文学史／政治史の対立を重ね合わせることによって、政治史には未完の刻印を押すことが可能になる。いやむしろ、政治史が未完であり、さらに実践的な介入を必要とする段階にあるという意識を生み出すために、文学史を完成したものとして提示したという方が正確であろう。

三月前期は別名「ビーダーマイアー時代」とも呼ばれる。このふたつの名称は同じ時代を特徴づける二種類の対立した傾向を表示するためにつけられたものだが、同時にこれらの傾向の背後にある対立した二種類の時代意識の存在をも示唆している。すなわち、この時代には、のちに三月革命へとつながっていく傾向を支えた時代意識、まだなされるべきことがなされていないという意識が、王政復古（Restauration）という言葉に表されるような、動乱の時代が過ぎやっと秩序に復帰した、すべてが終わり、ものはあるべきところにあるという意識と拮抗していた。この幕が降りたという意識に対抗して、自らの時代を過渡期として、まだ改革が加えられるべき時代として表現するために、文学史の完成が必要とされたのである。

つまり、先に指摘したような歴史を俯瞰する視角がもたらす自発性と受動性は、文学史と政治史に割り振られて姿を現すことになる。完成した文学史全体を見渡すことによって得られる必然性の印象が、対照的に、政治史を未完であり実践的介入の必要な領域として浮かび上がらせるのである。

ここで私があらためて強調しておきたいのは、この歴史の完成の印象が芸術作品が与えるべき印象とされ、歴史記述に芸術作品としての自己完結性の要求が課されていることである。歴史に内在的な法則性でもなく、歴史を導く理念でもなく、この歴史記述の効果、本来芸術作品がもつべきだとされる効果に、歴史の全体性を眼前にしているという意識とそれによって歴史から汲み出される正当化作用の一要因を見たことによって、ゲルヴィーヌスは、はっきりとは意識しなかったにせよ、歴史による正当化作用の基盤をなす重要な局面を指摘したと思われる。なぜなら、この「芸術作品として」という限定は、歴史記述が言説としてどのように構成されているのかという問題に、われわれの目を向けさせるからである

## II　歴史の言説

### 1　言説としての歴史記述

芸術作品に対する自己完結性の要求それ自体は、ゲルヴィーヌスがまだその影響下にあると思われる古典主義的な芸術観を背景に考えれば充分理解することができる。しかし、この要求が歴史記述に対しても適用されるに至って、その意味するところはにわかに曖昧となる。自己完結した歴史記述とは何か。

Iの冒頭に引用した文学史序文の中には、「ドイツ文学の歴史はすでにある目標に到達しているのであり、そこから全体を首尾よく見渡し、心を落ち着かせるような、いや高揚させるような印象を獲得し、これ以上ないような教えを引き出すことができるのである」と述べられていた。つまり、ある目標にすでに到達した過程として歴史を描き出すような歴史記述こそが、自己完結的な芸術作品と同様の効果を発揮し得るというわけである。それは歴史の展開過

程に最高点、完成点を設定し、それに合わせて前の時代を前史として、後の時代を後史として位置づけるような歴史記述である。

実際、ゲルヴィーヌスが後世の文学史記述に与えた最大の影響のひとつは、ドイツ古典主義をドイツ文化の頂点とする理解の枠組みにある。例えば、文学史の第五巻、ゲーテとシラーの共同活動について述べた節には、

「ゲーテとシラーが頑固にお互いを排除しあうことなく、自分たちの天性が掛け離れていることを見て喜びを覚えたということ、これこそかれらが求めた真の文化と人間性、つまり自然と精神の融和がわれわれのもとで可能になったという喜ばしいしるしであった。」(50)

というような文章がふんだんにちりばめられている。ゲルヴィーヌスが初めて、ゲーテとシラーの関係を対立的要素が補完的に統合されたモデルとして定式化し、それによってドイツ古典主義を「ドイツ国民文学の頂点であり終点」(51)として描き出したのである。

ゲルヴィーヌスは、一方では、このような「頂点」が記述対象たる文学史自体に内在的に存在すると考えていたように思われる。それゆえ、「ドイツ文学の歴史はその内的性状に照らして」(文学史序文の引用)歴史記述の対象として望ましいと言われる。しかし他方、「歴史は芸術と同様、静止、安らぎへ通じていなければならない」(同)と言われ、歴史記述に対して芸術作品としての自己完結性が要求される時、そこには記述対象としての歴史とは異なった、言説としての歴史のレベルが顔を覗かせている。たしかにゲルヴィーヌスにおいては、このふたつのレベルは明確に区別はされず、しばしば混同されている。(52)しかし、少なくとも、歴史記述においては語られた対象ばかりではなく語られ方が問題になり得るという認識を、『歴史学大綱』からの次の引用も暗示している。

「それら(歴史記述の作品…引用者)は、語られたものを利用することを教えるのではなく、語っている人々をみならうよう教

えるのである。語っている人々、つまり、純粋な男性的態度で世界を判断し、健康な視線で世界を眺めわたす人々である。」(53)

ゲルヴィーヌスが「語っている人々」という言葉で差しあたり念頭に置いているのは、歴史記述を書いている歴史家という現実の人間であろう。したがって、「男性的態度」も「健康な視線」も歴史家個人の人間的特性を意味していると考えられる。

しかし、われわれはここでゲルヴィーヌスを離れ、こう考えてみることができないだろうか。歴史を「語っている人々」の振る舞いとは、その歴史の言説の振る舞いに他ならない、と。私はここで歴史記述を言説として考えてみようと思う。歴史記述の中で（想像上の）書き手が「男性的態度で世界を判断し、健康な視線で世界を眺めわたす」とするならば、そのことは言説の特徴を通じて知られる以外にありえないからだ。また、歴史記述を言説として考えるとは、歴史記述をその記述対象についての透明な情報、特性描写とは考えないことを意味する。もしその中で歴史が「頂点」に達する様が描かれていたとすれば、その歴史が「頂点」に達するのはまさにその言説の中においてなのである。(54)

私のこの提案は、歴史記述をめぐる現代のさまざまな議論の底流をつくっているひとつの重要な、歴史記述に対する視点の転換に触発されたものである。それは、アリストテレスによる歴史記述と詩の区別以来、歴史記述が歴史記述であることの判断基準として伝統的に立てられてきた問い、つまり、それは正しく「現実に起こったこと」を伝えているのか、それとも想像的な要素の混じった詩や小説に近いものなのかという問いの有効性を危ういものにしてしまった。われわれは前節Iにおいて、そのような判断基準が脅かされるさまをゲルヴィーヌスにおいて垣間見ることができたが、ようやく最近になってこの判断基準への疑いにはっきりとした言葉が与えられるようになった。たとえばロラン・バルトは、その疑いを次のように表現している。

「虚構の物語を実際の物語に対立させるのは、果たして正当なことなのかどうか。……過去の出来事の叙述は、西欧の文化においては、ギリシア以来、一般に歴史〈学〉によって承認され、〈現実〉による絶対的な保証のもとに置かれ、〈合理的な〉説明原理によって正当化されてきたが、この種の叙述は、何らかの固有の特徴、疑う余地のない関与性によって、叙事詩や小説や戯曲に見られる想像的な叙述と真に区別されうるものであろうか？　そしてもし、そうした特徴そうした関与性が存在するとしたら、それは、言説の体系のいかなる場所、言表行為のいかなるレベルに位置づけられるべきであるのか？」(55)

この疑いは、バルトにおいては歴史記述の記号論的構造分析をおこなうための出発点となっているが、しかし、必ずしもそのような方向の企てにのみ固有の疑いではない。たとえば、『メタヒストリー』を書いて十九世紀の様々な歴史叙述がそれぞれのイデオロギー的傾向に応じたそれぞれの文学的形式を利用していると主張したヘイドン・ホワイトもまた、この疑いを共有していることは間違いない。だからこそ、彼は歴史記述の分析を言説分析としておこなうことの有効性を主張するのである。(56)

## 2　物語性

歴史記述を言説として分析するにあたって、その焦点に浮かび上がってくるのは「物語性」である。物語性というテーマは、文学的物語論から歴史記述の理論に至るまで、現代の幅広い分野においてさまざまな角度から問題にされている。(57)それらの議論において物語性という言葉には多様な意味が負わされているので、ここでそれを概括することは困難であるし、また必要でもないだろう。歴史記述を言説として考えるというわれわれの試みの文脈において物語性が意味するのは、歴史記述を記述対象に関する中立的な表示的言表としてではなく、ある状況のもとで語り手から聴き手へ向けて発せられた言表とみなした場合にその中に発見し得る言葉の振る舞いの総称である。

**（二）語り手**　一般に歴史記述を言説として考えた場合、その客観性とは、記述対象への忠実度を意味するのではなく、「言表者の記号の欠如」(58)を意味することになる。言説の中から、言表を語っている者を示すしるしが組織的に排除されるような事態である。その結果、歴史的出来事自身がみずから語っているかのような観を呈することになる。

この言表者の記号として、まず第一に問題となるのは、「語り手」を表示する人称代名詞だろう。バンヴェニストは、歴史と言説（話）を対立させて、歴史の言表様式の特徴を「あらゆる〈自叙伝〉の言語形を排除する言表様式」と定義している。

> 「歴史家は決してわたしともあなたとも、ここでともいまとも言わない。なぜなら、なによりもまずわたし：あなたの人称関係において成立している話の形の上の装置を、歴史家は決して借用することがないからである。したがって、厳密に一貫して続けられる歴史叙述のなかでは、ただ〈三人称〉の形しか認められないであろう。」(59)

ここでバンヴェニストが歴史と言説（話）を対立関係においていることは、歴史記述を言説として考えようというわれわれの試みと矛盾するものではない。バンヴェニストが歴史と呼んでいるものは、「純粋な」歴史記述、一般に客観的と考えられている（あるいはむしろ、みずからを客観的だとして提示する）歴史記述のことであり、それが言表様式において言説（話）と区別されているのだが、そのような歴史記述をあえて言説とみなすことによって、バルトが言うように、歴史記述には言説（話）に豊富な言表者の記号が「欠如」していること、その欠如が客観性の源泉であることが判明するのである（欠如もまた意味をもつ）。

ところが、次に述べるように、ゲルヴィーヌスの文学史記述における「語り手」の人称代名詞を観察すると、この歴史記述の客観性を産み出す「言表者の記号の欠如」が欠如していることが分かる。

たしかに、ゲルヴィーヌスの文学史記述の中で「わたし」という人称代名詞が現れる文は、皆無ではないにしろ、ごく僅かである。大半の語り手を示す人称代名詞には「われわれ」が用いられ、それは頻繁に現れる。普通、この「われわれ」が学問的言表において用いられる場合、私もまたこの論述における主語としてしばしば用いるように、言表の客観性を損なわない、それ自身では言表者を指示しない一種のゼロ記号、論文の論述的進行を制御するために必要とされる文の空虚な主語だと考えられる。この限りでは、ゲルヴィーヌスにおいて「語り手」を示す人称代名詞として「われわれ」が用いられる、それも頻繁に用いられるとしても、バンヴェニストの言う歴史の言表特徴とは矛盾しないように一見思われる。

しかし、ここで、ゲルヴィーヌスにおける語り手「われわれ」がどのような述語に伴われているのかを詳しく観察すると、「われわれ」という人称代名詞は機能的に三種類に分かれることが明らかとなる。[60]

第一は、いま述べたような、論文の論述的進行に関与する文において、純粋に文法的要請にもとづいて現れる「われわれ」である。(「それゆえ、われわれはまず第一にこのことに目を向けなければならない。」[61])

第二には、「われわれ」が歴史を観察する観察主体として現れる場合である。(「もしわれわれが彼の最初の革命的な政治作品から後期作品に視線を転じるならば、何という道をわれわれは歩んできたことだろう! 何と深い変化をわれわれはわれわれの詩人と共に経験したことだろう!」[62])「もし」で始まる副文における「われわれ」は第一の機能を果たすものだが、主文となっている感嘆文における「われわれ」の機能を考えるならば、それが第一の機能と異なっていることは明らかであろう。この「われわれ」は、論述の進行に関わっているのではなく、それまでの論述を振り返っているのである。第一の「われわれ」は歴史を進行させる(あるいは、歴史記述における個々の論述同士を結合していく)役割を果たしているのに対し、第二の「われわれ」は歴史の観察者としての視点を提示していると言える。それまでの論述を振り返る、つまり、その都度の歴史が終わった地点から見る視角である。

「われわれ」の第三の機能として挙げられるのは、論述外のレベルが存在することを暗示する役割である。これは、結論部的性格をもつ箇所に多く現れるが、述語（たとえば「欲する」という動詞）が歴史記述の論述からはみ出した、論述の外部を指し示すことがある。この場合の「われわれ」は、歴史の行為者として現れる（「しかし、われわれはこれらの変化と方向を欲する。もしその際、発展の本性が革命的変動を必要とするならば、われわれはそれを避けるのではなくむしろ賢明にも歓迎するであろう(63)」）。

さて、今度は、代名詞の指示対象は何かという観点で見てみると、「われわれ」が指示するものはやはり三つに分かれることが判明する。第一の機能をもつ「われわれ」は、指示対象をもたない、あるいは、その指示対象は空白である。これは、そのゼロ記号としての役割から当然であると言える。第二、第三の機能をもつ「われわれ」に関しては、どちらがどちらに対応するとは言うことができないものの、その指示対象は普遍的な「人間」一般もしくはドイツ人一般である（「それゆえ、われわれ人間的人間にとっては、戦争と天候の不安定の方が好ましいのだ(64)」「われわれドイツ人にとって、これは賞賛であり、見習うべき徳であると言わねばならない(65)」）。

つまり、ゲルヴィーヌスの言説において「われわれ」は言表者の記号として「語り手」をおおいに前景化しているのである。たしかに、「われわれ」はバンヴェニストが言説（話）の言表様式の特徴とした単数一人称の「わたし」ではない。また、わたし：あなたの対に対応するような対もゲルヴィーヌスの言説の中には、少なくとも顕在的には存在しない。しかし、言説（話）の「わたし」が存在させるような個人的人格性ではないものの、ゲルヴィーヌスの「われわれ」は、第二、第三の機能によって、空虚な論述の主体以上のもの、一般的人間性とドイツ人を「語り手」として現出させるのである。そして、この「われわれ」が「語り手の現在」の視点を保持すると同時に、語られる「歴史」中の行為主体でもあることによって、現在の「われわれ」と過去の「われわれ」をつなぐ同一性が作り出される。ゲルヴィーヌスの言説においては、言表者である「われわれ」と言表の中の「われわれ」が一致すること、つまり、この「われわれ」の多重性の中にドイツ民族の同一性が存在しているとさえ言えるだろう。その意味で、ゲルヴィーヌスの歴史記述は、バンヴェニストが言う「歴史」の言表様式の特徴からは逸脱しているのである。

比較のために、ゲルヴィーヌスの文学史より五〇年近く後に書かれ、実証主義的文芸学の代表者とされるヴィルヘルム・シェーラーの『ドイツ文学史』を同様の観点から調べてみると、そこでは「語り手」を示す人称代名詞が極めて少ないことが確認される。「われわれ」という主語が用いられる回数は、皆無とはいわないまでも、ゲルヴィーヌスに比較すると極端に少なく、また、使われる際にも前述した第一の機能をもつものに限られる。その指示対象として、普遍的人間やドイツ人一般を想定するのは困難である。

歴史記述における言表者の記号は、「語り手」を示す人称代名詞に限られるものではない。言表の中に含まれ言表者を示すのは、他にも、特定の歴史的出来事に関わらない一般的命題や疑問文、感嘆文、接続法による仮定、年代的には後の事実の先取り（「ゲーテがファウストに再び手をつける前に」）[66]などさまざまなものがある。ゲルヴィーヌスの言説はこれらのしるしに満ちている。それに対して、シェーラーにおいては、論述は主に過去形の動詞（ゲルヴィーヌスでは、過去形以外に現在完了形、現在形もしばしば登場し、未来形すら見られる）をもつ文の整然とした連なりが優勢である。その平静な進行が、疑問文や感嘆文によって乱されることはごく稀にしかない。たとえば、「われわれ」という主語をもち感嘆符をつけた珍しい文「しかし、アキレウスではないとわれわれは言ってもよかろう！　ここにいるのは、アキレウス以上のものなのだ！」[67]においてすら、この「われわれ」が第一の機能以上のものを果たしているのかは疑わしい。

このゲルヴィーヌスとシェーラーとの差を、学問性の乏しい歴史記述と客観的な歴史記述の差と考えてはならない。歴史記述を言説として取り扱うという前提に立つわれわれにとってこの差が意味しているのは、ゲルヴィーヌスの言説は客観性のしるしを身にまとうことも必要としなかったし、むしろそれが「語り手」によって語られたものであることをおおいに示そうとしていたのに対し、シェーラーの言説はみずからを客観的なものであると見せる必要があり、それゆえ語られたものであることのしるしを出来る限り削ぎ落とそうとしていた、ということである。

**（二）筋（プロット）**　「物語性」を問題にするにあたって、次に重要だと思われるのは筋（プロット）である。筋とは、ここでは、物語（ストーリー）の中の出来事の連鎖とその結合の原則と理解しておこう。[68] もし、十九世紀の歴史記述においてはプロット構成によって物語に意味が与えられているというヘイドン・ホワイトの指摘が正しいとするならば[69]、文学史記述についても同様のことが言えるだろうか。

ゲルヴィーヌスとシェーラーの文学史記述においてプロット構成がどのように用いられているかを見てみると、その際の語り手の役割の違いに気づかざるを得ない。すでに述べたような、ゲルヴィーヌスの文学史が後世にもたらした最大の影響と言うことのできるワイマール古典主義におけるドイツ国民文学の完成というモチーフは、ゲルヴィーヌス文学史全体のプロット——諸力の分裂と対立、幾度かの闘争による克服の試みとその挫折、統合による最終的な解決——の頂点でもあり、全体のプロットを集約的に表現しているとも言える。そこでの「出来事」を対立から統合へと移行する過程のプロットとして構成するやり方を見てみると、出来事が「みずからを語る」という印象を与えるようには書かれていないことが分かる。たとえば、第八章「シラーとゲーテ」の「共通の活動」と題された節を、シラーとゲーテにおける対立要素の統合を描く部分と具体的に伝記的事実を述べる部分に分けてみると、明らかに前者において第二、第三の機能をもつ「われわれ」が頻出している。改めて引用はしないが、そこでは、このⅡの冒頭で引用したような文が数多くつらねられているのである。つまり、ここではこの「統合」を出来事それ自体の「客観的」過程に内在するものとして表現することにことさらな注意が払われず、語り手の視点によってプロットが構成されることが明らかになるのを避けようとする様子はうかがわれない。それに対し、シェーラーの文学史の対応する部分を見ると、語り手の視点の顕在化を避けようとするがために、このプロットが最小限にまで切り詰められているのが見い出される。統合モデルを描写する文章と伝記的事実を述べたり作品を論評する文章とが複雑に入り乱れるゲルヴィーヌスの場合に較べて、シェーラーの場合、たとえば、次のような文章がプロット構成の小単位として孤立して現れてくる。

「それ以上の戦争は必要なかった。ワイマールの二重星が登っていくのを止めることはできなかった。一七九〇年頃のドイツ文学の状態は、ゲーテの表現を借りれば、貴族的無政府状態に似たものであった。そこでは、クロップシュトック、ヴィーラント、グライム、ヘルダーそしてゲーテ自身の各人がそれぞれ自分の小さな王国を支配していたのである。しかし、いまやこの無政府状態は、はっきりと二頭政治に、不動の執政政治にとって代わられた。時代精神への闘争が力を鍛えたのであった。」(70)

これは、ゲーテとシラーの協力によって刊行された『ホーレン』が初期の成功にもかかわらず、同時代の幅広い読者には受け入れられず失敗した後、両者が『クセーニエン』で反撃に転じたくだりを述べた箇所である。ここに見られる「戦争」や「闘争」、「二頭政治」や「執政政治」という言葉は、単に文学史的出来事を軍事的ないし政治的出来事に「たとえ」ているばかりではなく、文学史的出来事が軍事的、政治的出来事を記述する際に用いられるプロット——攻撃、失敗、試練、再度の攻撃、最終的勝利——を借りて語られることを可能にしているのである。しかし、このような小単位のプロットは伝記的事実の記述や作品の内容を紹介する文章の整然とした流れのあちこちに、バラバラに埋め込まれているに過ぎない。これらの小さなプロットの単位は孤立していて、それらを統合してひとつの大きなまとまりへと作り上げる全体的な視点を欠いている。ゲルヴィーヌスにおいては、個々のプロットの単位をまとめ上げる役割を語り手が担っていた。ところが、シェーラーにおいては、「客観性」の要求に対応するため、言表者の記号をできるだけ排除しようとして、そのために語り手による全体を見渡す視角が消失してしまったのである。

誤解してはならないのだが、これは、シェーラーにおいて物語性が消失したことを意味してはいない。語り手が顕在的であろうと潜在的であろうと、十九世紀の歴史記述は、文学史記述に限らず、「語られたもの」である。ただ、「言説のなかから私の記号を取り除くことで、自分が〈客観的〉になると思い込んだ(71)」リアリズムの小説家たちのように、シェーラーの歴史記述もまた「客観的」であるためにその言説から語り手を示すしるしを消し去ろうとした。そして、その結果、顕在的な語り手、歴史を完成したものとして見渡し、それを意味ある全体へとまとめあげる視角の存在が隠されたものとなった。

語り手の視点が明示していた物語のこの全体化作用は、シェーラーの言説にプロットの小単位が残っているように、「客観性」を要求する十九世紀後半の歴史記述においても、それと名指されることはなくなったものの、失われたわけではない。語り手のしるしの消失が意味しているのは、ただ、顕在的な語り手の視点の中にはっきりと現れていた物語のもつ全体化作用が、客観性の要求によって隠れることを強いられたということなのだ。

## 3　物語性と正当化

物語のもつこの全体化作用は、すべての出来事が終わった時点から振り返るという語り手の視点に由来している。歴史の完成の意識、歴史が終わった地点から歴史を見渡す視角は、語り手の視点を共有することによって獲得されるのである。そして、ここから、歴史がもつ独自の正当化機能の性質を説明することができるだろう。リクールは、話（ストーリー）を追うという行為の現象学的分析の結果、次のように言う。

「それゆえ、これ（話の結末…引用者）は予見できるものとしてではなく、納得できるものとして現れねばならない。この結末から逆にそれ以前の部分を振り返ってみて、そのような視角から見れば先行する出来事や一連の行為が必然的なものになっていることが確認できなければならないのである。ところが、この振り返る視線が可能になるのは、われわれが読みながら期待を抱くことによってある目的へと向かう動きを作り出すからなのである。これが「結局のところやっぱり納得できる」偶然性というパラドックスであり、どのような物語でもその理解とはこのような偶然性に規定されているのである。」(72)

物語は、このようにして、歴史を「理解」できるものにする。つまり、何らかの理念や意図によって歴史が導かれていることが証明されず、したがってその意味で理解し得なくても、歴史は物語られていることによって納得できるものになるのである。歴史の最後の地点から振り返るとき、個々の出来事は、物語の中に組み込まれている限り、必然的なものとして現れる。それがそうであるという以上の存在理由を必要としないままに、充分「納得できる」のである。それゆえ、歴史は物語ることそのものによって、すでに正当化をおこなっていると言うことができる。

一方、実証主義のもとでは、歴史は「説明」可能なものとなることが求められる。そこで生じる自然科学への擬似的接近は、時代を支配する力へのすり寄りであった。次のシェーラーの言葉は、それをはっきりと表明している。

「そのような基準をさだめることを、われわれは自然科学から学んだのであった。そして、このことによって、われわれは、本当の時代のしるしが明らかとなる地点に到達したのだ。鉄道や電報を産み出した力、産業の未曾有の発展を呼び起こし、生活を快適にし、戦争を短縮した力、要するに、自然に対する人間の支配を大きく前進させた力、この同じ力がわれわれの精神生活をも支配しているのだ。この力は、独断を排し、学問を作り変え、詩文学にその刻印を刻みつけている。自然科学は、勝利の戦車に乗った凱旋将軍としてやって来る。その後ろには、われわれ全員がつながれているのだ。」(73)

十九世紀後半において、歴史は、まさにそれが正当化機能をもつという理由で正当化されることがなくなってしまう。歴史には、いまや、存在しないものを正当化することではなく、すでに存在するものを正当化することが求められるのである。それゆえ、かつては正当化機能そのものにその正当性の根拠をもっていた歴史は、時代の支配者たる自然科学へと、その根拠を移さねばならない。歴史の権威は、自然科学の権威を借りて主張される。それゆえ、歴史は

（擬似）自然科学的な因果性によって説明可能なものになるべく要求される。物語は、舞台の表面から姿を消さねばならない。

しかし、歴史記述から物語性が消え去ったわけではなく、ただ、その顕在的なしるしを捨て、「客観的」歴史の下に身を隠すことを強いられたのである。物語性は、いわば舞台裏に隠れたまま作用することになる。それが、十九世紀の歴史記述が、実証主義という形で自覚された客観性要求と――はっきりとその意味を自覚していなかったにせよ、現在のわれわれの目には明白な――物語性を同居させて平然としていたことの意味である。

こうして、歴史の正当化機能は、現に存在するものを装飾する機能となる。政治的、経済的現状を賛美し、その正当性に同意し、誉め讃えるものとなる(74)。そして、この機能の変化は、実は物語的全体化作用そのものの中にすでに潜んでいたと言えよう。なぜなら、ゲルヴィーヌスが利用した、物語性によって得られる歴史の完成の印象は、適切にも芸術作品の効果になぞらえられているように、形式が発揮する作用だからである。カントやフンボルト、そしてゲルヴィーヌスにも一面では見られるような、歴史を導く理念を取り出し、そこから実践への正当化機能を引き出すのは、理念的な作用である。この作用は、カントにおけるように、「われわれ」を歴史の中間段階に置き、決して歴史の最終地点にはおかない。理念に導かれた「われわれ」の実践は、歴史の中途過程に埋め込まれている。しかし、ゲルヴィーヌスには、もうひとつ、完成の意識による正当化の様式が現れ、それは、ゲルヴィーヌス自身が現実にどのような政治的理念をもっていようと(75)、転用可能なのだ。それは、具体的な理想を伝達しない。この正当化の様式は、進歩に仕えるとは限らない。それは、現状が最終到達点であり、完成点であるという意識をも可能にする。つまり、本来的な実践への関連が絶たれてしまうのである。

ゲルヴィーヌスにおいて、この危険は、文学史と政治史を二項対立として分離し、それに完成／未完成の対立を重ね合わせることによって防がれていた。しばしば「代用」として理解されている正当化機能をめぐる文化史と政治史の関係は、本来、実践への関連を繋ぎとめておくために必要とされたこの手続きに端を発している。ところが、その関係がまさに「代用」と理解されることが示すように、やがてこの手続きは無効となってしまった。理念的正当化に取って替わった形式的正当化は、進歩の終焉を準備し、現状を肯定する可能性をそれ自身の中に最初から秘めていたのである。それゆえに、十九世紀後半ヨーロッパの人々が、科学技術が目の前で目覚ましく「進歩」していくにもかかわらず、同時に、いままさに自分たちが歴史の絶頂に立っているという意識をもち得た理由を理解することができる。

## 結びに代えて

ロラン・バルトは、物語の普遍性を主張している。仮にその主張が正しく、物語自体は「民族を越え、歴史を越え、文化を越えて」[76]遍在するとしても、それによって、歴史記述の中に物語性が現れる理由がただちに説明されるわけではない。なぜ歴史記述の中になのか、はさらに説明を必要とする問題であろう。ヘイドン・ホワイトはそれを、現実の出来事の中に「道徳的意味」を求めることから説明しようとする。

「歴史的物語に自己完結を求めることは、私の意見では、道徳的な意味を求めることであり、現実の出来事の連なりにも道徳的ドラマの要素として、それが持つ意義に応じた評価が与えられるべきだという要求にほかならない。……歴史的物語の古典時代である十九世紀に書かれた歴史作品のうちで、それが描いている出来事について道徳的判断を下す力が与えられていなかったようなものは、思い出すことすらむずかしいのである。」[77]

ホワイトのように、物語性によって歴史記述に与えられる自己完結性の原因を、人間の「要求」から説明しようとする場合の難点は、結局この「要求」が最終的な説明根拠にならない点である。なぜなら、ある時代には物語性をもつ歴史記述が存在せず、年表や年代記しか存在しなかったことを説明するために、次のように言わねばならないからだ。「どのような現実記述だろうと、物語性が存在している場合には、道徳や道徳的な解釈を求める衝動もまた存在するのだと決めてしまって構わない」のだから、年表を書いた人間には「道徳を感じとる能力が欠けて」いたわけだし、年代記の作者にはこの能力が「潜在的にしか存在しない[78]」ことになる、と。しかし、そうだとすれば、この道徳的意味への要求とはいつの時代の人間にも普遍的な性質であるわけではない。したがって、最終的な説明は、さらにこの「要求」なるものの歴史性を考慮した解答にこそ求めなければならない。

　物語性はなぜ歴史記述に現れることになったのか。

　ジャン＝フランソワ・リオタールは、『ポスト・モダンの条件』において「科学的知の正当性」を、すなわち「知が何であるかを決定するのは誰なのか。そして、どう決定するのがよいかを知っているのは誰なのか[79]」を論じている。彼は、科学的知は、実証主義に至るまで（そして実証主義を含めて）、その正当性を得るために、科学的知とは対立するタイプの知である物語的知に依拠してきた、と主張する。リオタールが民族学的な例を用いて説明するところによると、物語的知とは「その正当化という問題に価値を認めない……すなわち、それは、論証にも証拠の提出にも訴えることなく、伝達という言語行為によってみずからを信任する[80]」ものである。それに対して、科学的知は、「もうひとつの知、つまり科学的知にとっては非知にほかならない物語的知に依拠しない限りは、みずからが真なる知であることを知ることも知らせることもできない[81]」ものである。つまり、科学的知はみずからのうちにはその正当性の根拠をもたない。それゆえ、近代《モダン》における科学的知は「大きな物語」を通して、物語的知からその正当性を汲み取らねばならなかった、とされる。つまり、リオタールの解釈によれば、われわれが問題にしてきた十九世紀における「歴史」ばかりではなく、「大きな物語」、すなわち「〈精神〉の弁証法、意味の解釈学、理性的人間あるいは労働者としての主体の解放、富の発展[82]」の物語を必要とした近代《モダン》全体が始めから物語的知に依拠していたことになる。

もしそうであるならば、十九世紀に出現した「歴史」とは、ゲルヴィーヌスからシェーラーに至る過程にもうかがわれるようにさまざまな段階があるとはいえ、結局のところ、物語的知が科学的知の要請に応じて変形したものだと言えるのではないだろうか。われわれが見てきたような、歴史記述において物語性が客観性の装いの下に姿を隠すという現象が意味しているのはこのことではないだろうか。啓蒙主義が神話を排除したように[83]、科学的知にとって物語的知は野蛮な、偏見と無知の所産であった。にもかかわらず、科学的知は、実践の正当化のために物語的知を必要としたのである。なぜなら、みずからのうちにみずからの正当性の根拠をもたないものが、どうして政治的実践を、社会的諸制度を正当化することができようか。それに対して、物語的知とは、神話や伝説、お伽話に見られるように、社会的諸制度に正当性を付与したり、人生の価値モデルを提供したりするものである。それゆえ、科学的知は、「野蛮な」物語的知を「歴史」の形に変えて保存することを余儀無くされたのである。「実践理性の優位」という原則に従う啓蒙主義にとって、これは止むを得ない選択であった。「たとえ、かれら(啓蒙主義の思想家…引用者)が過去を顧みたとしても、それは、よりよき未来に備えんがためにそうしたのであり、人類の未来、新たな政治的・社会的秩序の生起こそが、彼らの偉大なテーマであり、本来の関心であった[84]。」したがって、「歴史」とは市民社会に回帰した神話であると言い得るのかもしれない。

しかし、そのような断定はやはり性急なのである。「歴史」は神話そのものではなく、科学的知によって偽装され密輸入された物語的知、科学的知の支配のもとにある物語的知である。「歴史」は神話とその内容を共有してはいない。「歴史」が神話と共有しているのは、その形式、つまり物語性である。そして、まさにこれによって、科学的知と物語的知の同居が可能になっている。というのも、科学的知の批判の対象となり得るのは、つまり真偽の規則によって判定が可能なのは、「歴史」の構成要素をなす各々の出来事でありそれらの間の関係であるが、それらが語られる形式、物語性には科学的知の批判は及ばない。物語性は真偽の規則に従う範疇には属していない。物語性とは、それ自身から正当性を汲み出すような形式である。科学的知は、それが実践の根拠であり得るために、自分の手のおよばない物語性という形式を受け入れた。世界の経過はどのように進行すべきかという構想によって書かれた歴史が小説に堕してしまうのではないか、というカントの危惧の真の意味は、この関連において読み取られねばならない。つまり、啓蒙の実践的要求が物語的プログラムの形で語られることに潜む危険性の予感として。

　この危険とは、語り手の全体化する視点、歴史の完成の意識がもたらす歴史の「凝固」である。十九世紀に「歴史」がたどった命運は、啓蒙の実践的要求が物語性によって支えられた時、すでに決まっていたと言える。「歴史」のうちの物語性が、始めから「歴史」の終焉を準備していたのである。

（1）この問題に関連する論文はかなりの数にのぼり、それらをいちいち列挙することはできない。前章でも挙げた以下の本が包括的で便利である。Jörg Jochen Müller (hrsg.), *Germanistik und deutsche Nation 1806-1848*, Stuttgart: Metzler, 1974.

（2）たとえば、Wolfgang Stammler (hrsg.), *Deutsche Philologie im Aufriss*, Bd. III, Berlin: E. Schmidt, 1967 (unverä. Nachdr. d. 2. Aufl., 1962), Sp. 2333 では、ゲルヴィーヌスの文学史が「われわれの文学史記述という学問分野を本当の意味で開始した」と言われている。そのような認識は最近でも変わらないようである。Vgl. Horst Albert Glaser, *Deutsche Literatur. Eine Sozialgeschichte*, Bd. 5 Zwischen Revolution und Restauration, Reinbek bei Hamburg: Rowohlt, 1980, S. 337.

（3）Vgl. Klaus J. Bartel, *German Literary History 1777-1835. An Annotated Bibliography*, Berne [Bern], Frankfurt a. M.: Lang, 1976; Michael S. Batts, ***A History of Histories of German Literature. Prolegomena***, New York; Berne; Frankfurt a.M.; Paris: Lang, 1987; *Die Anfänge der Germanistik* (*Katalog der Ausstellung in der Universitätsbibliothek*, München 24. Juni-29. August), München: Universität-Bibliothek, 1986.

（4）無論、文学史という著作の性質、また検閲制度の存在もあり、文学史の中に直接的な政治的メッセージが見い出されるわけではない。当時のさまざまな立場の人々による書評を読んでみても（J. Grimm in ‘*Göttingische gelehrte Anzeigen*’ 1835, W. Menzel in ‘*Literaturblatt*’ 1838 usw.）、議論の関心は主に個々の記述の当否や方法論に寄せられている。文学史の政治的含意は、ゲッティンゲン七教授事件によってゲルヴィーヌスが政治の舞台に登場することを通して、彼の政治的行動全体の中で理解されることになる。当時のある辞典は、ゲルヴィーヌスについて、ゲッティンゲンの出来事を述べたあと、やはりもってまわった一般的な表現ではあるが、次のように言う。「彼は研究から活動へ移ることを求めている。個物の細分化された観察から全体のための普遍的な理解へ高まることを、死せる抽象の世界から生きた揺れ動く現実の世界へと降りてくることを要求する。学問はそれ自身のために存在するのではなく、国家と生のために存在する。学者は、国家と宗教に関して、ただ認識するばかりではなく生きた考えをもって参加する使命を帯びている。尊敬すべき政治的、倫理的、宗教的性格をもたない知識、生の最も尊い財物に足場をもたないような知識は、ひからびた荒野の茂みに過ぎない。」(Artikel 'Gervinus', in *Conversationslexikon der neuesten Literatur-, Völker- und Staatsgeschichte*, Bd. 1, Leipzig: Brockhaus, 1841, S. 801.)

(5) Helmut Plessner, *Die verspätete Nation*, S. 95. 〔H・プレスナー、『遅れてきた国民』、一一七頁。〕

(6) Jacob Grimm, *Deutsches Wörterbuch*, 1. Bd., München: Deutscher Taschenbuch Verlag, 1984, Sp. III.

(7) G. G. Gervinus, *Geschichte der poetischen National=Literatur der Deutschen*, 1. Teil, Leipzig: Engelmann, 2/1840, S. 9f.

(8) Georg Gottfried Gervinus, Grundzüge der Historik, in Gotthard Erler (hrsg.), *Schriften zur Literatur*, Berlin: Aufbau-Verlag, 1962, S. 102.

(9) Franz Mehring, *Die Lessing-Legende*, Frankfurt a. M.; Berlin; Wien: Ullstein, 1972, S. 51.

(10) Werner Krauss, Literaturgeschichte als geschichtlicher Auftrag, in *Studien und Aufsätze*, Berlin: Rütten & Loening, 1959, S. 26f.

(11) Vgl. Gotthard Erler, Gervinus als Literarhistoriker, in *Weimarer Beiträge*, Jg. 8 (1962), S. 34-84. これは注(8)のゲルヴィーヌス文学著作集に付された Einführung と同一内容である。

(12) Vgl. Leopold von Ranke, Georg Gottfried Gervinus. Rede zur Eröffnung der zwölften Plenarversammlung der historischen Kommission, in *Historische Zeitschrift*, 27. Bd. (1872), S. 134-146. 「もし……政治的観点によって貫かれた歴史記述というジャンル一般をすべてしりぞけることはできないにしても、やはりそこにはひとつの大きな危険がともなっている。政治的見解があまりにも強く表に出て、事実を歪めてしまうことがあるのだ。その場合、事実は隠蔽され、その本質が損なわれてしまう。あるいはまた、おもに概括的な構成を試みようとした場合だが、一種の歴史哲学が政治的見解とからみ合ってしまうこともある。ちょうど、ゲルヴィーヌスが彼の十九世紀史のための序説でおこなったような構成がそれである。」(S. 138)

(13) ゲルヴィーヌスにおける党派性の問題については、Vgl. Jörn Rüsen, Der Historiker als《Parteimann des Schicksals》. Georg Gottfried Gervinus und das Konzept der objektiven Parteilichkeit im deutschen Historismus, in R. Koselleck/W. J. Mommsen/J. Rüsen (hrsg.), *Theorie der Geschichte. Beiträge zur Historik*, Bd. 1, Objektivität und Parteilichkeit in der Geschichtswissenschaft, München: Deutscher Taschenbuch-Verlag, 1977, S. 77-124.

(14) Vgl. Paul Gerhard Völker, Die inhumane Praxis einer bürgerlichen Wissenschaft, in Marie Luise Gansberg/Paul Gerhard Völker (hrsg.), *Methodenkritik der Germanistik*, Stuttgart: Metzler, 1970/1971, S. 50. また、Knut Hennies, *Fehlgeschlagene Hoffnung und Gleichgültigkeit*, Frankfurt a. M.;Bern [u. a.]:Lang, 1984, S. 2f., Anm. 2.

(15) Vgl. Hennies, ibid., S. 2.「ドイツ文芸学の批判者たちはしばしば、かれらの考えの先駆者——実際にそうであることも単にそう思われているに過ぎないこともあったのだが——を持ち出してきて自分たちの主張を守ろうとした。かれらの手本のひとつは初期のドイツ文学史記述であり、とりわけその代表者のひとりであった歴史家にして文学史家G・G・ゲルヴィーヌスだった。」

(16) あえて相違を言うならば、一八四八年以降、ゲルヴィーヌスは次第に「過激化」し民主制支持の立場へ移っていったのに対し、グリムは政治的には沈黙を守った、あるいはビスマルク体制に順応した、という点であろう。これがのちに、両者の学科史や広く文化史における大きな比重の相違につながっていったと思われる。しかし、ゲルヴィーヌスの文学史記述に関わる時期については、この相違を考慮に入れる必要はない。ヤーコプ・グリムの政治的思考については、本書第三章を参照。

(17) 多田眞鋤『近代ドイツ政治思想史序説』(慶應通信、一九六六年)六七頁、およびG・P・グーチ、林健太郎・林孝子訳『一九世紀の歴史と歴史家たち　上』(筑摩書房、一九七一年)一〇四頁以下を参照。

(18) Lothar Gall, Georg Gottfried Gervinus, in H.-U. Wehler (hrsg.), *Deutsche Historiker*, Bd. V, Göttingen: Vandenhoeck und Ruprecht, 1972, S. 8.〔ドイツ現代史研究会訳『ドイツの歴史家』第1巻(未來社、一九八二年)一〇三頁。ただし、訳文は引用者。〕

(19) Immanuel Kant, Idee zu einer allgemeinen Geschichte in weltbürgerlicher Absicht, in *Werke*, Bd. 9, Wilhelm Weischedel (hrsg.), Darmstadt: Wissenschaftliche Buchgesellschaft, 1983, S. 45.

(20) ibid., S. 47f.

(21) Aristoteles, *Von der Dichtkunst*, in *Vom Himmel. Von der Seele. Von der Dichtkunst*, München: Deutscher Taschenbuch-Verlag, 1983, S. 403.

(22) Kant, ibid., S. 33f.
(23) ibid., S. 49.
(24) ibid., S. 47.
(25) Friedrich Schiller, Was heisst und zu welchem Ende studiert man Universalgeschichte, in *Sämtliche Werke*, 4. Bd., Darmstadt: Wissenschaftliche Buchgesellschaft, 1980, S. 764.
(26) Georg Wilhelm Friedrich Hegel, *Vorlesungen über die Philosophie der Geschichte*, Frankfurt a. M.: Suhrkamp, 1986, S. 14.
(27) 歴史研究（Geschichtsforschung）と歴史記述（Geschichtsschreibung）の区別、および歴史芸術（historische Kunst）を歴史記述の同義語として用いる用語法は、ゲルヴィーヌスにもそのまま見い出される。その意味で、ゲルヴィーヌスの歴史学観はこの時代の一般的なものと変わらないと言えよう。Vgl. Gervinus, *Geschichte der poetischen National=Literatur der Deutschen*, 1. Teil, S. 9.
(28) Friedrich Sengle, *Biedermeierzeit*, Bd. II, Stuttgart: Metzler, 1972, S. 295 からの再引用。
(29) ibid.
(30) Vgl. Gervinus, *Grundzüge der Historik*, S. 50 u. 85.
(31) Wilhelm von Humboldt, Über die Aufgabe des Geschichtschreibers, in Andreas Flitner/Klaus Giel (hrsg.), *Werke in fünf Bänden*, Bd. 1, Darmstadt: Wissenschaftliche Buchgesellschaft, 1980, S. 595.
(32) ibid., S. 596.
(33) ibid., S. 595.
(34) ibid., S. 594f.
(35) ibid., S. 587.
(36) ibid., S. 588.
(37) ibid., S. 594.
(38) ibid., S. 595.
(39) Gervinus, *Grundzüge der Historik*, S. 51f.
(40) Vgl. Sengle, ibid.

(41) Gervinus, ibid., S. 63.

(42) ibid., S. 88.「歴史記述者がそのような理念の生成と成長を彼の作品の導きの糸とすれば、著作にはただちにこの上なく美しい統一が与えられるのである。……彼は、年代記作者には思いもよらない自由さと文学的手腕でもって、この導きの糸を手がかりにして、沢山の事実の中からそれらの理念とその歩みをはっきりと見せてくれるようなものを選んでまとめあげるのだ。」

(43) ibid., S. 63.

(44) ibid., S. 64.

(45) 前掲P・グーチ、一〇四頁を参照。

(46) Gervinus, ibid., S. 71.

(47) ibid., S. 78.

(48) ibid., S. 91.

(49) プラトンは、詩(創作)を、魂の低劣な部分、すなわち感情(パトス)に働きかけ有害であるという理由で彼の理想国家から追放しようとした(『国家』第一〇巻)。芸術の同じ働きに、ゲルヴィーヌスはここで、むしろ人を意志へと促す力の源を見ようとする。

(50) Gervinus, *Geschichte der poetischen National=Literatur der Deutschen*, 5. Teil, S. 442.

(51) Karl Robert Mandelkow, *Goethe in Deutschland. Rezeptionsgeschichte eines Klassikers* I, 1773-1918, München: Beck, 1980, S. 121. Vgl. Jürgen Link, Die mythische Konvergenz Goehte-Schiller als diskurskonstitutives Prinzip deutscher Literaturgeschichtsschreibung im 19. Jahrhundert, in Bernard Cerquiglini/Hans Ulrich Gumbrecht (hrsg.), *Der Diskurs der Literatur- und Sprachhistorie*, Frankfurt a. M.: Suhrkamp, 1983, S. 225f.

(52) ドイツ語の「歴史(Geschichte)」という言葉には起こったこと(das Geschehene)と歴史物語(Geschichtserzählung)というふたつの意味が負わされているわけだが、ヘーゲルはこのふたつを区別した上で、これらがひとつの言葉によって表現されるのは偶然ではなく、本来的な歴史的出来事と歴史物語とは過去の記憶を必要とする国家によって同時に産み出されたのだと主張している。Vgl. Hegel, ibid., S. 85f.

(53) Gervinus, *Grundzüge der Historik*, S. 91.

(54) ここで言説という訳語をあてているdiscours(言述、談話ないし話とも訳される)は、形式的に定義すれば文よりも上のレベルの語の集合のことだが、それだけではある言表を「言説として扱う」ことの意味は明らかにならない。その意味については、E・バンヴェニスト『一般言語学の諸問題』(みすず書房、一九八三年)に収められた「フロイトの発見におけることばの機能についての考察」を参照のこと。そこで精神分析における言説(ここでは話)の機能について言われていることは、歴史記述の言説についても当てはまると考える。「経験上の各事件は、ただ〈話〉において、〈話〉を通して以外、分析医にとっては現実性をもたないからである。話が、事件に経験の真正さを付与するのであって、事件の身の上のこととしての事実性は問題にならず、また、たとえ(何よりも、と言うべきである)話が伝記のごまかし、すり換え、作り話であって、そのような伝記を患者が自分について語っているとしてもそうである。というのは、まさに分析医は、事件を再認するよりも、動機づけを見ぬきたいと思っているからである。この伝記の構成次元は、それが自己を語る患者みずからの口述であり、よってその保証は語った者自身にあるというところにあり、その表現は、ことばによる表現であり、分析医と患者の関係は、対話の関係なのである。」(八五頁)

(55) ロラン・バルト「歴史の言説」、同『言語のざわめき』(みすず書房、一九八七年)一六五頁。

(56) Hayden White, ***Auch Klio dichtet oder Die Fiktion des Faktischen***, Stuttgart: Klett-Cotta, 1986, S. 30f. (*Tropics of Discourse. Essays in Cultural Critisism*, Baltimore: Johns Hopkins University Press, 1978 の独訳。)

(57) 物語性(narrativity, Narrativität)あるいは物語(narrative, Erzählung)というテーマは、きわめて広範な分野と傾向において議論され、それゆえ問題として扱われる際のアクセントも、それどころか、しばしば概念としての内容自身も異なっている。ここでそれらの全分野を網羅した正確な概観を描きだすことはできないので、便宜的に、ヘイドン・ホワイトが The Question of Narrative in Contemporary Historical Theory, in *History and Theory*, XXIII-No. 1 (1984), pp. 1-33 (独訳 Das Problem der Erzählung in der modernen Geschichtstheorie, in Pietro Rossi (hrsg.), *Theorie der modernen Geschichtsschreibung*, Frankfurt a.M.: Suhrkamp, 1987, S. 57-106) においておこなった整理を紹介しておきたい。彼は、物語性へのアプローチを五つに大別している。すなわち、英米系の分析哲学派(Dray, Danto, Mink など)による物語性を歴史的出来事や仮定の説明に適した「形式」と見なすもの、フランスのアナール派(Braudel など)に属する歴史家たちによる歴史記述における物語性を非科学的であり根絶すべきだとするもの、おもにフランスの記号論的な文学の物語論(Barthes, Genette など)による物語性を文学的「コード」として扱うもの、解釈学的哲学(Ricoeur)による物語性と時間経験ないし時間構造との間に関連を見い出そうとするもの、そして、理論的な立場ではないが、経験的歴史研究において物語性を伝統的に容認された手法として当然視する歴史家のもの、である。さらにここに、かつて西ドイツの歴史学会において社会構造史派と——最近では日常史派との争いという形で再燃した——伝統的歴史学との争いにおける物語性の問題(Vgl. Jürgen Kocka, Zurück

zur Erzählung?, in *Geschichte und Gesellschaft*, 10 (1984), S. 395-408) や、ドイツ語圏の解釈学が歴史科学の構築性を生活世界的実践に結びつけて科学論的に解明しようとするアプローチ（新田義弘「歴史科学における物語り行為について」、『思想』一九八三年十月号、六九－八六頁参照）を付け加えることができるだろう。

(58) ロラン・バルト、同、一七一頁。

(59) エミール・バンヴェニスト「フランス語動詞における時称の関係」、同『一般言語学の諸問題』二一九頁。

(60) ゲルヴィーヌスの文学史は、途中で表題が変わるものの、第五版まで存在する。私は第二版を用いたが、それは、たまたま第二版が利用可能だったという以上の理由はない。版ごとの異同については、次のような確認がなされている。「事実に関する訂正や補充を別にして、一貫した変更がいくつか認められる。個人的意見はすでに第二版から架空の集団的意見（「われわれは」）の背後に隠れ始め、のちには多くの場合一般的意見（「人は」）の背後に隠れる。」(Rolf-Peter Carl, *Prinzipien der Literaturbetrachtung bei Georg Gottfried Gervinus*, Bonn: Bouvier, 1969, S. 1. Anm. 2) 私は、一人称がこのように変化したのは、それが無意味だったことの証左ではなく、むしろそれが変更を必要とするだけの重要な意味をもっていたことを語っていると考える。この変化は、われわれがのちに見るように、客観性の要求によって物語性が姿を隠すという事態に対応している。

(61) Gervinus, *Geschichte der poetischen National=Literatur der Deutschen*, 5. Teil, S. 404.

(62) ibid., S. 403.

(63) ibid., S. 734.

(64) ibid., S. 381.

(65) ibid., S. 442.

(66) ibid., S. 460.

(67) Wilhelm Scherer, *Geschichte der Deutschen Literatur*, Berlin: Weidmann, 1883, S. 581.

(68) plot と story は、ドイツ語にした場合、前者が Handlung もしくは Fabel、後者が Geschichte もしくは Erzählung と訳される。このふたつの概念について、ここでは Eberhard Lämmert, *Bauformen des Erzählens*, Stuttgart: Metzler, 1955, S. 25 に従った。

(69) Hayden White, *Metahistory. The Historical Imagination in Nineteenth-Century Europe*, Baltimore: Johns Hopkins University Press, 1973, pp. 7f.

(70) Scherer, ibid., S. 555.

(71) ロラン・バルト、同、一七一頁。

(72) Paul Ricœur, Narrative Funktion und menschliche Zeiterfahrung, in Volker Bohn (hrsg.), *Romantik. Literatur und Philosophie*, Frankfurt a.M.: Suhrkamp, 1987, S. 55. (La fonction narrative et l'expérience humaine du temps, in *Archivio di Filosofia I*, 1980 の独訳。) これをほんの少し縮めた英語論文が、物語に関するシンポジウムの報告を載せた *Critical Inquiry* の特集号 Vol. 7, No. 1 (Autumn 1980) に発表された。この特集号は、拡大して単行本 W. J. T. Mitchell (ed.), *On Narrative*, Chicago: University of Chicago Press, 1981 として出た〔W・J・T・ミッチェル編、海老根宏他訳『物語について』(平凡社、一九八七年) ただし訳文は引用者。〕

(73) Wilhelm Scherer, Die neue Generation, in Edgar Marsch (hrsg.), *Über Literaturgeschichtsschreibung*, Darmstadt: Wissenschaftliche Buchgesellschaft, 1975, S. 371.

(74) 十九世紀中葉から歴史学の専門化、職業化が始まったが、そこで掲げられた科学的客観性の要求の背後にはある特定階層のイデオロギーを見ることができる。「方法論的な「厳密さ」と党派心の除去をせっかくうたいながら、それらのものの実体が何であるのかはごく漠然としか考えられていなかったのである。何のことはない、その狙うところは、ドイツの『歴史学雑誌』の創刊号の発刊の辞がはっきりと述べているように、歴史の研究が政治の場における急進主義者や反動主義者に利用されるのを防いで、歴史研究を学問として確立することにより、革命の時代のあと力をもつにいたった新しい社会秩序と階級の利益と価値とに奉仕しようということであったのである。……歴史研究の専門職化はたしかにある特定の政治的な意味あいをもつものであったということ、そして歴史研究の科学化のそもそものおおもとにあった「理論」とは、社会の全階層のうち、保守主義者とリベラルな人々の双方をふくむ中間層のイデオロギーに他ならなかったということである。実際にもフランスとドイツ両国の大学では、左翼の歴史家や歴史哲学者の運の浮き沈みは、急進主義そのものの運命の浮き沈みと重なりあっていた。ということは、かれらの運勢は大体下降線をたどったということである」(White, *Metahistory*, pp. 137f. 邦訳「ロマンスとしての歴史的リアリズム」『現代思想』一九七九年五月号、八〇頁以下。訳文は邦訳による)。ゲルヴィーヌスとシェーラーの対比は、ここに述べられている歴史家たちの「運の浮き沈み」をまさに例証しているように思われる。ゲルヴィーヌスはフランクフルト国民議会までは政治的に穏健な市民的自由主義の陣営に属していたが、一八四八年以降、革命の失敗の経験から民主制支持の立場へ移っていった (Vgl. Jonathan Frederick Wagner, *The Political Evolution of Gervinus*, Dissertation of University of Wisconsin, 1969, Chap. VI)。これは、ビスマルクの政策の成功に心を奪われ、プロイセン主導によるドイツ統一を受け入れていく同時代の市民的知識人の大勢とはまったく逆のコースをたどったことを意味している。そして、一八五三年には、『十九世紀史序説』

をきっかけにして内乱罪に問われ、教授資格を剝奪されてしまう。一方、ゲルヴィーヌスの次の世代に属し、オーストリアに生まれながら、みずから進んでプロイセン人たることを望んだシェーラーは、まさにゲルマニスティクが学科として確立した時期にベルリン大学にあり、自然科学的な客観性要求を文芸学に適用しようとした実証主義の代表者となったのである。彼の実質的な処女作とも言えるヤーコプ・グリムの伝記が、ゲルマニスティクの創設者の学問的な発展を内在的に整理するという視角で書かれ、グリムがおかれていた当時の政治的文脈を単なるエピソードとしてしか取り扱わなかったという事実は、専門化によって学科としての視点が確立したことを示すとともに、それが学問的客観性の名のもとに何を見ようとしなかったのかもすでにはっきりと示している。ゲルヴィーヌスは、ビスマルクによるドイツ統一がなった二ヵ月後に、時代の流れに逆らい孤立した人間として死んだ。その時に出されたある追悼記事は次のように結ばれているが、そこには三月前期を生きた知識人たちと新しいドイツ帝国に熱狂する新世代の知識人たちとの落差がはっきりと表現されている。「彼が最後に刊行した書物（十九世紀史…引用者）が世論に手厳しく拒絶されたことが彼を一層憤らせたことは疑いない。また、彼が、一八七〇年一一月に書かれしばしば問題にされた序文（文学史第五版の序文。その中でゲルヴィーヌスはビスマルクの政策を批判している…引用者）において、ドイツ国民が数世紀来欲してきた完全な勝利の喜びと、さらにより大きな純粋な喜び、つまりその勝利がひとえに一致団結した国民の力によって獲得されたという喜びに水を差そうとした時の辛辣な調子も、少なくとも幾分かはこのことから説明できるであろう。本来自分は歴史家だと常に感じそう言ってきた彼が、彼の偉大な死者たちの魂に自分の憤りをそっと紛れ込ませ（前述の序文でゲルヴィーヌスが、ゲッティンゲン七教授事件の時の同志であるダールマンがもし生きていたとしたら、自分の意見に同意しただろうと述べたことなどを指す…引用者）たり、……あろうことかかのヤーコプ・グリムをそのようなたわごとに共犯として引きずり込もうとして、あらゆる歴史的真実を辱めたという事実は、万人の前で当然の叱責を受けたのである。しかし、ゲルヴィーヌス自身はその突然の死によって、かつてのゲッティンゲン七教授の一人（エーバルト）のように行きつくところまで行きつかずにすんだ。すなわち、ドイツ帝国議会の議事録にベーベルとシュラップスの間の唯一の同志として名を連ねるような羽目にはならずにすんだのである。しかし、それでもなお彼が、すべての人間に対して自分の意見をはっきりと表明する勇気をもっていたということは、とにもかくにも……彼の人格の正直さと率直さを証明するものとして評価されるべきだろうし、少なくともポケットの中で拳を握りしめているよりは立派なことだろう。彼と同様に、もはや国民に耳を傾けてもらえないかつての「国民の教師」たちは、そのようにしてひそかに拳を握りしめているのであるから。かれらは、世界史とドイツ国民が、学説の智恵があらかじめ描いてみせた軌道とは異なる軌道を進んでいくのが我慢ならないのだ。」(Heinrich Rückert, G. G. Gervinus, in *Unsere Zeit*. N. F. 7. Jg. (1871), 2. Hälfte, S. 25.)

（75）前注（74）を参照のこと。
（76）ロラン・バルト、「物語の構造分析序説」、同『物語の構造分析』みすず書房、一九七九年、二頁。
（77）Hayden White, The Value of Narrativity in the Representation of Reality, in *Critical Inquiry*, Vol. 7, No. 1 (Autumn 1980), p. 24.〔邦訳『物語について』四四頁。訳文は邦訳によるが、一部変更した。〕
（78）ibid., p. 26.〔邦訳、四七頁。〕
（79）Jean-François Lyotard, Das postmoderne Wissen, Graz; Wien: Böhlau, 1986, S. 34f.〔ジャン＝フランソワ・リオタール、小林康夫訳『ポスト・モダンの条件』（書肆風の薔薇、一九八六年）二五頁以下。訳文は邦訳による。以下同様。〕
（80）ibid., S. 84.〔邦訳、七一頁以下。〕
（81）ibid., S. 90.〔邦訳、七七頁。〕
（82）ibid., S. 13.〔邦訳、八頁。ただし、独語版には「富の発展」が欠けている。〕
（83）Vgl. Ernst Cassirer, *The Myth of the State*, New Haven: Yale University Press, 1946, pp. 182f.〔E・カッシーラー、宮田光雄訳『国家の神話』（創文社、一九六〇年）二三七頁参照。〕
（84）Cassirer, ibid., p. 181.〔邦訳、二三六頁。〕

# 第三部——多文化社会の帰趨

# 第五章　移民のいない「移民国」ドイツ

多くの国家は、異質な分子、たとえば、異なった言語をもち、異なった文化や伝統をもつ人々を統合するための社会的な仕組みをもっている。その点では、ドイツも例外ではない。ただ、その仕組みが明示的、自覚的であるか、それとも、無自覚的、場合によっては自己欺瞞的であるのか、という違いが存在する。

ドイツの人口は、二〇〇四年末で約八二五〇万人、うち外国国籍保有者がおよそ六七二万人である。その中で実に一七六万人をトルコ国籍所有者が占め、外国人としては最大グループを形成している。うち、六一万人がドイツ生まれのトルコ人である。(1)

ドイツで生活する外国人の数は、第二次大戦後、ほぼ一貫して増え続けてきたと言ってよい。その中には、難民や庇護権(2)を求めてやって来た人々も含まれているが、移民という観点からとりわけ注目に値するのは、トルコ国籍所有者である。拡大されたEUに属する国の出身者が、合計しても二一一万人に過ぎないのに対して、トルコ国籍所有者は、一国でそれに迫る規模に達している。

かれらの重要性は、外国人の中で最大のグループだというだけにとどまらない。かれらトルコ人は、少なからぬドイツ人から、移民の中で自分たちの文化から最も遠い存在だと思われている。それにもかかわらず、かれらは一時的滞在者ではなく、ドイツ社会にしっかりと根を下ろした不可欠の存在である――歓迎されているか否かは別にして――という点で、ドイツ社会にとって大きな意味をもっている。

だが、政治家たちは長年にわたって「ドイツ連邦共和国は移民国ではないし、そうなるべきでもない」と唱えてきた。実際には、一九八七年以来、自他共に認める「移民国」であるカナダとオーストラリアへの移民を合計した数を上回る数の移民を受け入れていたにもかかわらず。(3)

異質な分子を統合するための明示的な仕組みの存在しない社会、自覚無き「移民国」において、「外国人」ないし「移民」であるということは何を意味するのだろうか。逆に、「ドイツをドイツ人の手に」というスローガンが叫ばれる時、「ドイツ人」とは一体誰を指しているのだろうか。

## 1 外国人労働力導入の経験

フランスが、十九世紀来の人口減少を、外国人の受け入れによって補ってきたことはよく知られている。ドイツもまた、歴史的に見れば、異質性をその体内にかかえこんだ社会であった。ユグノーまでさかのぼらずとも、ここ百年のあいだに、工業化によって生じた労働力不足の穴を埋めるべく、多くの外国人労働力が導入されてきた。一九一四年にはその数はおよそ一二〇万人にのぼっている。第二次大戦中、ドイツ帝国領内で働いていた、あるいは働かされていた外国人労働者の数は、一九四四年の時点で、七〇〇万人以上にもおよんだと言う。(4)

それにもかかわらず、戦後あらためて外国人労働者の導入が議論されるようになった時、まるでこのような前史は存在しないかのようだった。つまり、ドイツ人は、外国人をみずからの社会に迎え入れるにあたって必要な心構えと方策、そしてその帰結を、それらの経験から充分に学んでいなかったのだ。

戦後の旧西ドイツでは、一九五五年から外国人労働者の雇用が始まった。(5) これらの労働者は、ドイツ人の出生率低下、教育期間の長期化、労働時間の短縮、早まる引退年齢等によって生じる労働力の不足を補うものであった。労働力不足をさらに深刻にしたのが、一九六一年に始まった壁の建設と、いわゆる「鉄のカーテン」と呼ばれる政策だった。それによって、従来東ドイツ地域から流入していた労働力の流れがストップし、将来にわたって労働力供給の見込みがなくなってしまったのである。

このような事情を背景にして、西ドイツは各国と労働者導入のための二国間協定を次々に結び(一九五五年イタリア、六〇年ギリシアとスペイン、六一年トルコ、六三年モロッコ、六四年ポルトガル、六五年チュニジア、六六年当時のユーゴスラヴィア)、労働力の導入を図ることになる。これらの労働者は政府間協定にもとづいてやって来たのであり、その法的地位は、現在日本で問題となっているいわゆる「不法」労働者とは根本的に異なっていることに注意を促しておきたい。

その後、多少の曲折を経ながらも、労働力の導入は一九七三年に石油ショックの影響によって停止されるまで続けられた。しかし、一九七三年以降もドイツ国内の外国人の数は減るどころか、逆に増加している。一九八〇年代に入ってコール保守党政権が誕生すると、さまざまな帰還奨励政策が試みられたが、結局そのどれもが効を奏することはなかった。七三年に旧西ドイツ国内にいた外国人はおよそ三九七万人であったのに対し、一九八九年には四八五万人、東西ドイツ統一後の現在では、冒頭でも述べたように、六七二万人にも達している。

これらの数字の中には外国人労働者の家族が含まれており、これが七三年に外国人労働者の募集を停止した後も、外国人の数が減らなかった理由である。当初、旧西ドイツは、いわゆる「ローテーション原則(Rotationsprinzip)」が実施可能だと考えていた。つまり、単身者を受け入れ、一定年限ドイツで働いた後、帰郷させるという目論見だったのだ。その理由は、戦前の外国人労働者の多くが季節労働者として雇用され、その定住が始めから度外視されていたこと、戦中の多くの強制労働者が戦後帰国したことなど、外国人労働者の存在は一時的な例外的事態であると受けとめられていたからだろう。したがって、第二次大戦後における外国人労働者の導入も、当初は、同じような見通しのもとに実施されることになった。しかし、実際には外国人労働者、とくにトルコ人労働者の滞在は長期化し、配偶者や家族を故国から呼び寄せ、さらに子供がドイツで生まれ、その結果、一九七三年以降も外国人の人口数は増え続けることになった。そうなって初めて、ドイツ社会（当時西ドイツ）は、「われわれは労働力を望んだ。しかし、やってきたのは人間だった」ことに気づいたのである。

このようにして、外国人労働者が一時的滞在者ではなく、ドイツ社会にとって長期的な、おそらくは半永久的なパートナーであることが次第に明らかになっていった。しかし、ドイツ政府は、多数の外国人とともに共生する社会を築くのに必要なコンセプトも処方箋も持ち合わせていなかった。外国人問題は、選挙戦のたびに、失業や社会不安の原因だとして人々の不満のはけ口にされ、選挙が終わればそのままうち捨てられた。

長期にわたって居住する異質な人々とどのように共生すべきか。この問いは、ドイツ社会に対して、みずからのアイデンティティーを新しく捉え直すよう、挑戦を突きつけている。

しかし、この挑戦を正しく挑戦として受けとめるのは、簡単ではなかった。なぜなら、次のような思いこみがそれを阻んでいたからだ。まず、前述したように「ドイツは移民国ではない」という前提、第二に、民族帰属性にもとづく「ドイツ人」の定義。このふたつの点がもたらす影響は、外国人をめぐる政策がたどった紆余曲折のさまざまな場面に、すなわち外国人選挙権問題、新外国人法における帰化規定、二重国籍問題までの経緯に、折に触れて現れることになる。

## 2　極右暴力と不寛容

旅行者や企業の駐在員などの一時的な滞在者を別にすれば、ドイツで生活している外国人には、労働者以外にもうひとつ大きなグループがある。庇護権を請求する政治的亡命者の人々である。

庇護権請求者の存在は、ドイツの憲法にあたる基本法の第十六条（その後「改正」され、受け入れ条件が厳しくなった）にその根拠をもっていた。そこでは、迫害をおこなう国への引き渡しと、亡命者が逃れてきた国への国外追放を禁じている。ドイツの過去に対する反省から生まれたこの規定を頼りに、毎年かなりの数の人々が、世界中の政治的に不安定な地域から亡命を求めてドイツにやって来る。その数は、一九九一年から二〇〇一年までに一九〇万人、二〇〇二年だけでは七万一〇〇〇人である。

ここで、ひとつの忌まわしい事件を思いださなければならない。

壁の崩壊後、旧社会主義圏との通行が自由化されたことにより、毎月数千人という規模で政治亡命を求める「庇護権申請者」がドイツに押し寄せるようになった。政治亡命の申請を審査する間、庇護権請求者を住まわせておく施設が多数必要となり、ドイツ各地にそのような収容施設が大急ぎで作られた。しかし、世論は、かれらを「経済難民」、つまり政治的迫害を口実とし、実は経済的利益を求めてやってくる移民と見なし、外国人流入の規制を求める声が高まっていった。さらに悪いことに、そのような風潮に乗じたネオナチの若者たちが、東西ドイツの各地で外国人を襲い始めたのである。

一九九一年九月末、旧東ドイツ、ザクセン州のホイヤースヴェルダ（Hoyerswerda）にある収容施設が、外国人排斥を叫ぶ若者たちによって襲われ、収容されていた亡命申請者たちが他の地域の収容施設に移送されるという騒ぎになった。この事件は、各地にある他の収容施設にも飛火し、旧東ドイツ地域にとどまらず、もとの西ドイツ地域にある施設までもが襲われるに至った。スキンヘッズと呼ばれる頭をツルツルに剃ったドイツ人の若者たちが、「外国人は出ていけ」と叫びながら、収容施設に石を投げ、火炎瓶を投げ込むといった事件が各地で起き、投げ込まれた火炎瓶によって収容されていた子供が重症の火傷を負うようなこともあった。当初襲われていたのは庇護権申請者の収容施設だったが、やがて旧西ドイツ地域に住む外国人労働者までもが襲われるようになった。一九九二年一一月二三日、シュレスヴィッヒ＝ホルシュタイン州のメルンという小さな町で、トルコ人一家の住居が放火され、幼い姉妹を含む女性三人が焼死した。

壁が崩壊した一九八九年より以前、外国人問題は、旧西ドイツ社会にとって、最大の社会問題のひとつであった。一九八五年には、ジャーナリスト、ギュンター・ヴァルラフがトルコ人移民の労働の実態を描いたルポルタージュ『最底辺』が話題を呼び、さらに、ハンブルク市とシュレスヴィッヒ＝ホルシュタイン州の地方議会が外国人に地方参政権を与えるとの議決をおこない議論を巻き起こした。

ところが、ドイツ統一を中心とする一連の政治のうねりの中でドイツのナショナリズムが高揚していくにつれ、これらの問題はいつのまにか視野の片隅に追いやられ、マスコミが取り上げることもなくなっていった。ドイツ人たちは自分のことに夢中で外国人の問題など忘れてしまったのではないか、というのが、当時のトルコ人労働者の側が抱いた懸念だった。ところが、実際に統一が成った後、予想よりはるかに弱い旧東ドイツの産業力、悪化する経済状態、それに伴う失業、また西の住民にとっては公約破りとも言える統一のコスト負担の増加などで、ナショナリズムの興奮が急速に冷めていき、その結果、皮肉にも、極右勢力による暴力事件という形で再び外国人問題が関心を集めるようになったのである。

これら、収容施設を襲った若者たちの背景は、容易に推察することができる。東ドイツ社会が大転換する中、将来の見通しの不透明さ、アイデンティティーの喪失、失業に対する不満などであろう。しかし、たとえば、ホイヤースヴェルダでその場に居合わせた数千人の市民が、極右の若者たちの襲撃を止めることもせず、黙って傍観していたという事実は不気味である。外国人を排斥する過激な右翼の主張に「理解」を示すのは、必ずしも、経済的に困難な状況に置かれている東の市民ばかりとは限らない。雑誌『シュピーゲル』による一九九一年九月のアンケート調査では(6)、西の市民の三八パーセントが右翼過激派に対して一定の「理解」を持っていると答えていた。つまり、かりにこれらの若者たちの行動が失業と社会不安に起因する一時的なものだとしても、その背景にはかなり根深いものがあったと考えるべきだろう。

先に述べたトルコ人女性たちの焼死をきっかけとして、それまで傍観していたコール政権も、自国の国際的イメージが失墜することを恐れ、ようやく重い腰を上げた。ドイツ政府は、一九九四年、一方で基本法に定められた庇護権規定を実質的に骨抜きにし、他方で徹底的にネオナチ・グループを取り締まることによって、事態の沈静化を図った。事実、その後、庇護権申請者の大波は去り、反外国人的風潮も表面的には無くなったように見えた。新聞の一面で報道されるような大きな事件はそれ以来起こってはいない。しかし、報道には至らずとも、外国人に対するいやがらせを始めとするささいな事件や衝突が、消えて無くなったわけではない。極右の若者たちをあのような行為に走らせた風潮は、ドイツ人の一部に依然として蔓延しているのである。(7)

それだけではない。少数の人々による外国人に対する心無い行為が、ドイツという国のイメージを大きく傷つけるのは、言うまでもなく、ナチスによる恐るべき犯罪の過去をこの国が背負っているからである。ドイツで外国人が襲われたと聞けば、人々は否応なく、かつてナチスによって抹殺された六〇〇万ものユダヤ人のことを思い出さずにはいられない。今でも、ユダヤ人の墓石が引き倒され、シナゴーグの壁がハーケンクロイツで汚されるというようなことが起きるならば、なおさらである。人々の心に、ドイツは〈異質なもの〉の存在を許さない不寛容な社会であり、ドイツ人は外国人嫌いのメンタリティーをもった国民だというイメージが定着したとしてもあながち不思議ではない。

しかし、ある社会全体が「不寛容」であったり、ある国民全部が「外国人嫌い」であったりするということは、そもそもあり得ることではない。もし、ドイツ人全体をそのような国民であると断罪するならば、ナチスがユダヤ人をすべて「劣等な生きるに値しない」民族だとしたことと何ら変わるところがない。つまり、それはドイツ人に対して「不寛容」な「外国人嫌い」の態度をとっていることになる。

それゆえ、まずしなければならないのは、外国人をめぐるひとつひとつの事実を、個々の具体的な文脈にまでさかのぼって検証することである。現在の状況は、それら、それぞれ歴史的由来も違えば、定着した経緯も異なる個々の条件の組み合わせとして成立しているのだから。

ドイツで生きる外国人が、「ドイツ人」と「非ドイツ人」との間でみずからの位置を定めようと苦闘する時に直面する問題を、以下いくつかのトピックごとに順を追って検討していきたい。

## 3 「非移民国」ドイツ

先述の通り、ドイツは移民受け入れ国ではないという認識が、一九九〇年代初めに至るまで、「外国人」政策における政府の諸施策の基本的方針を規定していた。このことは、多数の外国人労働者が定住化し、事実上の移民になりつつあるという現実に、政府、政治家、大多数の国民が眼をつぶっていたことを意味する。一九九一年に出された連邦内務省の外国人に関する報告書には、なお、「ドイツ連邦共和国は移民国ではないし、またなるべきではないというコンセンサスが存在する」と書かれていた。(8)

ところが、同じ年に提出された連邦外国人問題担当官（Beauftragte der Bundesregierung für Ausländerfragen）リーゼロッテ・フンケ（当時）の報告書には、まったく異なる認識が示されている。「連邦政府は、ドイツは移民国ではないと主張することで、移民国になったらいくらでも移民がはいりこんでくるのではないかという国民の不安を強めている。しかし、今日の連邦共和国は事実上すでに移民国なのである。」(9) フンケの後任であるシュマルツ＝ヤコプセンもまた、一九九四年、連邦議会にあてて提出した報告書を次のように始めている。「イタリアと、当時出来てまだ日の浅い連邦共和国との間に最初の〔労働者…引用者〕募集契約が締結された日に、わが国の移民国としての歴史が始まったのである。決してそのような意図があったわけでも、ましてそのように計画されたわけでもなかったけれども、それが事実である。[10]」

ドイツは移民国なのか、移民国でないのか——着々と進行する外国人労働者とその家族の定住化（移民化）という事実をよそに、このような不毛な議論が続き、その結果、外国人問題に関する有効な社会的コンセンサスの形成がいちじるしく阻害されたことは疑う余地がない。そのため、ドイツ自身の過去の経験を土台とする外国人統合のためのコンセプトや、まして移民受け入れ政策などというものが存在しなかったのは当然である。

たしかに、外国人問題担当官のような一部の公的機関、キリスト教民主同盟（CDU）の有力政治家だったハイナー・ガイスラー（Heiner Geißler）やフランクフルト多文化局創設者のひとりダニエル・コーン＝ベンディット（Daniel Cohn-Bendit）のような少数の個人、外国人がいるような都市にはかならず存在する多くの市民団体は、多様な人間たちとその文化がドイツ社会において共存すべきことを訴え続けていた。しかし、かれらが唱える多文化主義とは、多くの場合、自覚的な移民受け入れの経験をつんだカナダやオーストラリアで練り上げられてきた理念を借用したものであって、ドイツの現実の中から苦闘の末つかみだされてきたというリアリティーに乏しいことは否めない。

ドイツという国は、移民から始まった国、たとえばアメリカ合衆国がもっているような準備や覚悟をもたず、また、かつての植民地帝国イギリス、フランス、そしてオランダのように、異質な文化と共存する術に長けていたわけでもない。むしろ、外国人労働者が移民化していくという事実の前で戸惑い、長年にわたって目をそらし続けたというのが真相に近いだろう。だが、外国人労働者の移民化という既成事実のもつ力が、半世紀もの時間を費やして、ドイツを「デ・ファクト（de facto）移民国」の段階にまで運んできたのである。

## 4 外国人選挙権問題

まず、やや極端な立場をとる人物であることは承知のうえで、極右政党「共和党」の創設者のひとり、フランツ・シェーンフーバー（Franz Schönhuber）の著書の一節を引きたい。

「ここドイツで生まれ育ち、学校に通い、手に職をつけた若いトルコ人が、さらにここに留まろうと望むのならば、かれらはドイツ国籍をとるべきである。そのための法的な条件は整っている。……かれらはもはや故郷に帰る気はないという！　それなのにかれらは、（家族の手前もあって）トルコ国籍を保持しながら、労働者としての権利と社会保障の点で完全にドイツ人と同じに扱われる――これらの権利は最初から保証されている――だけでは足りず、政治的、宗教的領域における発言権もよこせと言う。政治的には外国人選挙権の導入を望み、宗教については、ドイツのすべての都市で教会の隣にモスクが建つべきだというのだ。……もし私が、自分の私的、職業的生活の中心をドイツに定めるのならば、私はドイツ国籍をとる。そうして初めて、私はこの国の政治的運命の決定に参加することができる。しかし、もし――今すぐにせよ引退してからにせよ――トルコに帰郷するつもりなら、ドイツでは客の身分のままでいるだろうし、ドイツの政治問題に口をはさんだりはしないだろう。」(11)

著者の態度は明確である。彼は、外国人に参政権を与えるべきではない。ドイツの政治に参加したければ、ドイツ国籍をとって、ドイツ人になるべきだ。トルコ人がドイツ国籍をとるにあたっては、（必要な法的条件を満たしさえすれば）何ら障害は存在しない、と言う。

しかし、事態ははたして、彼が言うほど単純なのだろうか。

現在ドイツでは、外国籍の住民に対して、国政レベルでの参政権は無論のこと、地方自治体レベルの選挙権も認めていない（ＥＵ加盟国出身者を除く）。もっとも、外国人に対して選挙権を認めていない国は意外に多い。ヨーロッパでは、ギリシア、イタリア、ルクセンブルク、ベルギー、フランス、オーストリアが外国人に対して地方選挙権を与えていない。一方、アイルランド、デンマーク、オランダ、スウェーデン、ノルウェー、スイスの一部の州が、一定の要件を満たしたすべての外国人に地方選挙権を与えている。フィンランド、アイスランド、イギリス、ポルトガル、スペインは、特定出身国（地）の外国人にのみ地方選挙権を認めている。[12]

とはいえ、たとえばフランスが外国人の地方参政権を認めていないといっても、そのことがもたらす結果はドイツとは異なっている。これは次節で扱う帰化の問題とも関連する点だが、フランスの場合、その国籍法は血統主義と出生地主義の組み合わせからできていて、外国人の子がフランスで生まれた場合、成年に達した時点でそれまで五年間フランスに居住していたことを条件として自動的にフランス国籍が与えられる。さらに次の世代の場合は、親がフランス国籍をもっているため、出生の時点ですでにフランス人である。一九九三年の国籍法改正によって、自動的にフランス国籍を取得することができるという規定が、一六歳から二一歳の間に申請しなければならないことに変更されたが、なお国籍取得が比較的容易であることに変わりはない。

それに対して国籍に関して血統主義をとるドイツでは、居住外国人の子弟がいくら世代を重ねても、ドイツで生まれたことを根拠として国籍が与えられることはない（このことは、一九九一年の新外国人法——国籍法ではない——によっていくぶんか緩和された。後述）。それゆえ、外国人が選挙権をもたないという事実がもたらす不利益が、フランスでは移民第一世代にのみ限定されるのに対し、ドイツでは世代を越えてはるかに深刻なものになるであろうことは容易に推察される。

ドイツが外国人に選挙権を与えていないことと、国籍に関して血統主義をとっていることの間には、法律上の直接の関連があるとまでは言えないものの、「ドイツ人とは何か」という理解においてやはり両者に何らかのつながりを見るのは不当ではない。それが示されたのは、一九九〇年一〇月に下された外国人選挙権に関するドイツ連邦憲法裁判所の判決である。[13]

そもそもの事の起こりは、一九八九年二月シュレスヴィッヒ＝ホルシュタイン州が、相互主義にもとづいて、五年以上居住するデンマーク人、アイルランド人、ノルウェー人、スウェーデン人、オランダ人、スイス人に市町村議会および郡議会の選挙権を認めた（市町村および郡選挙法の改正）ことにある。また、ハンブルク特別市も、同時期、八年以上居住するすべての外国人に区議会の選挙権を与えている。

それに対して、当時の与党キリスト教民主同盟／社会同盟（CDU／CSU）に所属するドイツ連邦議会議員二二四人とバイエルン州政府は、シュレスヴィッヒ＝ホルシュタイン州およびハンブルク市の法律について、（憲法に相当する）基本法違反であるとして連邦憲法裁判所に申し立てをおこなった。原告側訴訟代理人であるボン大学教授イーゼンゼー教授は、口頭弁論において概略次のような議論を展開している。

（一）民主制は国民（Volk）による自己決定である。基本法二〇条二項（「すべての国家権力は、国民から発する」）、二八条一項二文（「ラント・郡および市町村においては、国民は普通・直接・自由・平等・秘密選挙にもとづいてつくられた代表機関〔議会〕を有しなければならない」）にいわれる「国民」とは、前文（「ドイツ国民は……このドイツ連邦共和国基本法を決定した」）や一四六条（基本法の失効規定）から明らかなとおり、ドイツ国民を指している。誰がドイツ国民かは国籍法が定めているが、国籍法の根底には「政治的運命共同体」としての国民の観念がある。外国人はどんなに長くドイツに滞在していても、「政治的運命共同体」としての国民に実存的に結びつくことはない。したがって、外国人に選挙権を与えることは、他者に決定権を与えることであり、民主制の自己決定原理に反する。

（二）基本法二八条一項一文（「ラントにおける憲法的秩序は、この基本法の意味における共和的・民主的および社会的法治国家の原則に合致しなければならない」）が、地方自治レベルの立法を国政レベルのそれと一致させるよう求めている以上、同条同項二文にいう「国民」を二〇条二項にいう「国民」と別な意味に定義する政治的裁量の余地は存在しない。市町村を「地域共同体」として「国家」と別扱いすることはできないのである。自治権力は、公権力の担い手として国家権力の一部である。

煩瑣になるので被告側の主張の紹介は省いて結論から述べると、連邦憲法裁判所の判決はシュレスヴィッヒ＝ホルシュタイン州法を基本法に違反しているとした。したがって、市町村および郡（Kreis）の「国民」とはドイツ人居住者のみを指し、外国人に地方選挙権は賦与できないことになったのである。

しかし、その判決理由をみると、必ずしも原告側の論理がそのまま受け入れられたわけではないことがわかる。とくに興味深いのは、原告側の論点（一）について憲法裁判所が次のような解釈を示していることである。

（一）二〇条二項の「すべての国家権力は、国民から発する」というのは、国民主権原理のみを定めているのではなく、国家権力を行使する「国民」とは誰であるかも定めている。それは、ドイツ連邦共和国の「国家民族（Staatsvolk）」である。

（二）この「国家民族」とは、国籍所有者、さらには基本法一一六条一項でそれと同置されている者からなる。

（三）このようにドイツ人たる資格（Eigenschaft）が、国家権力の担い手たる「国民」に属することの出発点である。選挙権の行使は「国民」が自分に与えられた国家権力を用いることであるから、選挙権にもこの資格が前提とされる。

ここで新たに一一六条一項が登場していることが注目される。これは「この基本法の意味におけるドイツ人とは、法律に別段の規定ある場合をのぞき、ドイツの国籍を有する者または、ドイツ民族に属する逃亡者もしくは被追放者または、その配偶者もしくは卑属として、一九三七年一二月三一日現在のドイツ国領域に受け入れられた者をいう」という規定であるが、これだけでは一体何のためのものなのか分からないだろう。実はこれは、第二次大戦中にナチスが東ヨーロッパでおこなった「集団帰化」政策のいわば後始末なのである。

東ヨーロッパにはかなりの人数のドイツ系住民がいるとされるが（一九八九年の推計によると、ルーマニア二〇万人、ポーランド七五万人、ハンガリー二〇万人、旧ソ連領内一九〇万人)、当時ナチスは、ウクライナ、ベーメン、メーレン保護領、ダンチッヒ、チェコスロヴァキア、リトアニア、ポーランド、ユーゴスラヴィアという併合・占領した地域において、「ドイツ民族に所属する者(deutsche Volkszugehörige)」という概念をもってドイツ系住民を規定し、かれらに強制的、集団的にドイツ国籍を与え、もとの国籍を剝奪した。このことは、国籍法上、大変な混乱を引き起こすことになった。

戦後、居住地から追い立てられ西ドイツへ逃れてきた、もしくは連合軍によって移住させられたドイツ系住民の国籍関係が以上のような混乱ではっきりしなかったため、基本法成立以前からこれらの難民を一括して「ドイツ人」として扱うという法律的処置がとられていた。この実務処置が基本法にも引き継がれ、国籍をもたなくてもドイツ民族に属するがゆえのドイツ人、「地位としてのドイツ人(Statusdeutsche)」という他に類例を見ないカテゴリーが基本法に登場することとなったのである。

この条文は、ナチスが引き起こした混乱の後始末をつけんがために、皮肉にもナチスのカテゴリーを引き継ぐことになってしまっている。基本法成立の四年後にできた連邦被追放者法(一九五三年)の場合、そのことはもっと明瞭である。同法によれば、ドイツ民族に属する者とは「その者の出身地において自らがドイツ民族に属するものであることを自認していた者であり、その自認が、血統、言語、教育、文化などの一定の要素によって確認される者」(六条)であるとされているが、これはナチスが当時おこなった定義そのままなのである。

そこで外国人選挙権の問題に戻って言えば、連邦憲法裁判所が引用している一一六条とは、このように本来その由来が戦後の外国人労働者問題とはまったく関係のないものである。しかし、一一六条が、ドイツ国籍の所有者以外に、「ドイツ民族に属する者」をもドイツ人に含め、それを憲法裁判所が国家民族(Staatsvolk)の定義として採用することによって、「ドイツ人とは何か」という問いに関する民族の観念の重要性を認めてしまったように見えるのは否めない。外国人の側からは、ドイツ人と外国人の間に民族性の壁が立ちはだかっているように感じられる。ドイツ国籍を持たない者すなわち外国人なのではなく、その中のドイツ民族に属さない者のみが外国人なのだから。

連邦憲法裁判所の判決は、保守的な陣営から一様に歓迎された。原告側は自分たちの主張が全面的に認められたと喧伝した。しかし、ここで注意しておきたいのは、判決理由を仔細に読むならば、憲法裁判所は、外国人の選挙権は民主制の原則に反するという原告側の主張を認めたわけではないということである。それは、現行の基本法の規定のもとでは外国人の選挙権は導入できないと述べているに過ぎない。判決理由には、次のように言われている。「これらの事情のもと現行の憲法によって唯一可能なことは、この状況に国籍法上の処置によって対応することである。たとえば、長期にわたってドイツ連邦共和国に居住し、合法的に滞在し、それゆえドイツ人と同様ドイツの国家権力に従っている外国人に対して、ドイツ国籍の取得を容易にすることである。[14]」つまり、連邦憲法裁判所は、原告側が国籍法の根底にあるとする「政治的運命共同体」の観念を認めているわけではなく、外国人も「国家権力を行使する国民」の列に加わり得るとしている。ただ、現行基本法の枠組みの中では外国人に選挙権を与えることはできないので、そのためには外国人が外国人でなくなること、つまり帰化のみが可能な方策である、としているのである。

それゆえ、この判決は、保守派とは異なるように読むこともできる。たとえば、ユルゲン・ハーバーマスによれば、市民権（国籍）と民族的アイデンティティーを分離する思想は、普遍的人権の観念にもとづくものであり、連邦憲法裁判所の判決の中にすら、その証左が見いだせる。判決は、現行規定の枠内では結果的に外国人選挙権を否定せざるを得ないとしているけれども、その判決理由の中では、定住化した外国人にも政治的権利を与えることが、本来、民主主義の理念にかなうものであることを認めているからである。[15] ハーバーマスは、ドイツ統一のはるか以前から、「憲法愛国心（Verfassungspatriotismus）」という言葉を用い、憲法秩序に対する自発的同意にもとづいて連邦共和国の国家アイデンティティーを作り上げるべきだと主張してきた。

したがって、彼が、「ひとつの民主的法治国家が、その市民の生活形式の一体性を保つために、移民に対し同化を要求することが許されるとすれば、それはいかなる点においてか」という問いをたてる時、「憲法の諸原理に対して同意する」段階と、「文化変容を受ける用意のある」段階が区別される。後者は、「ホスト社会の文化が提供する生活様式、実践や習慣を、外面的に取り入れるだけでなく、進んで身につけようとする態度」のことである。「民主的法治国家が移民に要求できるのは、……前者の意味における政治的社会化のみである。……移民に対して期待すべきは、新しく故郷となった国の政治文化に適応しようとする心構えのみで、だからといって、出身地の文化的生活形式を放棄するよう強制してはならない。[16]」

## 5　帰化問題

判決理由をどのように解釈するにせよ、とにかく外国人という法的身分のままでは、ドイツ国家の構成員にはなれないことがはっきりした以上、次の焦点は帰化問題に移ることになる。

ドイツの国籍法は「血統主義」であると言われるが、ドイツの法律すべてが、文化的あるいは血統的な「ドイツ民族」の定義にこだわり、外国人が「ドイツ人」になることを一切拒んでいるというわけではない。

連邦憲法裁判所の判決が出た後、一九九一年になって新しい外国人法が発効した。憲法裁判所の判決で求められていたような国籍法上の処置ではないが、この外国人法には、「容易化された帰化」と称される新たに設けられた部分（八五条から九一条）がある。従来、ドイツにおける帰化手続は、国籍法と『帰化に関する指針』にもとづいておこなわれる「裁量による帰化（Ermessenseinbürgerung）」だけであったが、それに加えて新しい外国人法は、次のような条件を満たすグループに帰化請求権を与えたのである。すなわち、

（一）満一六歳以降二三歳未満で、すでに八年間合法的にその通常の滞在地を連邦領域内にもっている外国人

（二）すでに一五年間合法的にその通常の滞在地を連邦領域内にもっている他のすべての外国人

この条件を満たすものとして想定されているのは明らかに外国人労働者とその家族である。「容易化された帰化」は他にも若干の制限を含むものの、「裁量による帰化」よりは条件が簡略化されており、その意味で、外国人労働者に有利な処置がとられたことは間違いがない。事実、その後統計を見る限り、ドイツ国籍取得者の数は増加している。

しかし、取得者の内訳を見てみると、期待は裏切られる。ドイツ国籍取得者の数は、全体で、一九九〇年には一〇万人あまりに過ぎなかったのが、新外国人法発効後の九四年にはほぼ二六万人に達している。ところが、そのうち元トルコ国籍所有者は二万人程度に過ぎず、取得者の大半は旧ソ連地域からのドイツ系移住者によって占められている。一説によれば、ドイツにいるトルコ人のうちの約六〇パーセントが帰化請求の有資格者だと言われるので、この数字を見るかぎり、トルコ人のドイツ国籍取得への意欲が旺盛であるとはとても言えない。

ドイツ国家は、帰化要件の緩和という行為を通して、外国人労働者の移民化という事実を、表立ってではないが実質的に認知する姿勢を示している。「非移民国」ドイツという前提をわずかながら修正しつつあると言ってもよい。ところが、ドイツが統合のために提供する方策を、トルコ人側は拒絶しているように見える。それはなぜだろうか。

第四節の冒頭にシェーンフーバーを引用したうえで、国籍取得をめぐる事態は彼が言うほど単純ではない、と指摘したが、事態の複雑さは、たとえば次のような場面に如実に表れている。

新しい外国人法は、従来と同様に、帰化の条件として現国籍の放棄を求めている。現国籍の放棄を求めるか、それとも二重国籍を認めるかという点が、帰化問題における最も重大な争点として浮かび上がってきた。

トルコ人移民がドイツへの帰化に対して見せるためらいは、かれらにとって、ドイツ国籍の取得が単なる権利の獲得に尽きるものではなく、誰として、どのような者として権利を獲得するかが重要である、ということを示している。

ドイツ人として選挙権をもつのか、外国人（あるいは二重国籍者）として選挙権をもつのか、という選択は、大きな意味をもつ。さらに言えば、この選択の相違に意味を認めるかどうかが、外国人問題をどちらの側から見るのか、ドイツ人の側から見るのか、外国人の側から見るのかの分かれ道だと言えよう。

## 6　二重国籍問題

多くのトルコ人が原国籍を手放そうとしない以上、かれらに政治参加への途を開く方法は二重国籍を認めることしかない。このことは、関係者の間では以前から指摘されていたが、一向に実現する気配がなかった。

ところが、一九九七年、ドイツで生まれたすべての外国人子弟に対し二重国籍を認めようという議論が、コール政権のもと、当時連立与党のひとつとして政権の一角を構成していた自由民主党（FDP）の一部議員によって始められた。これに対しては、同じ与党のキリスト教民主同盟（CDU）の中に強い反対があり、実現には至らなかった。

しかし、その後一九九九年一月、シュレーダー社会民主党（SPD）と同盟90／緑の党の連立政権のもとで国籍法改正が成立し、二〇〇〇年一月に発効した。それによると、国籍取得の条件が大幅に緩和され（申請に一五年以上のドイツ滞在が必要だったのが八年に短縮）、また、ドイツで生まれた外国人の子供にはドイツ国籍が与えられること（ただし、その子供の父または母は八年以上合法的にドイツに滞在していなければならない）、さらに、二〇〇〇年の一年間、ドイツで生活している一〇歳未満の外国人の子供に対しても、同様の処置がとられることになった。これらの子供たちは、多くの場合、血統主義にもとづいて両親と同じ国籍も持っているため、自動的に二重国籍者が生ずることになる。ただし、彼らは、遅くとも二三歳までにどちらか一方の国籍を選ばなければならない。

これは、ドイツの国籍法が従ってきた血統主義（ius saguinis）の原則を、一部、出生地主義（ius soli）に変更するものと理解される。推計によれば、これによって、当時七三〇万人（うちトルコ人が二一〇万人）の外国人のうち、四〇〇万人以上に国籍取得の権利が生じたことになる。

## 7 「ドイツ」への不信

なぜ、トルコ人移民のドイツへの帰化が進まないのか。外国人問題を論ずる多くのドイツ人が帰化こそ「統合」の鍵だと考え、また帰化することによってのみ、シェーンフーバーのような、帰化か帰郷かを迫る（内心では帰郷のみを望んでいる）人々に対してドイツ社会に留まるという明確な意志を示すことができるというのに。

その疑問に対する端的な答えは、次に引用する、ＢＡＧＩＶ（連邦移住者連盟ワークショップ）が一九九二年に出した二重国籍問題に関するパンフレットの一節に見ることができる。かれらは、帰化が進まないことを不審がるドイツ人に対して、次のように答える。

「理解しがたいのは、移住者たちがドイツ人になろうとする意志を欠いている、という事実ではない（ドイツに住むきわめて多数の外国人がそのための条件を満たしているにもかかわらず、わずか〇・三パーセントしかその権利を行使しようとしない）。多くのドイツ人が、そのことに対して不満をつのらせつつあることこそ、理解しがたいことである。ドイツ人が移住者に帰化を薦めるのは、ドイツの出生率の低下とそこから予想される経済上・年金政策上の破綻を恐れてのことか、人道的な動機にもとづいてのことである。前者の人々は、なぜドイツ国籍を申請しにいくよう移住者たちに要求できないのか理解していない。長年にわたり、連邦共和国や東ドイツで法的に不利な取り扱いを受け、社会的には底辺に押しやられ、さらにはドイツ東西両部分においてナショナリスティックな憎悪の的となってズタズタにされた人々に対して、どうして帰化を要求できようか。考えてもみてほしい。異国での長い歳月、ずっとこのようなことに耐え、そして状況の改善を求めて戦うための心理的な力を与えてくれたものがあるとすれば、それは文化的、民族的なアイデンティティーという安らぎであり、仲間と共にいるという一体感であり、運命を共にする者同士の連帯である。この感情は、望むと望まざるとにかかわらず、次の世代にも受け継がれていく。」(17)

もしここで言われていることが正しいとするならば、多くのトルコ人にその帰化請求権の行使をためらわせているのは、ある種の心理的抵抗感なのだ。過去半世紀近く、外国人労働者の事実上の移民化が進行してきたにもかかわらず、その間ずっとドイツは、わが国は移民国ではない、外国人労働者はドイツ社会の正式なメンバーではない、と主張し続けてきた。その結果、外国人労働者の側に、ドイツ社会に対する深い不信の念が根づいたとしても不思議ではない。かれらが受け続けてきた心理的、時には肉体的な暴力の残した傷痕。この傷痕が、ドイツ社会の側がようやくかれらを迎え入れる気になった時に、それを素直に受け取ることをためらわせている。政治的な発言権を犠牲にしてまで、むしろ、外国人の立場でいることをよしとするのだ。

かれらの不信感は、たとえば、次のような点に現れる。外国人選挙権問題に関連して指摘したように、「ドイツ人」の定義は、民族性のからむ複雑な背景をもっていた。かれらは、そこには二重基準があるのではないか、と疑っている。たとえ帰化によって法的に「ドイツ人」になったとしても、自分たちは、その民族的出自ゆえに、決して政治的共同体の真のメンバーとしては認められないだろうと考えるのだ。先に引用した移民団体の声明は、次のように続いている。

「さらに付け加えれば、かりにアンゴラ人やトルコ人がドイツのパスをもったとしても、外国人を襲うドイツ人極右やその支持者たちがひるむとは、移住者たちは思っていない。結局、たとえ〈パスのうえのドイツ人〉になったとしても〈文化的な意味でのドイツ人〉でない以上、以前にはなかった多くの問題が新たに生じるだけだ、と大多数の移住者は感じているのである。」

連邦憲法裁判所の判決にもあるように、多くのドイツ人の発想には、外国人により多くの権利を保証するためには、彼らのドイツ国籍取得を容易にし、「ドイツ人」にしてしまえばよい、それが外国人のドイツ社会への「統合」の第一歩である、という考えがうかがえる。

ハーバーマスは、ドイツが「移民国ではない」と強弁し続けてきたことを批判し、ことが「移民問題」であることをはっきりと認識している。だが、その彼が提案し得る未来の社会のコンセプトが、外国人追放を唱える人々が（少なくとも表向き）前提とする社会のあり方と大きく異ならないことこそ、ドイツの外国人＝移民問題がかかえる深いディレンマを表している。

すべてはまず、実質的な移民となった人々を、連邦共和国という政治的共同体の法的に正式なメンバーとして迎え入れることから始まるのである。それに成功して初めて、ドイツは「多文化社会」を語る資格をもつだろう。しかし、過去の経験によって心理的、肉体的に深く傷つけられた人々の多くには、あらゆる政治的、法律的議論を越えて、ドイツ連邦共和国とそれを支える「政治文化」への不信感が植えつけられてしまっている。たとえ、法的に「ドイツ人」になったとしても、自分たちを同じ政治的共同体のメンバーとして決して認めないであろう人々の存在をかれらは予感している。(18)

みずからのアイデンティティーを求めてドイツ人となることを拒む移民たちは、たとえかれらが〈パスのうえのドイツ人〉になったとしても〈文化的な意味でのドイツ人〉ではないと主張する一部のドイツ人と、一種の共犯関係に陥ってしまう。そのようなドイツ人に対しては、外国人もまた「ドイツ人」になり得ること、ドイツ国民（＝民族）とは閉ざされた恒久不変の実体ではないことを突きつけてやらねばならないというのに。他方、もしそうやって「ドイツ人」になったとすると、帰化こそが「統合」の完成であり、問題の解決であると信じるいま一方のドイツ人たちに軍配を上げることになる。かれらは、移民たちにとって自己の文化とアイデンティティーがどれほど大切なものであるかを理解しようとしないにもかかわらず。

問題は、ふたたび、ドイツ人に向かって投げ返された。ドイツの〈政治文化〉は、本当に、ドイツ国籍の所有とドイツという政治的共同体のメンバー資格を同一視しているのか。基本法第一一六条ドイツ人の「民族帰属性」規定といわれるものは、国籍とは別の次元に存在する「ドイツ民族」という観念を呼び出し続けているのではないか。これらの疑いを一掃し、ドイツの憲法秩序が、ドイツ文化が提供する生活様式、実践や習慣とは無関係であることをはっきりと納得させることができて初めて、ドイツは移民に対して「憲法の諸原理に対して同意する」ことを要求できるだろう。問われているのは、ドイツ人の「文化」に対する距離のとり方なのである。

「ドイツ人である」ことと「ドイツ人でない」こと、より多くの権利をもつこととより多くの誇りをもつこととの微妙なバランスを求めて、ドイツに住む外国人たちは、まだしばらく手探りを続けねばならないだろう。

**補遺（一）**

一九九八年に四代目の連邦外国人問題担当官に就任したマリールイーゼ・ベック（Marieluise Beck）の官職は、二〇〇二年に「移民、難民および統合のための連邦担当官（傍点引用者）（Beauftragte der Bundesregierung für Migration, Flüchtlinge und Integration）」と改称された。二〇〇五年、彼女は次のように、誇らしげに宣言している。

「新しい国籍法によって与えられる権利にもとづき帰化した人の数は、この五年間で、国籍法改革前の二〇年間に帰化した人の数を上回っている。今日までに帰化した人の数は八〇万人を超えると見積もってよいだろう。これに加えて、外国人の両親から生まれた二〇万人を超える子供たちがいる。改革以後、かれらは出生地にもとづいてドイツ国籍を獲得した。つまり、新しい法律によって、一〇〇万を超える人々がドイツ市民となったのだ。……実際にドイツに住んでいる人々と選挙権を有する国民の間にあった溝は狭まりつつある。」(19)

**補遺（二）**

二〇〇五年一月一日、長年にわたって物議を醸してきた「移民法」が発効した。その正式名称は、「移民をコントロールし制限するための、そして（ヨーロッパ）連合市民ならびに外国人の滞在と統合を規制するための法律（Gesetz zur Steuerung und Begrenzung der Zuwanderung und zur Regelung des Aufenthalts und der Integration von Unionsbürgern und Ausländern)」という。移民労働者、EU市民、庇護権請求者、被追放民、無国籍者など、およそ外国人に関係するあらゆる法を統合したこの浩瀚な法律は、その題名からしてすでにある種の宣言であると言ってもいいだろう。

なかでも、第一条項、従来の外国人法に替わるものとして設けられた「連邦領域内における外国人の滞在、就業および統合に関する法律（Gesetz über den Aufenthalt, die Erwerbstätigkeit und die Integration von Ausländern im Bundesgebiet)」は、新「移民法」の核心であると同時に、われわれのテーマにとっても最も重要である。その特徴を整理すると以下のようになる。

（一）複雑で分かりにくかった従来の四種類の滞在資格（Aufenthaltsbefugnis, Aufenthaltsbewilligung, Aufenthaltserlaubnis, Aufenthaltsberechtigung）が、二つにまとめられた。期限付きの「滞在許可（Aufenthaltserlaubnis)」と無期限の「定住許可（Niederlassungserlaubnis)」である。

（二）したがって、新しい「滞在法」は滞在資格の種類によって規制するのではなく、滞在目的（教育目的、経済目的、家族の呼び寄せ、人道的理由）にもとづいて規制する。

（三）従来のような地方自治体レベルではなく、初めて連邦レベルの「統合」政策が打ち出された。新しくやって来た外国人移民は、「統合コース（Integrationskurs)」に参加する権利をもつ。コースの内容は、ドイツ語の習得とドイツの法律や文化、社会についての基礎知識の獲得から成っている[20]。この権利は、労働移民、自営業者、呼び寄せられた家族、庇護権にもとづく滞在資格所有者、ジュネーブ条約にもとづく難民、およびユダヤ系移民に与えられる。EU市民やドイツにすでに長く滞在している外国人は、コースに空きがある限りで参加できる。

（四）新しくやって来た移民が、単純な会話をこなす能力すらもたない場合、コースへの参加は権利ではなく義務となる。また、ドイツにすでに長く滞在し、社会保障給付を受けている外国人に対しても、コースへの参加が義務づけられる場合がある。

（五）コースを無事修了すると、帰化申請に必要な滞在年限が八年から七年へと短縮される。

このように、法律の文言を読む限り、これは従来の「外国人法」と較べて、画期的な変革であるように思われる。

＊

新しい「移民法」がもたらすであろう成果の評価は今後の展開を待つしかないが、法と制度は確実に変化した。しかし、その下に住む人々の意識はどうだろうか。移民国において、あるいは多文化社会において生きる、とは何を意味するのだろうか。

次章においては、いわゆる「外国人問題」の別の側面、制度によってはすくい上げられない部分について論じることにしたい。

（1）ドイツ政府統計局による二〇〇四年一二月三一日現在の数字。正確には、それぞれ八二五三万一六七一人、六七一万七一一五人、一七六万四三一八人、六一万三九五一人。

（2）後述、本章第二節。

（3）Klaus J. Bade, *Ausländer, Aussiedler, Asyl in der Bundesrepublik Deutschland*, Bonn: Bundeszentrale für politische Bildung, 1992, S. 11.

（4）Ulrich Herbert, *Fremdarbeiter. Politik und Praxis des "Ausländer-Einsatzes" in der Kriegswirtschaft des Dritten Reiches*, Berlin; Bonn: Dietz, 1985, S. 11.

（5）日本からも、一九五七年から一九六二年にかけて政府間協定にもとづき、四三四人の炭坑労働者がドイツへ渡っている。その一人が生き生きした回想録を遺している。高口岳彦『地底の客人　グリュックアウフの日々』（グリュックアウフ・ゲルゼンキルヘン会、一九九二年）。また、次の著作はこの知られざる派遣事業について調べ上げた労作である。森廣正『ドイツで働いた日本人炭坑労働者――歴史と現実』（法律文化社、二〇〇五年）。

（6）*Der Spiegel*, Nr. 38/1991, S. 50.

（7） *Der Spiegel* (Spiegel Online, 28. Juni 2005) によれば、現在に至ってもなお、極右暴力は完全には治まっていない。壁が崩壊してから現在までの間に犠牲となった人々は一三〇人以上にのぼる。暴力の対象も、外国人からホームレスや女性、ただの通行人などに拡大している、とのことである。

（8） Klaus J. Bade, *Ausländer Aussiedler Asyl. Eine Bestandsaufnahme*, München: Beck, 1994, S. 19.

（9） *Bericht der Beauftragten der Bundesregierung für die Integration der ausländischen Arbeitnehmer und ihrer Familienangehörigen*, Lieselotte Funke (März 1991), S. 44f.

（10） *Bericht der Beauftragten der Bundesregierung für die Belange der Ausländer, Über die Lage der Ausländer in der Bundesrepublik Deutschland*, 1993 (März 1994), S. 11.

（11） Franz Schönhuber, *Die Türken. Geschichte und Gegenwart*, München: Langen Müller in der F. A. Herbig Verlagsbuchhandlung GmbH, 1989, S. 181f. ただし、この引用を含む 8. Gastarbeiter という章は、彼の夫人——キリスト教社会同盟に近いハンス・ザイデル財団でトルコ問題を担当していた法律家——の手によるというただし書きがある。

（12） 東京都議会議会局（斉藤純子）『欧米における在住外国人の権利保障——特にその政治的社会的参加の権利をめぐって』（東京都議会議会局調査部国際課、一九九二年）。

（13） シュレスヴィッヒ＝ホルシュタイン州に関して *Entscheidungen des Bundesverfassungsgerichts*, 83. Bd., E 83, 37, II (31. 10. 90), S. 37-59. ハンブルグ市に関して同じく E 83, 60, II (31. 10. 90), S. 60-81. 違憲判決の経緯に関しては次の文献に依拠した。高田篤「外国人の選挙権——ドイツ連邦憲法裁判所違憲判決の論理」『法律時報』六四巻一号、八三—九三頁。

（14） *Entscheidungen des Bundesverfassungsgerichts*, 83. Bd., E 83, 37, II (31. 10. 90), S. 52.

（15） ibid.

（16） Jürgen Habermas, Anerkennungskampf im demokratischen Rechtsstaat, in Charles Taylor, *Multikulturalismus und die Politik der Annerkennung. Mit einem Beitrag von Jürgen Habermas*, Frankfurt a. M.: S. Fischer, 1993, S. 182f. 〔ユルゲン・ハーバーマス「民主的立憲国家における承認への闘争」、チャールズ・テイラー他、佐々木毅他訳『マルチカルチュラリズム』（岩波書店、一九九六年）一九四頁以下。〕

（17） BAGIV (Bundesarbeitsgemeinschaft der Immigrantenverbände in der Bundesrepublik Deutschland), 1992, *Stellungnahme zur Doppelten Staatsbürgerschaft in der Bundesrepublik Deutschland*.

（18） 興味深いのは、BAGIV 声明の「さらに付け加えれば」以降で指摘されている、「ドイツ人」というカテゴリーを国籍の有無ではなく「文化的な意味で」理解しようとする人々の存在である。外国人がドイツ国籍を取得し「ドイツ人」になったとしても、「文化」をひきあいに出してあくまでかれらを「ドイツ人」から区別することに固執する人々とは、一体誰なのか。それについては、次章「〈文化〉の限界」の最終節「差別と寛容の論理」を参照されたい。

(19) Integrationsbeauftragte@BMFSFJ. BUND. DEから配布された二〇〇五年六月二一日付の電子メール広報による。

(20) 移民および難民を管轄する連邦官庁（das Bundesamt für Migration und Flüchtlinge）の構想によれば、基礎語学コースが三〇〇コマ（一コマ四五分）、上級語学コースが三〇〇コマ、そして基礎知識コースが三〇コマ、となっている。

# 第六章「文化」の限界

「多文化主義」もしくは「多文化社会」という言葉が、人口に膾炙するようになってすでに久しい。しかし、それらの言葉は、具体的に、どのような社会、どのような生活、どのような日常を示唆しているのだろうか。それを考えるために、まず、ドイツにおける「外国人文学」を取り上げ、そこから議論を始めることにしたい。

## 1　外国人文学という「ジャンル」

外国人文学（Ausländerliteratur）、それは、しばしば短絡的に、ガストアルバイター文学（Gastarbeiterliteratur）[1]と呼ばれることもあるが、一九七〇年代以降ドイツ文学の中に新しく登場したジャンルである[2]。シャミッソーやカネッティというごく少数の例を別にすれば、十九世紀以来、ドイツ語を母語とする人間によってドイツ語で書かれた文学がごく当然のように「ドイツ文学」と呼ばれてきた。だが、今やその規定から外れる文学が、たとえ一般のドイツ人たちがまだそうとは気づいていないとしても、ドイツ文化の一隅を占めるに至ったのである。

ここでは、その例として、アラス・ウェーレン（Aras Ören）という詩人を取り上げたい[3]。現在ドイツで活動するトルコ人作家の中ではまず代表的な人物と言うことができる。彼の母語はドイツ語ではなく、作品は翻訳によってドイツ人読者に届けられるという意味で、従来の「ドイツ文学」の範疇には到底入らない。にもかかわらず、彼はドイツの作家以外の何者でもありえないのだ。

アラス・ウェーレンは、一九三九年にイスタンブールで生まれたトルコ国籍の人間であり、母語はトルコ語、しかし、その作品はドイツ語に移し換えられ、ドイツで出版されている。彼の事実上の処女詩集は、一九七三年（オイル・ショックによる景気低迷のため、外国人労働者の導入が停止された年）にベルリンの出版社から公刊されたが、そのオリジナル版たるトルコ語版はその後も長い間日の目を見ることはなかった。彼は、トルコのメディアにとっては存在しないのも同然の詩人だったのだ。一九八〇年になって、ようやく、彼の三つの詩集がトルコで出版されたが、それ以降、作品のトルコ語版は、フランクフルトにあるトルコ語出版社ダイキリ（Dagyeli Verlag）から出されている。

ここには、たとえ従来のドイツ文学の概念には当てはまらなくても、まさにドイツの文脈の中で生きている詩人がいる。彼の作品は、祖国を離れドイツにやって来る人間たちの、ドイツの都市で労働に従事する外国人たちの経験を、時にリアルに、時に内省的、夢想的に描き出す。それは、ドイツ社会における経験の表現以外のなにものでもない。そして、その表現の受け取り手もまたドイツ人である。彼はトルコ本国に向けて書いているのではない。その作品のトルコ語版がドイツで出版されたとしても、彼自身認めるように[4]、ドイツで働く彼の同胞たちの大半は、本を買って読むような習慣を持ち合わせていない。したがって、ウェーレンの作品は、ドイツ人の読者層のそれもごく一部、外国人に関心をもつ知識人という一握りの人々に向けて、翻訳を通して伝達されるという、文学作品の流通の仕方としてはきわめて特殊な形態をとっていることになる。

彼の作品が、ドイツ文化の一部だと広く認められたわけではないことは、さまざまな徴候からうかがい知ることができる。

たとえば、ドイツ語を母語としない作家によって書かれたドイツの文学作品を顕彰するために、一九八五年シャミッソー賞が創設され、ウェーレンは第一回目の受賞作家となった。それを報じるある新聞記事には、ミュンヘン大学の『外国語としてのドイツ語研究所』関係者の発言が引用されている[5]。「文学研究も文学批評もこのことにほとんど注意を払っていない。文学史、辞典、現代文学案内にはこれらの作家たちについては何の記述もないし、ドイツ文学研究の世界で扱われることもまずない。」事実、一九九〇年に東京で開かれた国際ゲルマニスト大会の移民文学をテーマとするセクションでは、扱われた対象の大半は第二次大戦中に亡命したドイツ人によって書かれた作品（いわゆる「亡命文学」）だった。その中で、トルコ人著者によってドイツ語で書かれた作品を扱ったわずか四つの発表は、すべてトルコ人ゲルマニストによるものだったのである。

ウェーレンの作品に関する書評の数々を読んでいると、書評子の大半が、外国人文学をドイツの文化の一部としてよりも、むしろ社会現象のひとつとして扱っているように感じられる。かれらの書評には、ある特有のパターンが共通している。まず、ウェーレンとは何者であるかを紹介し、彼の経歴からドイツにおいてトルコ人労働者が置かれている状況の指摘に移り、彼の作品をその状況の反映として読んでみせ、その状況に対するドイツ人の理解を訴えつつ締めくくる、というものである。ウェーレンの詩はひたすら讃えられるのだが、それらの書評のうち、詩の言語的次元にまで踏み込んだ批判をおこなっていたのは、エーリッヒ・フリートという詩人が書いた一篇のみである。多くの批評家は、外国人文学に対してはボーナス点を加えて特別扱いしなければならない、と思っているように見える。

## 2 異質性の経験

ウェーレンの作品が、ドイツ社会の中でなければ成立し得ず、またこの社会の中にあってこそ初めて意味を持つにもかかわらず、その文化の一部としてはなかなか認められないということ。また、他のドイツ文学とは何かしら別格扱いにしようとする書評子たちの振る舞い。これらの原因は、かれらがいまだに縛られている「文化とは何か」という観念にあるのではないか、と思われる。そこで、次のような問いを立てたい。「文化」の概念とは、異質性の経験を処理するにあたって、どのような働きをするのだろうか。

ウェーレンについての書評を読むと、異質性の経験に対して伝統的に採用されてきたふたつの古い戦略がいまだに用いられていることが分かる。すなわち、普遍主義とエキゾチズムである。

外国人労働者文学というジャンルがあるとすると、それを労働者という点にアクセントをおいて読むならば、普遍主義の戦略だと言うことができる。たとえば、先に触れたウェーレンの処女詩集から一節を引こう。

「外国人悪い、お前言う、なぜ? ドイツ語駄目、外国人言う、なぜ? 私にんげん、お前にんげん、お前労働者、私労働者! Auslender schlecht / du sagen-warum? / Deutsch Schlecht / auslender sagen-warum?/ Ich mens / Du mens / Du Arbeiter / ich arbeiter!」(6)

この作品について、ある書評者(7)はこう言う。「アラス・ウェーレンがその本の中に込めている社会批判的な教訓はきわめて必然的であったし、必然的であると私は確信している。このジャンルの文学は、ただドイツの文化を豊かにするばかりではない。いや、それだけにとどまってはならない。」ウェーレンの作品には労働者の現実を反映していると見受けられる箇所が散見するが、そのような箇所を取り上げ、ドイツ人とトルコ人の相違を越えたプロレタリアートとしての自覚が表れている、とするのが典型的な普遍主義の戦略である。異質なものの中に自分と共通する何かを発見し(あるいは、発見したと想定して)異質性を取り込もうとする。(8)

「なぜならプロレタリアートは遺産相続争いなど知らないからだ。遺贈者も遺言執行者もいない。/なぜならプロレタリアートにはただひとりの相続人しかいないからだ。国家という相続人しか。Denn das Proletariat kennt keine Erbstreitigkeiten / Erblasser und Testamentsvollstrecker gibt es nicht / denn das Proletariat hat nur einen einzigen Erben: den Staat.」(9)

ウェーレンに関する書評の中に見受けられるもうひとつの戦略、より頻繁に用いられる戦略とは、エキゾチズム、すなわち、異質性の強調という戦略である。そこに登場する文句は、生命、色彩、多様性、素朴さ。多くの書評は、これらの語句の順列組み合わせで出来ていると言ってもよい。それらは、ウェーレンの異国風の語法、単純でどうかすると不器用とも見えかねない詩句の運びを褒め称え、逆に、彼がヨーロッパ文学の手の込んだ表現手法に近づいていると見えるときには非難を浴びせかける。そして、ドイツ文学に新たな生命が導入されたことを喜び、ウェーレンによってもたらされる文化の豊穣化を祝う（このような議論の運び方は、ドイツ人の出生率低下を外国人の流入が補うという、それ自体は外国人に「好意的な」議論によく似ている）。

ここに見られるのは、かつては「高貴なる野蛮人」という観念のもとに知られていた異文化に対するひとつの典型的な態度である。十八世紀のヨーロッパは、新大陸の人々の生活と風習に楽園の理想を重ね合わせることによって、我と我が文明に対する懐疑を表現しようとしたことがあった。たとえば、モンテーニュ『エセー』中の「食人種について」という一編がそれであり、また、ルソーの『人間不平等起源論』に含まれる有名な長文の注もそれである。

「私は、とりわけ、三〇年ばかり前にイギリスの宮廷につれてこられた幾人かの北アメリカ人のなかのひとりの酋長の話を思いだす。人々はなにか彼の気に入るような贈り物をしようと、彼の目の前へいろいろなものをさし出してみたが、彼の心をひいたらしいものはなにもなかった。われわれの武器は彼には重くて不便なように思われ、われわれの靴は彼の足を傷つけ、われわれの服は彼には窮屈であって、彼はすべてをはねつけた。最後に人々は、彼が、一枚の毛布を取って、それで肩を包んでよろこんでいるらしいことに気づいた。〈少なくともあなたはこの品物が役に立つことは認めるのでしょうね？〉とすぐに人々が彼に言った。――〈はい〉と彼は答えた。〈これはけものの皮とほとんど同じぐらいに良さそうに思えます。〉それでも、もしも彼が雨の時にその両方を着てみたとしたら、そうは言わなかったであろう。」(10)

自己の姿のちょうど対極を他者に投影したに過ぎないという意味で、エキゾチズムは他者との邂逅ではあり得ないのだが、ウェーレンに対してもこれと同じ現象が起こっていると思われる。それは、いみじくもある書評が告白している通り「ドイツ人の前に差し出された鏡[11]」に過ぎない。

## 3 「文化」による領域の分離

このふたつの戦略、普遍主義とエキゾチズムは、互いに排除し合うものではない。それは、むしろ相互補完的な関係にあると言った方がよい。なぜなら、普遍的に妥当すべき価値や規範をある特定の領域に限定し、そこに含まれないものを「文化」というカテゴリーで一括することによって、ある種の棲み分けが可能になるからだ。普遍主義は限定された特定領域内での妥当性を保証され、それ以外の領域は、「文化」の名のもとに、ありとあらゆる特殊な価値規範の博物館となる。

ヨーハン・ゴットフリート・ヘルダーが、「文化」の概念をもって諸民族の多様性を指摘して以来、この普遍主義とエキゾチズムの組み合わせは、現代に至るまで、依然として異質性を籠絡するための基本戦略であり続けているように思われる。たとえば、今私が問題にしている「多文化社会」というコンセプトにしても、「統合（Integration）」というコンセプトとセットにして初めて機能するという点に注意しなければならない。前章で言及した、ドイツ政府の外国人問題専門担当官（一九八一―九一）リーゼロッテ・フンケ女史は、自分の任務を「外国人労働者とその家族の法的、社会的統合[12]」を推進することである、と定義している。そして、彼女は慎重に「統合」を「同化（Assimilation）」から区別しようとする。「統合」は「同化」とは異なり、「ドイツの価値観や規範や社会的生活形態へ順応すること」を強制したり、「独自の民族的、宗教的行動様式を捨てるよう」求めたりはしないからである。「統合」とは「お互いの民族的、文化的、宗教的自己理解を尊重しつつさまざまな出自をもつ人々が平和に共存すること」である。

誰の眼にも明らかなように、ここではふたつの領域、つまり法的、社会的領域と民族的、文化的、宗教的領域が区別されている。法的、社会的にはトルコ人労働者はドイツ社会に適応しなければならない（逆に言えば、トルコ人労働者も、労働者としてドイツ人労働者と同じだけの権利を保証されるということでもある）。しかし、それ以外の領域、法的でも社会的でもない領域、「文化」と呼ばれる領域では、いかようにも自由にやってくれて結構、君たちの生活様式や考え方にまで口を挟む気はない、というわけである。

領域分離というこの戦略が、ある社会に異質な存在を迎え入れるにあたって有効であることは、歴史的に証明されている。それは、ヨーロッパにおける解放ユダヤ人から始まり、十九世紀にフランス共和国に受け入れられた移民たちを経て、アメリカ合衆国の「新移民」（北西ヨーロッパからやってきた「旧移民」に対し、一八八〇年以降に到着したカトリック系やユダヤ系の南東ヨーロッパからやってきた移民）に至るまで、多かれ少なかれ一定の成功をおさめてきた。

この「伝統的な」戦略をその源へさかのぼると、啓蒙主義の時代にまで至る。啓蒙主義は、異なる信仰（キリスト教、ユダヤ教、イスラム教）が惹き起こす争いを、信仰の複数性と相対性を指摘し、信仰の有効範囲を私的領域に限定することによって鎮めようと試みた。その結果、国家と社会の間に明確な一線が引かれ、国家は各個人を、彼がどのような特性（言語、慣習、宗教、生活様式等）をもっていようと関係なく、その権利において平等な存在として扱うこととなった。一方、社会は、社会的、経済的、宗教的な利益と関心を各個人が自由に追求することが許される空間として成立した。このようなことが啓蒙主義に可能だったのは、すでにその時代において、信仰の基盤が一定程度掘り崩され、宗教がその力を失いつつあったからである。要するに、宗教は「文化」の一部となりつつあったのだ。

普遍主義とエキゾチズムという相互補完的な基本戦略は、姿を変え、「統合」と「多文化社会」という戦略として、現代でもなお生き続けている。いや、第二次大戦後、ヨーロッパ社会に、文化、宗教、生活習慣を異にする人々が大量に流入した事実を踏まえれば、ますます重要性を増している、というべきかも知れない。

ヨーロッパ人が普遍性を求める領域に関しては妥協せず、それ以外の領域に関しては多様性を承認するというこの二正面作戦は、盲目的な排外主義と距離をおこうとする多少とも理性的なヨーロッパ人にとっては、おそらく考え得る唯一の解決策だろう。かつての学生運動の旗手、赤毛のダニーことダニエル・コーン＝ベンディットから保守党、CDUの政治家ハイナー・ガイスラーに至るまで、個々の政策については大きな振幅を示しながらも、外国人問題解決の理念として「多文化社会」を異口同音に口にするのは、この問題における理性的な選択肢が限られていることを物語っている。

しかし、だからといって、この複合的コンセプトに何の問題もないわけではない。

## 4 「文化」の問題性

まず何よりも、「文化」の概念自体がヨーロッパの近代において、啓蒙された社会を前提にして成立した概念であることから生ずる問題がある。ヘルダーが啓蒙主義の中から現れたように、文化の多様性の承認は、文化と呼ばれるものがまさに文化に過ぎなくなったことによって可能となる。我々が、現在、「文化」のカテゴリーの中に投げ込み、そのことによって法的、社会的妥当性を奪っている伝統的あるいは宗教的価値規範の中には、かつては「文化的」妥当性以上のものを要求していた例が数多くある。その意味で「文化」概念とは、啓蒙の腹違いの妹であり、まさに近代ヨーロッパ特有の概念であると言ってもよい。

したがって、異質性の経験を処理するにあたって、「文化」概念を用いた領域分離が常に有効だと限らないのは当然である。

たとえば、第一章で引用した通り、十八世紀末、クック船長と共に世界を周遊したゲオルク・フォルスターの旅行記には、南太平洋の住人たちと接触した際に目撃したとされる雑婚や人肉嗜食の習俗が記されている。彼はそのような習俗を前に、困惑を隠し切れない。啓蒙主義者フォルスターには、これらの島々の人々を動物に近い人間として切って捨てることができず、だからといって、そのような習俗をかれらの「文化」であるとして承認することもまたできない。それは、フォルスターが文化と考えていた範疇に収まりきらず、彼がひそかに前提としている普遍的価値に抵触しているのだ。そのような現象に遭遇した時、人はどのような反応を示すのだろうか。彼の旅行記には、同行したヨーロッパ人たちの反応がカタログのように記載されている。

「この光景は、そこにいた全員に、奇妙な、しかし、それぞれ異なった作用を惹き起こした。何人かは、私たちが教育の結果として人食いに対して嫌悪を抱くようにされているにもかかわらず、一緒にこの人肉に食らいつくのが快楽と言ってもいいほどのようだった。その上、これからニュージーランド人に頼んで人狩りをしてもらおうなどと、冗談を言っていた。反対に他の何人かは、人食いそのものにまったく筋の通らない、大変な怒りを抱き、ニュージーランド人を撃ち殺してしまえ、と言うのだった。あたかも、ある民族が生きるか死ぬかを決定する権利を、かれらの行動を裁く立場にあるわけはないのに、自分たちはもっているると、いわんばかりだった。また他の何人かの人々にとってはこの光景は、嘔吐促進剤と同じだった。残りの仲間たちは、この野蛮な行為を人間本性に対する侮辱であるとし、被造物の中でも最も気高いはずの人間が、これほどにまで獣と同じになれるのかと、嘆くのみだった。」(13)

フォルスターの同行者たちが示した、多様で混乱した反応は、異質性の経験の中に、しばしばこのような、「文化」概念による領域の区分自体を脅かす現象が含まれていることを意味している。

現代の外国人問題にも同様の現象が存在する。よく知られた例は、一九八九年の秋にフランスで巻き起こったいわゆる「スカーフ」論争である。ムスリムの姉妹が、スカーフを着用してきたという理由で、中学校への登校を校長によって禁じられた。その理由は、フランス革命以来の公理である公教育の非宗教性（laïcité）を守らねばならぬ、ということだった。世俗性を旨とする公教育の空間に、宗教的帰属性のシンボルであるスカーフをして来ることはまかりならぬ、というのだ。この事件は、マスコミによって報道され、社会各層にさまざまな反応を惹き起こした。まず、学校当局の処置を支持する意見から見てみよう。

公教育における非宗教性の原則を擁護しようとする哲学者たちが出したアピールにはこうある。「わたしたちの社会では、学校は普遍性に帰属する唯一の制度である。だからこそ、自由な男女は、経済的、イデオロギー的、宗教的な事実上の権力に絶えずおびやかされているその独立の原則について、妥協するつもりはない。」

また、ル・フィガロは次のように書いた。「問題は寛容の名において、他者への尊敬の名において、わたしたちがわが国のなかで、割礼や食人（傍点引用者）を受け入れねばならないのか、ということである。」[14] もしこの文が、ある種のセンセーションを惹き起こすことができるとすれば、それは、「文化」概念による領域の線引きがいまだに確定せず、場合によっては恣意的ですらあることを意味している。この記事の筆者は、そのことを充分承知のうえで、イスラームの宗教性を割礼や食人とあえて一括し、読者の不安を煽ろうとする。そして、イスラームの宗教性の位置づけに悩む読者の不安だけが、いたずらに膨らんでいくのである。

このように、「文化」概念による領域区分が脅かされるという事態は、現在では、おとなしく文化の領域に留まってはいない未だ生き生きとした活力に溢れる宗教、すなわちイスラームによって惹き起こされることが多い。ドイツにおいても、トルコ人の女性たちがスカーフをかぶることに対するドイツ人住民の拒絶反応が、外国人に対する偏見の徴候としてしばしば指摘されるが、そこには、単に宗教の相違が端的に視覚化されているからという以上に、自分たちが作り上げたヨーロッパ近代の前提のひとつが侵犯されようとしているという本能的認識にもとづく反応が含まれているのかも知れない。

さらにまた、ドイツ各地にあるトルコ人労働者支援団体の中には、親、とくに父親の家父長的権力からその娘を保護し隔離する駆け込み寺のような施設を設けているところが少なくない。そのような、トルコ人の「文化」への積極的介入に至る過程においては、ドイツの地では人権が優先されるべきであり、トルコ人の両親たちが固執する伝統的な価値観を文化の名において承認することはしない、という決断がその都度下されていたはずである。

領域区分線をめぐるこのような攻防は、啓蒙以後の世界が啓蒙以前の世界と衝突している、あるいは、発展段階論的な言い方を避けるならば、非同時代的なものの同時的存在という風にとらえることができるかも知れない。しかし、ここにはさらに込み入った事情がからんでいることも見逃されてはならない。

移住先で生まれた移民二代目の世代の中には、かれらがドイツ社会やフランス社会で依然として周辺化されている状況の中で、イスラーム・アイデンティティーに拠り所を求めようとし、意識的に宗教的帰属性を強めるという傾向がある。その場合、イスラームの強調はむしろ同時代的現象に属するのであって、非同時代性の邂逅ではない。しかも、かれらはそのこと自体を、文化的多様性への権利——フランスでは「相違への権利」——という、まさにヨーロッパ的な概念を用いて表現しようとする。したがって、このようなイスラームの擁護は、思考の形式としてはすでにヨーロッパ化されているのであり、アイデンティティーの内容がいかに強烈なイスラームであっても、それは「文化」の領域へと飼い慣らされつつあるイスラームである、と言えるかもしれない。もしそうであるとすれば、「文化」の概念はひそかに勝利を得つつあるのであって、その事情を知らず普遍主義が侵されたと思って騒ぎ立てるヨーロッパ人は、被害者意識に駆られて過剰反応を示したことになる。

## 5 「多文化社会」のイメージ

そもそも「多文化」的な社会とはどのようなものなのだろうか。

私はすでに、ウェーレンの作品について、かなりの書評が「ドイツ文学に新たな生命が導入されたことを喜び、ウェーレンによってもたらされる文化の豊穣化を祝う」傾向を示していると述べた。このような傾向を「社会」に応用すれば、楽観的な「多文化社会」像が出来上がる。

そのひとつの例として、ハイナー・ガイスラーが描き出したイメージを引用しよう。

「この若い男性は（不特定のトルコ人労働者…引用者）、自分がドイツ人である、より正確に言うならば、シュヴァーベン人(Schwabe)であると感じている。とはいえ、彼が祈りを捧げるのは、恐らくシュトゥットゥガルトのエーバーハルト教会ではなく、モスクであろう。彼が読むのは、コーランであって、聖書ではない。彼にはたぶん一生羊の肉の方が、豚の肉より好ましいだろう。しかし、ひょっとすると、彼もまたトルコの単調な音楽を聴くよりもベートーヴェンやアメリカのロック・ミュージックを聴く方が好きかも知れない。いずれにせよ、彼は、タデウス・トロル（シュヴァーベン地方の方言作家…引用者）もトーマス・ゴットシャルク(有名なテレビ司会者…引用者)も理解できるし、それに笑い転げ、このふたりが語る話に喜んで耳を傾けることだろう。」(15)

ここでイメージされているのは、人や物でごった返す市場、あるいは商品で溢れる巨大なスーパーマーケットのような社会である。そこでは、誰もが皆、その出自、文化、伝統、宗教的背景とは無関係に、ありとあらゆる地方から集められたありとあらゆる特産品を手に入れることができる。ひとりの個人が、自分の好みにしたがって、あらゆる文化の産物を自由に享受することができる、という意味で、その社会は「多文化」的なのである。

それを逆にいえば、それらの選択肢のどれひとつとして、彼に対し、真の意味では規範性をもっていないということを意味する。ここでイメージされているのは、伝統的な文化がもつ拘束力から解放された、一種の文化的コスモポリタンの生活なのだ。

では、次に、これとは対極的な「多文化社会」像を見てみよう。

複数の文化の「価値」に関する相対主義は、自文化への帰属を絶対化することへつながることがある。自分が帰属する文化を他の複数の文化と同じだけの価値しかもたないとみなす文化相対主義と、固有文化への帰属性を絶対的、宿命的なものとみなす考え方は、一見正反対に見えるが、実は同じコインの表と裏であり、相関的に成立してきたと言ってもよい。

自分の文化が、同じ正当性をもって並んでいる多くの文化のうちのひとつに過ぎない（「あたかも、ある民族が生きるか死ぬかを決定する権利を、かれらの行動を裁く立場にあるわけはないのに、自分たちはもっているといわんばかりだった」）という認識は、たまたま自分がそのうちのひとつに帰属しているという偶有性を動かし難いことと感じさせる。レジス・ドブレは「しかり、わたしがフランス人に生まれたのはまったくの偶然である。されどフランスは不滅である」[16]と言ったが、この相対主義と偶有的帰属の絶対化とのひそやかな結びつきは、ナショナリズムの奥深い仕組みにかかわっている。

だが、ここで私が問いたいのは、もし「文化」の概念がそのようなものだとすると、リベラルで相対主義的に見える「多文化社会」のコンセプトも、人々があれほど神経質なまでに忌避する「同化」に較べても、問題無しとはしないのではないか、ということである。

再びフランスの例を引き合いに出すと、フランスで外国人問題への対処が語られる時登場するキー・ワードには三つあり、「同化」「統合」そして「アンセルシオン（編入、挿入）」である。これらの言葉のなかで、三つ目の「アンセルシオン」だけは初めてここに登場する。この言葉は「各マイノリティー集団が、文化的特殊性を最大限保持したまま、受け入れ社会に集団的に組み入れられる」[17]ことを意味している。したがって、文化面に限って言えば、ほぼ二番目の「多文化社会」に対応する概念だと言えるだろう。だが、法的、社会的側面から見るとどうだろうか。

この概念には重大な疑問が呈されている。すなわち、「アンセルシオン」は、「社会を相互に交流のないサブ・カテゴリーに分裂させる」ものであり、「社会経済的要因によって社会参加の機会から締めだされたイスラーム系の人々のあいだに、イスラームにもとづく孤立的な空間」を作ることを許せば、結果的に「経済的不平等や社会的不平等も固定化される」危険を犯すことになるのではないだろうか。

私は、「多文化社会」というコンセプトもそのような危険をもつのではないか、と問いたい。相互に異質な文化の共存を認めようという相対主義的な姿勢の中に、それらの文化は究極的に異質であって絶対に混じり合うことはできない、誰もその境界を乗り越えることはできないという宣告が含まれているとしたら、それは、次節で述べるような極右の排他主義とたいして違わないことになるだろう。相対主義的オプティミズムから発せられる「文化的バイリンガリズム」の掛け声も、ひとつの社会の中に優位文化と劣位文化の差が存在すれば、劣位文化の帰属者に一方的に負担をかけることになる。そして、その社会における劣位文化のメンバーの機能不全を説明するために、かれらの「文化」が引き合いに出されることはないと誰が言えるだろう。

そうであれば、その時出現する社会は、言語や宗教ごとに異なった価値観をもつ集団の寄せ集めであり、そういう意味でその社会は「多文化」的なのである。それは、いわば引き裂かれた社会であり、各個人は、自分のアイデンティティーを保つために、自集団の中に閉じ籠もり、他者との交流を一切拒絶する。その結果、いったん周辺化された集団は、いつまでもその位置から抜け出すことができなくなり、社会的格差が温存される。

## 6　差別と寛容の論理

そのような、引き裂かれた社会の出現を防ぐためと称して、いわゆる新右翼[18]は、「文化」の概念を逆手にとる。そのひとり、フランスの新右翼とも接触をもつ「民族革命派」の指導的理論家、ヘニング・アイヒベルク[19]は、あらゆる民族が、その民族的アイデンティティーと自己決定を要求する権利、「相違への権利」をもつ、と主張する。「なぜなら、おのおのの民族文化は、それ自体ひとつの宇宙であり、独自の真理を含んでいるからである。」一見、左翼的な反帝国主義の論理にも見紛うこの前提から、しかし、彼は徹底的に反普遍主義的な結論を導き出してくる。「したがって、自由や人権といった理念は、西欧の傲慢に過ぎない。歴史は、諸民族文化の生き残りを賭けた闘争であり、開発援助や外国人労働者といった存在は、その妨害要素でしかない。第三世界がヨーロッパから守られねばならないように、ヨーロッパもまた第三世界から守られねばならない。ドイツがトルコの独自性を尊重するように、ドイツもまたトルコから尊重されねばならない。外国人は、ただ外国にある時にのみ、歓迎すべき存在である。」

アイヒベルクは、ドイツないしヨーロッパ文化の特権的優位性を主張せず、それが部分的な妥当性しかもたないこと、ある限定された地域でのみ通用することを認めている。この認識それ自体は、「多文化社会」を提唱し外国人との平和的共存を目指す人々と変わるところはない。にもかかわらず、そこから、一方は差別の論理を、他方は寛容の論理を引き出してくるとすれば、一体それはなぜなのか。

文化的相対性の認識を巧みに排他的な結論へと導いていくアイヒベルクの論理は、文化的多元主義を歪曲し口実として使っているに過ぎない、と考えることもできる。しかし、フランスでも、一九八〇年代に勢力を伸ばした国民戦線などの極右は「新しい人種主義」、つまり文化の相違を強調する差異主義的立場から、移民排斥の論理を展開したのである。アイヒベルクの論理が孤立したものでないとすれば、ここには単なる修辞以上のものが潜んでいるに違いない。文化的相対性の認識は、そもそも、二つの対極的な論理構成の可能性をはらんでいたのではないだろうか。

というのも、すでに述べたように、文化的相対性の認識が寛容の論理として機能するためには、普遍的諸価値の領域との棲み分け、共存が必要とされるからである。そのような普遍主義的立場からの視線があればこそ、相対化された諸々の文化的価値規範が、弱肉強食のジャングルではなく、咲き乱れる多様性の花々として現れてくる。しかし、普遍主義的立場をとる可能性が失われていくにつれ、文化的相対性の認識は、自文化への宿命的な帰属と、その中に囚われてあることへの妥協もしくは自足、一種のニヒリズムへと転化していく。

それが、啓蒙の十八世紀の後にナショナリズムの十九世紀が続いた、少なくともひとつの理由だと思われる。ナショナリズムは、啓蒙と寛容の反対物ではなく、文化的相対性の認識を引き継いでいるという意味で、その後継者、あるいは、その鬼子なのである。

マックス・ウェーバーが、フランス文化とドイツ文化の優劣を決定することはできない（神々の闘争）と言った時[20]、彼はまだ「学問」を、文化の相違を越える立場とすることができた。しかし、われわれはすでに、深く相対主義を刻み込まれた時代に生きている。言語的、文化的、人類学的、認識論的、科学論的相対主義の浸透によって、われわれの眼には、あらゆる普遍主義的主張が、暴力的で疑わしいものとして映る。少なくとも、そうではないかと警戒する。たとえ戦略的にであれ、自由や人権や自己決定を普遍的に妥当する原理だと主張する時、自分自身に対してひそやかな留保をおこなわないような人がどれだけいるだろうか。そのかすかなためらいを土壌として、新しい差別の論理は生い育つのである。

（1） ガスト（Gast）とは客分という意味であり、外国人労働者を一時的な滞在者とみなす表現として、外国人労働者の側からは反撥を買っている。

（2） 著者がドイツ国籍を所有していない、という理由であらたな「ジャンル」を設定するのは、文学研究の専門用語としてみれば誤用であろう。

（3） ドイツで執筆活動を続ける五人のトルコ人作家について、その作品に関する書評をドイツから取り寄せたところ、六六の書評のうち三九が彼に関するものであった。

（4） 2×Heimat, 2×Fremde. Ein Gespräch mit dem türkischen Schriftsteller Aras Ören, *Die Zeit*, Nr. 24, 6. 6. 1986,

S. 53.

（5）F. H., Schmisso-Preis. Sprachheimat der Freunde, *Bayernkurier*, Nr. 7, 16. 2. 1985, S. 15 に引用された Irmgart Ackermann の発言。

（6）Aras Ören, *Was will Niyazi in der Naunynsstraße. ein Poem*, Berlin: Rotbuch-Verlag, 1973, S. 68f.

（7）Vom Slum ins Getto, *Frankfurter Rundschau*, Nr. 298, 22. 12. 1973.

（8）次のような引用箇所については、エーリッヒ・フリートのように、真に優れた個人的な言語に混じり込んだ軽率な一般化である、と退ける人々も存在する。vgl. Erich Fried, Sinnlichkeit statt Innerlichkeit, *Merkur*, Heft 35 (1976 Herbst), S. 37.

（9）Aras Ören, *Deutschland, ein türkisches Märchen*, Düsseldorf: Claassen, 1978, S. 13.

（10）Jean-Jacques Rousseau, *Discours sur l'origine et les fondements de l'inégalité parmi les hommes*, Paris: Éditions Sociales, 1954, p. 218.〔ルソー、本田喜代治・平岡昇訳『人間不平等起源論』（岩波文庫、一九七三年）一八三頁以下。〕

（11）F. H., Schmisso-Preis, ibid.

（12）Liselotte Funke, *Bericht der Beauftragten der Bundesregierung für die Integration der ausländischen Arbeitnehmer und ihrer Familienangehörigen*, März 1991, S. 18f.

（13）*Georg Forsters Werke, Reise um die Welt*, 1. Teil, Berlin: Akademischer Verlag, 1989, S. 403f.〔ゲオルク・フォルスター、三島憲一・山本尤訳『世界周遊記　上』（岩波書店、二〇〇二年）四一一頁以下。〕

（14）ふたつの引用ともに、辻山ゆき子「フランスにおけるイスラム移民二世の排除と統合――教育と文化の問題を中心に」、宮島喬・梶田孝道編『統合と分化のなかのヨーロッパ』（有信堂、一九九一年）一〇八頁からの再引用。

（15）Heiner Geißler, *Zugluft. Politik in stürmischer Zeit*, München: Bertelsmann, 1990, S. 193.

（16）Benedict Anderson, *Imagined Communities*, London; New York: Verso, revised edition, 1991, p. 12.〔ベネディクト・アンダーソン、白石さや・白石隆訳『増補　想像の共同体』（NTT出版、一九九七年）三四頁。〕

（17）辻山ゆき子、同、一〇九頁。

（18）一九六〇年代ドイツ国家民主党に結集した旧ナチス勢力とは一線を画し、文化相対主義などの「現代的」な思想を取り入れた極右勢力をこう呼ぶことがある。

（19）Thomas Assheuer/Hans Sarkowicz, *Rechtsradikale in Deutschland. Die alte und die neue Rechte*, München: Beck, 1992, 2. Aufl., S. 180ff.

(20) Max Weber, Wissenschaft als Beruf, in Horst Baier (hrsg.), *Gesamtausgabe*, Abt. 1., Schriften und Reden, Bd. 17, Tübingen: Mohr, 1992, S. 100. 〔マックス・ウェーバー、尾高邦雄訳『職業としての学問』(岩波文庫、一九三六年) 五四頁。〕

# 終章——〈悪しき〉文化について

果てしのない民族移動とそれがもたらした荒廃、封臣同士の争いと反目、修道士の大群、巡礼行、十字軍遠征を弁護しようなどとは思わない。わたしは、ただ説明したいのだ。

（ヘルダー）

これらすべてについて、私はその慣行を正当化するつもりはない。ただその理由を明らかにしたいだけである。

（モンテスキュー）

# はじめに——悪を理解する

ある時、アイザィア・バーリンは「すべてを理解すること（tout comprendre）はすべてを許すこと（tout pardonner）とは違う(1)」と語り、たとえばナチ党員を理解するとはどういうことかを次のように説明した。

「熱狂的な人々が害をなすのを防ぎたいと思うならば、かれらの信念の心理的なルーツだけでなく知的なルーツまで理解しなければなりません。かれらが間違っていることをかれらに向かって説明しなければならないのです。それに失敗すれば、かれらと戦争しなければならなくなるでしょう。しかし説得の試みはいつもやらねばなりません。」(2)

ナチズムのような途方もない惨禍を惹き起こした信念ですら、理解しなければならない、しかも、その信念が誤りであることを、ナチ党員自身に向かって説明しなければならない、とバーリンは言う。だが、ある誤った信念を理解するとはいったいどういうことなのだろうか。しかも、バーリンによれば、そのような理解は、当の信念の持ち主自身が気づかなかったようなやり方で彼の信念を説明し、それによって彼を彼自身の信念から解放するものでなければならない、というのだ。

バーリンはまた、次のようにも言う。

「しかし、理解するとは受容することではない。ヴィーコは、断固とした言葉でホメロス的社会の社会的不正義や残忍さを呪う時、どんな知的不快感も味わっていない——また味わう必要もない——。ヘルダーは、地方文化の偉大な征服者や破壊者——アレクサンドロス、カエサル、シャルルマーニュ——を非難したり、東洋の文学や太古の詩歌を賛美したりする時、一貫性を欠いているわけではない。……人はある文化を、道徳的に、あるいは美学的に不快なものであるという理由で、拒否することができる。しかし、この見地に立つのも、それにもかかわらず、その文化が、人間的だと認知できる社会に、どのように、また、なぜ、受け入れられえたのかということを、人が理解できる場合だけである。」(3)

理解するけれども、許すことはしない。この言葉で、バーリンは、理解することと同意すること、理解することと受容することとの間に切れ目を入れ、そのふたつを区別しようとしている。ただし、それは、単に、知的な理解と道徳的な是認を区別しようという提案ではない。知的な理解のなかに含まれるなんらかの是認が問題にされているのである。彼がこの区別に固執するのは、彼みずからの「理解」概念の中に含まれている是認につながる何かの前でたじろぎ、なんとかその連関を断ち切ろうとしているからにほかならない。彼によれば、われわれをぞっとさせるのは、理解不能な他者を前にした時の恐怖ではなく、むしろ、あらゆることを理解できてしまうことの苦悩なのである。

たとえば、インドにはベンガル地方を中心として、夫を亡くした妻がその後を追い、火葬の炎につつまれて生きながら焼かれるという風習がある。サティーと呼ばれるこの風習について、文化人類学者の田中雅一は、それを「理解」できてしまうことの苦衷を、次のように告白する。「文化人類学が異文化を相対主義の立場から尊重するかぎり、儀礼的暴力を非難することはできない。……理解することが暴力を容認し擁護することを意味するような連鎖を、どこかで断ち切る必要があるのではないのか。[4]」

一方、カナダの哲学者チャールズ・テイラーは次のように断言する。「私は相対主義者ではありませんから、正しい文化と、反人間的で危険で邪悪なものという意味での悪い（傍点引用者）文化との最終的な判断は、可能だとする立場に立っています。[5]」

ふたりの立場は対照的とはいえ、相対主義が「暴力」を、あるいは「反人間的で危険で邪悪なものという意味での悪い文化」を、「許し」てしまうのではないかと懸念する点では一致している。

テイラーはまた、次のようにも言う。「多様な性格や気質を持つ多数の人間に、長期間にわたって意味の地平を与えてきた諸文化は——換言すれば、善なるもの、神聖なるもの、賞賛すべきものについてのかれらの感覚に表現を与えてきた諸文化は——、たとえわれわれが嫌悪し拒否すべきものを多く含む場合ですら、われわれの賞賛と尊重に値するものをほとんど確実に含むと想定することが理にかなっている。[6]」

サティーは、「多数の人間に長期間にわたって意味の地平を与えてきた」にもかかわらず「反人間的で危険で邪悪なものという意味での悪い文化」の例のひとつだと言っても差し支えなかろう。しかも、それは古代よりヨーロッパに知られており、さまざまな時代の目撃談や証言が遺されている。それゆえ、われわれがこれから「理解する」ことについて議論するにあたり、格好の題材を提供してくれるに違いない。

人類の歴史を満たしている殺戮と愚行、残酷な風習、不正なおこない、それを可能にした恐るべき信念の数々。それらをわれわれは「理解」してしまう。[7]それは同時に、それらの事柄の是認を意味しているのだろうか。われわれは、どうしたら悪を理解することと、悪を許すことを区別できるのだろうか。

## I　ループ・カンワル事件

一九八七年、インド北西部の州ラージャスターンのデーオラーラ村で、一八歳のインド人女性が「サティー」をおこなった。彼女は、わずか八カ月ばかりの結婚生活ののち、急死した夫のあとを追ったとされている。[8]この事件を、ドイツのある報道週刊誌は次のように伝えた。「ループ・カンワルは、晴れやかな表情に天上のものとしか思えない微笑を浮かべつつ薪の山に登り、死者の頭《こうべ》をふところに抱きかかえた後、微動だにせず、平然と燃え上がる炎に包まれた、ということになっている。一方、非公式情報によれば、……彼女はまるで麻酔薬で麻痺させられたように朦朧とした様子で、薪の山の上、死者の近くへと押し上げられ、その体は薪で覆われた。一度、ループ・カンワルは燃え上がる白檀の木の山から首尾よく逃れたように見えたが、逃亡は成功しなかった。彼女は捕えられ、薪で頭を殴られ、めらめらと燃えさかる薪の山の上に棒で抑えつけられた。この儀式を見物するために集まった群衆は四〇〇〇人にものぼる。[9]」

この事件について、文化人類学者リチャード・A・シュウィーダは、その背景にヒンドゥー的価値と世界観があると考え、それらを説明したうえで、次のように書いた。

「ループ・カンワル自身、夫の遺体と共に炎に身を焼かれることを、現世のものである彼女の肉体と感覚が、完全に神聖化される驚くべき瞬間と見なし、かつそのように経験したということも考えられる。……われわれは、サティーについてのループ・カンワルの見方と、アラン・ブルームの見方（あるいは誰かフェミニストの見方）との間にある食い違いを解消しようとする必要はない。その食い違いは、むしろ求めるべきものなのだ、驚きを通して、われわれが異なった世界の間を移動し続けることができるように。そして、そのようにして、われわれはより完全に近くなるのである。」[10]

ここで言及されている「アラン・ブルームの見方」とは、文化の「相対主義」を主張する学生たちに向かって発せられた次のような挑発を指している。一九八〇年代、アメリカの大学から古典的な一般教養教育が追放され、代わりに「異文化研究」「黒人文化研究」「ジェンダー研究」等々が導入された時代、その風潮に批判的な大学教師アラン・ブルームは、学生たちに向かって以下のように反問したい、と書いた。

「もし君がインド在住のイギリス行政官だったら、君の管轄下の現地人に、死亡した夫の葬式で未亡人を焼くことを許しただろうか。」[11]

彼はそのように問うことによって、学生たちを異文化の尊重と許容しがたい習俗との間で立ち往生させ、沈黙させることができると考えたのだ。彼にとってサティーは、他者の文化に対する寛容の限界を印づける記号であった。

ところで、シュウィーダはここで、ループ・カンワルとアラン・ブルームを対置し、サティーに対する「見方」の多元性を肯定しようとしている。だが、ブルームの矛先が向かっているのは、実は、ループ・カンワル（のような

「見方」ではなく、シュウィーダ自身である（ブルームにとって、ループ・カンワルの「見方」など問題にするにも値しないか、そもそも想定できないのだろう）。ブルームは、シュウィーダのような「見方」、すなわち「見方」の多元性を尊重しようとする「見方」自体を批判しようとしている。シュウィーダのような考えは、サティーという対象に対して、なす術を知らない、コミットメントの可能性を放棄した態度として、ブルームの眼には映るのである。

そして、ブルームとはある意味で対極にいるひとりの人物もまた彼の危惧を共有している。女性性器切除[12]の習俗に対し反対運動を展開するフェミニスト、フラン・P・ホスケンである。

「文化相対主義の主張は、一九八一年九月に正式に発効した女子差別撤廃条約（女子に対するあらゆる形態の差別の撤廃に関する条約）とはまったく相容れない。……この条約は、女性たちが結束してその権利を守るために作ったものであり、あらゆる家父長制的社会の男たちによって唱えられる文化的、政治的相対主義の主張にまっこうから疑いを投げかけている。……生殖器切除、一夫多妻制、女性の隔離、そして花嫁料といった文化的慣習はみな、アフリカや中東の文化の重要な一部であるといまだに主張されることがある。そうであるなら、奴隷制度もまた〈伝統〉であることを忘れてはならない。人喰いの風習、中国の纏足（てんそく）、インドの寡婦殉死もそうである。……すべての伝統を守ることが大切だと主張する人たちは、間接的に奴隷制度を擁護していることになる。」[13]

彼女は、「文化」や「伝統」の名のもとに女性を犠牲とする慣習に抵抗するため、アフリカや中東の「文化」や「伝統」を全面的に否定するとも受け取れる態度をとることになった。その姿勢は、ある評者によって「フェミニズムに偽装された植民地主義にほかならない[14]」と批判されている。

文化人類学者クリフォード・ギアーツは、十九世紀のバリ島[15]でサティーを目撃し記録をのこしたデンマーク人ヘルムスについて、次のような指摘をおこなっている。

「ヘルムスは（その美しさを長々と記述することによってわれわれを儀礼に引きつけると同時に、その恐ろしさを述べたてることでわれわれをそこから追い立てたのちに）女性の抑圧に対して抗議することによって、これを帝国主義擁護論にすり変えてしまう。西洋が東洋を征服し変形させるための信任状を手に入れるのは、こうした邪悪な——邪悪だが、素晴らしい——慣習の根絶という大義名分においてである。」(16)（傍点引用者）

ヘルムスの例で分かる通り、すでに十九世紀において、サティーは植民地主義とジェンダーの枠組みでとらえられる問題であった。そして、ブルーム以下三者の例が示すように、現代においてもなおサティーは、このふたつの問題軸にそって、論者の位置を表示する格好の座標として機能している。

もし、この座標系にもうひとつの軸を加えるとすれば、それは相対主義と反＝相対主義（それは多くの場合「普遍主義」と呼ばれる立場に重なる）によって構成される軸だろう。ブルームの議論は、ここではシュウィーダに代表されるような（文化）相対主義に対して加えられる攻撃の、典型的な例のひとつである。

このような座標系において、いったいわれわれはみずからの位置をどこに定めるべきなのだろうか。

シュウィーダの議論は、私にはあまりに一面的かつ楽観的で、ひとりの人間が生きながら焼かれるという問題の深刻さ、その背景の複雑さに対応していないように思われる。ツヴェタン・トドロフならば、こう言うだろう。「無際限の寛容の権利は、弱者を犠牲にして強者に恵みをあたえる、ということができるだろう。レイプ犯にたいする寛容は、女性にたいする不寛容を意味する。ほかの動物と同じ囲いのなかでトラを大目に見るならば、トラ以外の動物をトラの生贄にささげることになる。こちらのほうが野蛮であり馬鹿げているのだ。肉体的、物質的な弱者は、無際限の寛容の犠牲者である。(17)」

では、ブルームの場合はどうだろうか。「もし君がインド在住のイギリス行政官だったら、君の管轄下の現地人に、死亡した夫の葬式で未亡人を焼くことを許しただろうか」という彼の問いかけの重要な点は、むしろこの問いの前半部分にある。彼は、学生たちをディレンマに追い込むために、植民地行政官として現地人に対処するとしたらという仮定が必要だと考えた。文化相対主義によって失われてしまった（と彼が考える）サティーに対するコミットメントの可能性が、植民地支配の当事者の立場に身を置くことで再獲得されるのである。彼の挑発に対する学生たちの答え、すなわち「イギリス人がそもそもインドにいるのがおかしい」という答えを、苦し紛れだと言ってブルームは嘲笑するが、学生たちの答えはあながち的外れとはいえない。植民地支配の当事者として自分を思い描かなければコミットメントを回復できないというのは、やはりある種のヨーロッパ中心主義的な倒錯であろう。

それならば、フェミニスト、ホスケンが要求するコミットメントのあり方はどうだろうか。フェミニズムは、男女の分割線を意識化する点において差異主義的であるが、「女性」という範疇を手掛かりとして政治的、文化的、宗教的分割線を乗り越えようとする点では普遍主義的側面をもつとも言える。ホスケンは、「女性」の立場の普遍性と連帯を通してコミットメントの回復を図ろうとする。しかし、それが「植民地主義」的な「西洋フェミニズム」であるとして糾弾されるのは、単にアフリカや中東の文化的個性が否定されるからだけではない。女性を犠牲とする儀礼の批判においてまさに女性を犠牲者とみなすこと、そのこと自体が問題視されているのである。サティーの場合でいえば、炎に身を投じるインド人女性を単なる受動的存在としてのみとらえ、儀礼においてあるいは儀礼を中心とするプロセス全体において、彼女がその自主性を発揮する空間がまったく考慮されていない。ヨーロッパやアメリカのフェミニストに救い主としての能動的役割を割り当て、現地の女性には救われるべき対象としての受動性を引き受けさせるという役割分担には、フェミニズムの普遍性を裏切り、東西を再び分裂させるという点で「植民地主義」的なものが含まれていると言わざるを得ない。

われわれは、この三つの立場のどれにも安んじて定位することはできない。

そこで、Ⅱ以降では、サティーに関するヨーロッパ人の言説を歴史的に追いながら、こうした「邪悪な――邪悪だが、素晴らしい――慣習」をかれらがどのように憎み、どのように心奪われたのかを見ていくことにしたい。

## II　サティー前史

### 1　サティーの「起源」

言うまでもなく、サティーはヨーロッパにとって、長い間、遠い国でおこなわれる奇怪な習俗に過ぎなかった。現存する限り、サティーに関するヨーロッパ最古の記述は、紀元前一世紀に生きたディオドロス（Diodorus Siculus）によるものだと言われている。

彼が伝えるところによれば、アレクサンダー大王麾下の将軍のひとりエウメネースは、大王が死に、将軍たちが帝国の覇権をめぐって争った時代に、ある戦闘で死亡したインド人部隊の将の葬儀に際してこの風習を目撃した。

「インド人の古くからの習慣によれば、青年と乙女は、両親の決定ではなく、好き合った者同士で結婚する。結婚の決定があまりにも若い人間によってなされるせいで、すぐにその選択が誤りであったことが判明し、両人共にその行為を悔やむというようなことが、以前はまれではなかった。多くの妻たちが誘惑され、浮気性から他の男に走るのだが、最初に選んだ夫と別れれば名誉を失うことになるため、結局、夫を毒殺してしまった。……罪を犯した者をいくら罰しても、この悪行が跡を絶たないので、インド人たちは、ひとつの法を制定した。その法によれば、妊娠しているか、子供のいる場合を除いて、妻たちは死んだ夫と共に火葬にされねばならない。そして、この法に従わない者は、生涯を寡婦で通さねばならないだけでなく、不浄な者として、供儀やその他の宗教儀式への参加を完全に禁止される。これらの法が制定された結果、……妻たちは我が身と同じほどに夫たちの健康を気遣うようになったばかりではなく、（夫と共に死ぬという…引用者）大いなる名誉をめぐって互いに競い合うようにさえなった。」(18)

死んだインドの武将には、結婚して数年たつ妻と結婚したばかりの妻がいた。法は、ただひとりの妻にのみ夫と共に火葬されることを認めていたため、このふたりは、彼と共に死ぬ権利を求めて争うこととなった。若い妻は、年上の妻が妊娠しているからその権利はないと言い、年上の方は、年月において先行する者が名誉においても先行すべきだと主張した。将官たちが若い妻の言い分を認めた時、年長の妻は、落胆のあまり冠っていた花輪をひきちぎり、髪をかきむしって嘆き悲しんだ。

「しかし、もうひとりの妻は、勝利に有頂天となって、薪の山へと歩いていった。召使い女にリボンで頭を飾らせ、まるで結婚式へでも向かうように美しく装って、彼女の美徳を讃える歌をうたう親族の者に付き添われていた。薪のそばに来ると、彼女は身につけていた宝飾類を取り、召使いや友人たちへ分け与えた。それは、彼女を愛した人々への形見のようなものであった。……最後に、家族の者たちに対して別れを告げ、彼女は弟の手を借りて薪の山へのぼった。そして、見物に集まった群衆が息をのんで見守る中、その生を英雄的に終えたのである。武装した全部隊が薪の周りを三回行進し、それから火が点けられた。彼女は夫のかたわらに身を横たえ、火が燃え上がる間うめき声ひとつ洩らさなかった。この様子は、彼女を見守っていた者たちの心を深く動かし、ある者は同情を感じ、ある者は口をきわめて誉めそやした。しかし、ギリシア人たちの中には、この風習を野蛮で残酷だと非難する者もいた。」(19)

この風習の善悪に関する判断は、ギリシア人の反応が若干ほのめかされているだけで、ほとんど無いに等しいと言った方がよいだろう。同様の記述は、ストラボンの『地理学』第十五巻にも見られる。

ここでは、この習俗を説明しようとする最初の試み、つまり、妻による夫の毒殺を防ぐためにサティーという風習が成立したという説明が与えられている。これは、サティーをめぐる後代の言説のなかに繰り返し登場することになる。

## 2　サティーと宗教

アレクサンダー大王による東方遠征ののち、ヨーロッパはきわめて長い間、インドについて直接知る機会を得られなかった。次にヨーロッパがこの遠い国の情報を得ることができたのは、時代をずっと降り、マルコ・ポーロ（1254-1324）の登場によってである。彼の『東方見聞録』は、ごく簡単にではあるが、サティーについて触れている。[20]十五世紀前半には、ダマスカスから出発し中国まで達したヴェネチア人ニコロ・デ・コンティ（Nicolo de Conti, ca. 1395-1469）が、帰郷ののち、教皇の命令によって口述したその旅行記の中で、かなり詳しい報告を残している。[21]また、十七世紀前半に、ヨハン・アルブレヒト・フォン・マンデルスロ（Johann Albrecht von Mandelslo, 1616-1644）が、ホルシュタイン＝ゴットルプ公によって派遣された通商使節団の一員としてペルシアを訪れた際、インドまで足を延ばしてサティーを目撃し、同じく使節団の一員だった知人に報告を書き送っている。[22]さらに時代が降ると、十七世紀終わりから世紀をまたいで（1688-1723?）、インド、中国、東南アジアの各地で交易に従事したスコットランド人船乗りアレクサンダー・ハミルトン（Alexander Hamilton, 生没年不詳）が、何度かサティーを自分の眼で見たと証言している。彼は、この風習の成立事情について、ディオドロスやストラボンと同様の説明を書き残している。[23]

おそらく、これら一連の見聞録の中でわれわれにとってもっとも重要なのは、十七世紀フランスの旅行家で、ガッサンディに師事した哲学者であり、医師でもあったフランソワ・ベルニエ（1620-1688）の手になる『ムガル帝国誌』だろう。なぜなら、彼はサティーを単に物珍しい風習として記録したのではなく、その宗教的背景について立ち入った判断を下しているからである。[24]

一六五八年頃ムガル帝国に到着したベルニエは、やがて、宮廷で高い地位を占めるペルシア人貴族に仕え、重用されるようになる。ムガル帝国の支配層はイスラーム教徒であり、この風習を不快に思ってはいるものの、ヒンドゥー教徒の反乱を恐れ、禁止することができなかった。そこで、かれらは、サティーを望む寡婦に対し、太守のもとに出頭してその意志が堅いことを証明しなければならない、という条件をつけた。ある時、知人のインド人が死に、その未亡人がサティーを望んでいるというので、ベルニエは翻意を促すべく主人であるダーネシュマンド・カーンによって派遣される。

「家に入ると、七、八人の見るもおぞましい老婆と、四、五人の逆上《のぼ》せ上がった頭の足りない年取ったバラモンから成るサバトのようなものが見えました。……叫び声と騒ぎが終わると、私は一団の人々に近づき、妻に話しかけました。私はかなり穏やかに、ダーネシュマンド・カーンの代理でやって来たこと、彼が彼女のふたりの息子のそれぞれに月二エキュの俸禄を与えたこと、ただし彼女がふたりの面倒を見、教育できるために、焼死を思いとどまるという条件でのみの話であること、その上でなお彼女がどうしても固執するなら、われわれとしては焼死するのを防止し、こんなにも無分別な決心に彼女を仕向け駆り立てる人々を後悔させる手段がよく分かっていること、特に親類の誰ひとりとしてこれに満足しておらず、子供がいないのに夫の死後焼け死ぬ勇気のない女たちのように破廉恥だとは決して評判されないのであるからということを言い聞かせました。」(25)

それでも、妻がなかなかその決意を翻そうとしないので、ベルニエは、ついに、サティーを実行したら約束された子供たちへの俸禄は打ち切られ、子供たちは餓死するだろうと声を荒げて脅しつけ、やっとのことで目的を達する。

ベルニエは、さらに続けて自分が見聞したサティーのいくつかについて報告しているのだが、その中には次のような一節が含まれている。

「私はといえば、しばしばあの呪わしいバラモンにあまりにも怒りを感じるので、もしできることなら、かれらを絞め殺していたことでしょう。とりわけ、ラホールで、まだほんの若くとても美しい女性が焼かれるのを見たのを思い出します。一二歳以上だったとは思えません。この気の毒な不幸な少女は、薪の山に近づいた時、生きているというよりはもう死んだようになっていました。彼女は震え、大粒の涙を流していました。一方であの死刑執行人三、四人が、彼女を脇の下から摑んでいる老婆と共に、彼女を押しやり薪の山の上に座らせました。彼女が逃げるかもがくといけないと思ったので、彼らは手足を縛り、四方八方から

火を掛け、生きながら焼いてしまいました。私は自分の怒りを抑えるのにずいぶん苦労しました。」(26)

ここでは、この風習の背後にあるとされる宗教に対する敵意が、あからさまに表明されている。

ところで、ベルニエは、「本当のところは、これは、妻たちを夫にもっと隷属させ、夫の健康にとりわけ心を配らざるを得なくさせ、妻たちが夫を毒殺するのを妨げるための、男たちの策略以外のものではなかったのではありますが」(27)という、ディオドロスやストラボン以来通用してきた説明も同時に記している。一方で、サティーの成立原因をこのような非宗教的理由に求め、他方で宗教に責任があると非難するのは、一見矛盾のように思われるかもしれない。しかし、よく読めば分かるように、宗教に問われているのは、人々の(誤った)内面性を形成した責任、「母親が若い頃からこの迷信に眼が眩み、これを貞淑な女には不可欠のとても褒められるべきとても徳高いことと思い込み、自分の娘たちの心をごく若い頃から同じようにこれで逆上《のぼ》せあがらせる」(28)という事態を作りだした責任であって、それと、「本当のところ」妻による毒殺を防ぐためであるという「外因的」説明とは、無関係か補い合うことはあっても、矛盾するわけではない(この場合、毒殺防止説が歴史的事実として正しいかどうかは別の話である)。むしろ注目すべきは、古来存在した外因的説明と並んで、たとえその内容が「迷信」であるとされているにせよ、サティーをおこなう人々の内面性の領域、その価値観のあり方に関心が及んでいる点にある。宗教に対して責任を問うということそれ自体が、その宗教によって形成されるべき人々の集団的世界観を想定し、そのような内面性に関心をもつことなしにはあり得ない。

だからこそ、ベルニエは、サティーに関する件《くだり》の終わりには、次のように書きつけることになる。

「でもこのおぞましい宗教を憎むだけにとどめ、この件に関しては、昔あの詩人〔ルクレティウスを指す〕が、イーピゲネイアに関して宗教について言ったのと似たようなことを、心の中で言うだけで満足しなくてはなりません。実の父親のアガメムノーンは、おもな大将のひとりだったことから、ギリシア人たちの利益のために、イーピゲネイアをディアーナ女神に生贄として捧げたのでした。」(29)

サティーの背後に宗教的世界観を想定する以上、それは、いかに「野蛮で残酷な事柄(30)」であったとしても、ひとつの意味を帯びた宗教的行為として、ギリシアの英雄たちがおこなった行為と比較される資格を有している。そして、そこに生じる相対化の感覚ゆえに、この宗教に対する嫌悪と怒りは「心の中で言うだけで満足しなくては」ならなくなるのである。

インド人の内面性に対する関心は、バラモンたちの宗教の源泉とみなされるサンスクリット文献に対する興味となって現れる。とはいえ、ベルニエ自身がこの言語を解したわけではなく、パンディット(梵学者)からの聞き書きでその内容を紹介しているだけであり、彼の時代にはサンスクリットの研究に従事するヨーロッパ人はほんの数えるほどであった。その研究が飛躍的に発展するのは、やがて、イギリスがインドを統治するようになり、初代ベンガル総督ウォレン・ヘイスティングズ(Warren Hastings)のもとで、インドの言語や法の研究が奨励されるようになってからである。(31) サンスクリットからヨーロッパの言語に直接翻訳された最初の書物は、彼の部下チャールズ・ウィルキンズ(Charles Wilkins)による『バガヴァッド・ギーター』であり、ヘイスティングズの序言を付して一七八五年に出版されている。(32)

＊

だが、先を急がないようにしよう。まず、より一層公然と表明された宗教への敵意を、ひとりの高名なフランス人を例にとって見てみたい。

十八世紀後半にいたって、ヨーロッパ人のインドに関する知識は著しく増大した。インド旅行記のたぐいが広く流布し、好んで読まれるようになる。また、一七六五年に出版された元ベンガル知事ホルウェル（John Z. Holwell, 1711-1798）の著書『ベンガル地方とヒンドゥスターン帝国に関する興味ある歴史上の出来事』はヨーロッパ中でもてはやされ[33]、一七七八年には、バラモンの教典と称する書物がついにフランス語で出版されることとなった。出版以前にこの写本に接する機会を得ていたヴォルテールは、多少誇らしげにこう書いている。

「より幸運な偶然によって、パリの図書館はバラモンの古い書物を一冊入手した。それは『エズール・ヴェーダム〔ヤジュル・ヴェーダ〕』で、アレクサンドロスのインド遠征以前に書かれたものである。これには『コルモ・ヴェーダム』と題する、ブラフマン〔バラモン〕のすべての古い儀式に関する典礼書が付いていた。一バラモン僧によって訳されたこの写本は、実は、『ヴェーダム』そのものではない。それはむしろ、この掟に含まれている教説や典礼の要約である。われわれが『シャスタ』（ママ）を持つようになったのは、ごく最近のことにすぎぬ。この書が得られたのは、バラモンたちの所に非常に長く滞在していたホルウェル氏の博識と配慮のおかげである。『シャスタ』は、このイギリスの学者の計算によると、『ヴェーダム』より一五〇〇年も前のものである。そこでわれわれは、今日、世界で最も古い書物について多少の知識を持っていると、誇りうるのである。」[34]

実を言えば、後に、『エズール・ヴェーダム』はあるイエズス会士によって作られた偽書であることが判明し、また、ホルウェルはサンスクリットを解さず、かれの著書に収録されていた『シャスタ』には歴史的な信憑性が乏しいことも判明している[35]。このように、今から見ればその典拠はきわめて疑わしいものなのだが、当時のヴォルテールは、インドの宗教についてかなりの知識を獲得したと信じていたようだ。

「インドの古代宗教と、中国の知識人の宗教〔儒教〕とは、その内部において人間がまったく野蛮でなかった唯一の宗教であった。ところが、その後になって、動物を殺すのを罪悪として自責の念にかられていたその同じ人間が、来世では一層美しく一層幸福な肉体をもって生まれてこようという虚しい希望を抱いた妻たちの、夫の遺骸の上での焼身自殺を認めるとは、一体どうしてそんなことになったのだろう？　それは、狂信と矛盾撞着とが人間の本性につき物だからである。」[36]

ヴォルテールによれば、本来、人間ばかりではなく生きとし生けるものすべての殺生を禁じた輪廻転生思想が、誤った来世への希望によって歪められたものがサティーなのである。

サティーは、ヴォルテールにとって、宗教を風刺するに格好の題材であった。彼が、ベルニエの著作を知っていたことは間違いない。(37) 小説『ザディーグまたは運命』の中で（舞台はインドからエジプトに移されているが）この習俗をとりあげる時、そのプロットは、ベルニエから借りてきたのではないかとすら思わせる。

哲学者にしてバビロンの長官でもあるザディーグは、王の不興を買って都から逃亡したあげく、エジプトで奴隷として売られアラビア商人セトックに仕えることになるが、やがてその人格と識見によって主人の信頼を得る。セトックの一族の男が死に、未亡人がサティーをおこなおうとしているのを知ったザディーグは、それを止めさせようと試みる。

「彼（ザディーグ…引用者）は、できるものならばそんな野蛮な習慣は廃止すべきだと、セトックを説得した。セトックは答えた。〈千年以上も女たちがすすんで焼死する慣習があります。時を経て確立された掟をわれわれのだれが変えられるだろう。古くから伝わる悪習以上に尊重すべきものがあるだろうか〉〈理性はもっと古いのです〉と、ザディーグは言葉をつづけた。」(38)

次に、ザディーグは、寡婦本人のところへ出かけていく。

「〈では、並々ならず夫君を愛しておられたのですね〉と、彼は寡婦に言った。〈あたしがですって、とんでもありません〉と、アラビアの婦人は答えた。〈あの人は粗暴で、焼き餅焼きで、手に負えない男でした。でも、あたしはあの人の火葬台に飛び込むと固く心を決めています〉〈生きながら焼かれると、さぞかしえも言われないほどの心地よさがあるにちがいありませんね〉〈ああ！　それを考えると、心からぞっとします〉と、婦人は言った。〈でも、我慢して受け入れなければなりません。あたしは信心深い女ですもの。もしあたしがすすんで焼死しなければ、貞女という評判を落とすことになり、だれもがあたしを嘲笑するでしょう。〉」(39)

言葉を尽くして説得を重ねた結果、ザディーグは彼女を心変わりさせることに成功し、さらに長老たちに説いてサティーを廃止させるのだが、話はそれで終わりではない。彼は、知らぬうちに、拝星教の司祭たちの恨みを買っていたのである。というのは、「司祭たちが火葬台に送る若い寡婦たちの宝石や装飾品は、正当な権利としてかれらのものとなっていた」[40]からだった。ザディーグは不信心のかどで告発され、火炙りの刑を宣告されてしまう[41]。

いずれにせよ、ここで確認しておきたいのは、ディオドロスにみられるようなサティーという風習への単純な好奇の念が、バラモンの宗教に対する関心へと形を変え、狂信一般に対する批判へとつながっていく道筋である。サティーを、異民族の理解し難いおこないとしてではなく、集団的な内面性の発現とみなす時、それはいかに異様なものであっても、ひとつの例としてある種の一般性を獲得する。ヴォルテールがこの風習を攻撃する時、インド人、エジプト人、あるいはアラビア人といった特定の民族の習俗を標的としているのではなく、宗教的熱狂が集団的内面性の形成に果たすグロテスクな役割の例示としてそうするのである（それゆえ、それが地球上のどこでおこなわれるかなどといったことは彼にとって問題ではない）。つまり、ここで揶揄されているのは、宗教一般の――とりわけヴォルテールにとっては生涯にわたる敵であったカトリック教会の――「狂信と矛盾撞着」なのだ。

# III　サティーと植民地主義

## 1　サティーと植民地主義の論理

一八四三年、ディケンズが編集に関ったことでも知られるイギリスの雑誌『ベントリーズ・ミセラニー』に、ボンベイ在住のあるイギリス人医師の筆になるサティー目撃談が掲載された。彼は、一八二五年の十一月、ひとりのバラモン未亡人がおこなったサティーの証人となり[42]、詳細な記録を書き残した。筆者の言によれば、それは「血に飢えた胸の悪くなるような迷信が、犠牲者たちの理性を麻痺させ、感情を鈍麻させるのに用いる無言劇の、細部にわたる詳しい報告」[43]である。彼は、サティーがおこなわれるという知らせが当局に届いた時点から筆を起こし、幼い息子――その両親をふたり共に失う運命にある――によって先導された葬儀の列が、河辺にしつらえられた火葬の場へと向かう様子を詳しく描写する。白布にくるまれた死体、落ち着き払った寡婦とその家族たち、祈りの文句をがなりたてるバラモンたち、打ち鳴らされる銅鑼の音、蝟集する群衆の騒音や叫び声。やがて、彼にとって最も冒険的な瞬間がおとずれる。

「その間（遺体を乗せた棺台が河の流れで清められている間…引用者）に私は女性たちの一団に近づいた。彼女たちの多くと以前からの知り合いだったのだ。そして、私の名前を未亡人に伝えてもらうと、彼女は、私が数年前、今は亡き彼女の夫のためにちょっとした労をとったことがあるのを思い出してくれた。彼女は自分がいなくなった後の息子のことを気に懸け、息子を援助してくれるようにと私に頼んだ。その様子は驚くほど冷静で、優雅ですらあった。すべてが滞りなく進行していて、妨害しようとすれば彼女を困惑させるだけだということは私にも分かっていた。それでも、あたりが静まった一瞬をとらえ、周りにいる親族に気づかれぬよう、私がここにいるのだから、彼女がちょっとでも恐怖を感じるなら、手遅れになる前に、たとえ最後の瞬間にでも儀式を中止させることができる、と彼女の耳元に囁いた。しかし、彼女の答えはその眼を見れば明らかだった。彼女は自分が支払うことになる犠牲についてよく理解していた。輪廻転生というピタゴラス的教義に対する確固たる不動の信念をもち、この犠牲によって自分と夫がより良い来世を手に入れることができる、今生が提供するさえない現実よりもずっと素晴らしい浄福を得ることが確実になる、と信じていることはいささかも疑う余地がなかった。」[44]

かくして語り手は、女性を救い出そうという意図を断念し、その後はひたすら観察者に徹して、儀式の一部始終を物語ることに専念しようとするかに見える。だが、注意深く読めば、淡々とした記述のところどころに、彼自身がこの出来事の中で果たす役割がさりげなく書き込まれていることに気づかざるを得ない。それは、儀式の進行手順のすべてを克明に記録しようとして好奇心を剝き出しにした彼を彼女が軽くからかうシーン[45]や、群衆に囲まれながら彼が彼女と無言の交感を交わす（と彼が信じる）シーンなどである。

後者のシーンは、その劇的な場面構成において特に注目に値する。河の水で身を潔めた後、彼女はちょっとした形見の品々を知り合いの女性たちに配り、さらにバラモンたちへの貢ぎ物として、一頭の牛、五匹の雌山羊をはじめとする豪華な品々のリストが読み上げられる。群衆は、死に赴く女性がばらまく記念の品を手に入れようと押し合いへし合いし、語り手もそのなかに巻き込まれてしまう。彼女はそれに気づき、

「きわめて冷静に、しかし断固とした威厳ある調子で、私を煩わせぬよう人々に命じた。……私はこの先、自分の地位を利用して彼女の息子の面倒をみてやるつもりだった。彼女は、表情から心を読み取る女性特有の能力によって、この少年と彼女の義理の娘である愛らしい少女に対して私が感じている深い同情の念を感じとっていた。それゆえに彼女は私を気遣ったのである。そして、儀式の終わりにふりかかる彼女自身の恐るべき運命を気にするような素振りはちらとも見せず、むしろ、私が不快な目に遭わないようにと心を配るのだった。そのような時に、民衆は物欲の塊となり、彼女が配るささやかな品物を手に入れようと全員が無我夢中だった。言葉のうえでも態度や行動での面でも、彼女に対する自然な同情心のかけらすら見せる者は誰ひとりとしていなかった。」[46]

ここに描かれた民衆が、イエスの受難において「十字架につけろ」と叫ぶ群衆を思い起こさせるとしても、それはおそらく書き手の意図するところではあるまい[47]。しかし、物語の一場面として見た場合、このシーンが、福音書の受難記事における群衆の場面とよく似た劇的構造をもっていることは見逃すことができない。どちらの場合にも、無垢で穢れ無き犠牲者、その死を望む群衆、群衆を煽動する者たち（祭司長や長老／バラモン）、同情しつつも介入を控える第三者（ピラト／イギリス人医師）という四つの要素によって、この場面に鮮烈な対立関係が作り出されている。群衆が犠牲者の運命に対して無感動（apathy）であり、冷淡（indifferent）であると形容されるのに対して、同情的な第

三者は、介入を断念しつつも、犠牲者とひそかな心の交流をかわすのである。

この場面から、他のサティー言説にも通じる重要な特徴を拾い上げるとしたら、次のようなものだろう。

まず、愚鈍で迷信深く動かされやすい群衆と、彼らを巧みに利用する悪賢く強欲な宗教家たちという構図。これは、啓蒙期に典型的な形で登場した言説であり、現在でもサティー批判の根拠として充分に機能している。[48]「邪悪な」儀礼は一部の悪意ある宗教家が無知な民衆を扇動した結果である、という形の理解は一種の形式的普遍性をもっており、批判の対象となる宗教がなんであっても——ヒンドゥー教、ユダヤ教、キリスト教——適用することができる。先に見たように、ヴォルテールが、異国の風変わりで残酷な習俗にキリスト教批判の意図を仮託することができたのもそのためである。

次に、それらの「悪役」たちに囲まれ、死を避けられぬものとして受け入れながらも、毅然として威厳を失わない主人公がいる。ただし、この場合重要なのは、この主人公が主体的な活動性をなにも示さず、受け身の犠牲者としてのみ描かれることである。私は先ほど、この役割を「無垢で穢れ無き犠牲者」と形容した。それはむろんイエスを念頭においてのことであるが、同時に、サティーの女主人公が一貫して「犠牲者（victim）」と呼ばれ続けているからでもある。彼女は、テクスト中のかなり早い時点から、女性（woman）でも未亡人（widow）でもなく、一貫して「犠牲者」としてのみ指示される。彼女の行動はすべて「犠牲者」と「彼女（she）」を代わる代わる主語とする文の連なりによって記述される。この繰り返し交替する主語が、読者の意識に、本来性別を表示しない「犠牲者」という単語が女性と結びつくものであること、「犠牲者」とはまぎれもなく「女性」の代名詞であることを刻み込んでいく。多少大袈裟に言えば、そこで生じるのは一種の観念的自動作用だと言えよう。

さらにもう一点指摘しておきたい。

この出来事の主体（主語）が「犠牲者」であるとして、ではこの物語の主人公は誰なのだろうか。この問いが意味をもつかどうかは、両者、つまり出来事と物語をしっかりと区別するか否かにかかっている。出来事の報告者たちは、自分を（意図的なあるいは強いられた）第三者、つまり出来事に本質的には関与しない純粋な観察者である、と言う。出来事があり、彼らは（たまたま）そこに居合わせたに過ぎない、という物語が語られるのだ。そこで語っているのは、報告の中で「私」という代名詞で指示される報告者の（ものと想定される）声である。[49] つまり、この物語を創造し、そしてその中で人々に「悪漢」、「犠牲者」、「第三者」等々の役割を振り分け、各場面の構造と緊張を決定しているのは、みずからを「純粋な観察者」として定義する語り手自身なのである。彼は、出来事に対して第三者であるとしても、この物語に対してもそうであるとは言えない。彼の関与のあり方、そしてそれが「サティー」という〈悪〉の成立とどう関わっているかは、われわれの議論にとって、先述の「犠牲者」すなわち「女性」という同一化の定式と同様に重要な論点なのだが、ここではただ次の点に注意を喚起することにしたい。問題のふたつの場面における「第三者」は、どちらの場合にも外来者、つまりローマ皇帝直轄地の総督と大英帝国植民地のイギリス人という、現地住民の文脈からはずれた余所者、しかも程度の差こそあれ権力をもった余所者によって演じられている（「私はこの先、自分の地位を利用して彼女の息子の面倒をみてやるつもりだった」）。「第三者」の役が外来者に割り当てられること自体にはなんの不思議もないが、かれらが共に権力をもった外来者であるという符合は、何かを示唆していないだろうか。この点については、Ⅳでさらに詳細に考究することとしたい。

ともあれ、イギリス人医師の報告は、サティーの根絶という大義名分によって大英帝国の支配を正当化しながら、締めくくられる。

「それら（各地に存在するサティーの記念碑…引用者）が伝える人身御供と苦痛の場面を想像するだに心が痛まずにはいない。それらが伝えようとしている記憶は、殺人と邪悪、男性のあらゆる暴力と残酷さ、そして女性の貞節なのだ！　いつかインドに夜の明ける時がやって来て、将来の世代は、これらの哀れな犠牲《いけにえ》たち（sacrifices）について、大英帝国の支配がインドを啓蒙

する以前に存在した過去の遺物として語るようになることを望もうではないか。」(50)

これは、Iで触れたデンマーク人ヘルムスによる報告の締めくくり方と、既視感を覚えるほどよく似ている。

「それは一度見た者には二度とわすれることのできない光景であり、人の心に、欠点はあるとしても、徐々に女たちを偽りや残酷さから解放する方向に向かっている情け深い文明に属していることへの奇妙な感謝の念を抱かせるものであった。〈サティー〉と呼ばれるこのいまわしい妻の殉死の風習がインドでは絶えて見られないのはイギリスの統治のおかげであるし、同様にオランダもこれまでバリに対してあきらかに力を尽くしてきた。このような仕事こそ西洋文明が野蛮人たちを征服し、教化し、太古からの文明にとって代わる権利を正当化する資格証明書なのである。」(51)

ふたりの報告が、ほとんど同じ結論にたどりついたのは偶然ではない。そこではありふれた植民地主義の論理が姿を現している。すなわち、インド亜大陸における〈悪しき〉風習を根絶し、「犠牲者」たる女性をその境遇から救い出すことをもって、植民地支配の正当な根拠——「文明化の使命」——とみなすものである。そのためには、ヨーロッパ人が、力ある第三者としてこの風習に「参加」し、その目撃者となるという設定が是非とも必要だった。救出者、解放者という役割こそが、ヨーロッパ人がもっとも好んだ自画像である。

## 2　美的受容——もうひとつの植民地主義

その一方で、サティーに対しなんの宗教的意味も、なんの道徳的問題も見い出さない一群の人々がいた。ギアーツによれば、サティーは「芸術作品として捉えられた時の美と、実人生として捉えられた時の恐怖と、道徳的な洞察として捉えられた時の力とのあの神秘的な結合……を有する一つの慣習」(52)である。たしかに、このおぞましい習俗には一種の美的な魅力が存在する。しかも、それは、サティーを実際に眼にすることのない人々ですら感じ取ることができる。いや、むしろこう言うべきだろう。現実のサティーから遠ざかれば遠ざかるほど、恐怖と道徳的洞察は薄まっていき、美的魅惑のみが増大していく、と。

十八世紀末から十九世紀半ばまで、ドイツ語圏諸国は、ヨーロッパ列強による植民地獲得競争とはまったく無縁であった。そのドイツ語圏においてインドへの関心を高めるにあたり、ヘルダーの果たした役割は大きい。彼の著作『人類史の哲学のための諸考察』は、英国人チャールズ・ウィルキンズやウィリアム・ジョーンズによってサンスクリット文献の真正な翻訳が出版される前後に、その大部分が書かれている。ジョーンズの手になる『シャクンタラー』の英訳が出版されたのは一七八九年のことであるが、それはわずか二年後に、クック船長による世界周航の同伴者であり地理学者となったゲオルク・フォルスターの手でドイツ語に移され、ワイマールにいるヘルダーとゲーテのもとへ送られた。かれらの反応は好意的という以上のものだった。ヘルダーは熱狂的かつ詳細な批評文[53]を発表し、ゲーテは『シャクンタラー』に寄せるエピグラムを書いた。この作品がゲーテに与えた感銘は後々も消えることなく、『ファウスト』の冒頭におかれた「舞台の前曲」の場面は、『シャクンタラー』の「座頭と女優との対話」の形式を模倣していると言われる[54]。

この、ドイツ語としては初めての紹介となるサンスクリット文献は、カルカッタの高等法院判事であったジョーンズ本来の関心である法律文書ではなく[55]、ヨーロッパでいえば戯曲にあたるものであった。そのことが、ドイツ語圏におけるインドへの関心のあり方を決定した、と言えばもちろん言い過ぎだが、イギリス人とは異なり、植民地経営のための実践的必要に迫られていなかったドイツ人たちが、より強く、インド文明の文化的側面に魅きつけられたとしても不思議ではない。ヘルダーに言わせれば、イギリスのインド支配は実際的利益のみを目指したものであった。「地球上でもっとも平和的な民族の精神と心情の宝が、その言語ともども、同じ星のもっとも商売人気質の強い国民の手にゆだねられているのだ。遅かれ早かれ、かれらはそこから利益を引きだすだろう。[56]」他方、ドイツ人の関心は、インドに関する情報が増えるにつれ、むしろ、現実からの乖離を強めていったように思われる。それはサティーについても例外ではない。

たとえば、ゲーテは「神とバヤデレ」と題される物語詩を書いたが、そこでは、旅人に一夜の歓びを提供する身分卑しい少女バヤデレが、大地の主マハデー[57]によって愛の試練を経験するのである。人間の姿をした神と一夜を過ごしたバヤデレは、翌朝、愛してしまった客が冷たくなっているのを発見する。遺体にとりすがる彼女に向かい、祭司たちは、夫の後を追う「義務と名誉」は妻だけのものだと冷たく言う。だが、「彼女は、大きく手を伸ばし、燃えさかる死の中へと飛び込む。その時、神々しい若者が炎の中から身を起こし、彼の腕にいだかれた愛する女は、共に天へと昇っていく。[58]」この詩には、ひとりの娼婦が、その境遇によっても失われることのなかった愛の能力によって救済されるさまが描かれる。それを、たとえ最下層に属していても損なわれることのない人間の尊厳を謳い上げている、と解釈することも可能だろう。

だが、この詩に見られるサティーの扱いは、われわれが読んできた、あるいはこれから読むであろうさまざまな記録やヴォルテールの作品とは、奇異に感じられるほど隔たっていることは明白である。現実の目撃者が体験する揺れ動く感情が見あたらないのは当然としても、『ザディーグ』のような虚構作品にも見られる、習俗を構成する複雑な人間的要素、その歴史的、宗教的背景、そして背後にあるとされる宗教者の経済的打算などへの関心が見事に欠落している。何よりも、人間がそのような習俗をもつことに対する、同輩としての衝撃と懊悩（「実人生として捉えられた時の恐怖と、道徳的な洞察として捉えられた時の力」）がそこにはまったく見られないのである。

続けていくつかの例を見てみよう。

ドイツ・ロマン派の女性詩人カロリーネ・フォン・ギュンダーローデは、二六歳の若さで、サンスクリットによる詩を遺し、みずから命を絶った。彼女には「マラバールの寡婦たち」と題する詩があり、その内容はおおよそ次のようなものである。

「インダスの河辺で、若々しい女たちが、恐れもなく嘆きもなく、花嫁衣装のごとく華やかに装い、夫と共に、炎の死に向かって歩みをすすめる。この習わしは、愛の意味を理解し、彼女たちを別離がもたらす過酷な屈辱から救い、死そのものをその祭司とし、彼らの絆を不滅なものとした。この結びつきを別離が脅かすことはもはやない。なぜなら、先にふたつに分かたれた愛の炎は、ふたたびひとつとなって激しく燃え上がるからだ。死は甘き愛の儀式となる。分かたれたものたちが合一し、現し身の終わりが生の頂点となる。」(59)

この詩には、彼女と神話学者フリードリヒ・クロイツァーとの間に生じた不幸な恋愛体験が反映されているとも言われる。ここでサティーは、死において成就される愛を賛美するためのモチーフとして用いられている。

また、初期ロマン派最大の立て役者とも言えるシュレーゲル兄弟は、共にインドに対する深い関心を示したことでも知られている。弟フリードリヒ・シュレーゲルは、パリでサンスクリットを学び、一八〇八年、長大な論文「インド人の言語と知恵について」を著して、ドイツにおけるインド学の誕生に大きく寄与した。兄A・W・シュレーゲルもまた、一八一八年、ボン大学に創設されたサンスクリット講座の初代教授に就任している。

フリードリヒには、黄金時代の人類の姿を、インドと思われる東方の地に仮託して語った「世界年代」と題する断片が存在する。そこでは、「死すらも、抱きあう者たちをよりいっそう固く結びつけるだけだった。全身全霊を愛に呑まれ、あらゆる想いがたがいにからみあった(60)」と謳われている。

さらに、彼の小説『ルツィンデ』には、より一層明白なサティーへの言及がある。

「私の愛、あるいはおまえの愛と、もはやいうことはできない。そのふたつは、たがいにおなじで、完全に一体なのだ、まさに相思相愛そのままに。それが結婚であり、私たちの精神の永遠の統一、永遠の結合なのだ。……私にはわかっている、おまえにしたところで、私のあとに生きながらえようとはしないだろう、おまえは、先に逝った夫のあとを追って、棺の中までついていくだろう、そして、快楽と愛に駆りたてられるように、炎ともえる深淵へとくだっていくだろう、……荒れ狂う掟がインドの女たちを強いて、追い立てていく、あの深淵へと。」(61)

これらドイツ人の作品の中で、サティーは、真の愛を証明する試練であり、死によっても滅びることのない愛への賛歌である。このようなイメージは根強く残り、やがて、ワーグナーの楽劇『神々の黄昏』において、亡きジークフリートのあとを追って、ブリュンヒルデが馬に飛び乗り炎のなかへと躍り込む幕切れにおいて反復されることになる。「ジークフリート！　ジークフリート！　見て下さい！　あなたの妻が、歓喜にあふれて挨拶するのです」。

＊

ある異国の習俗を美的に享受することは、たしかに、それを拒絶することでも蔑むことでもない。しかし、この残酷で異様な習俗を、美的な関心以外のすべての関心を捨象し、美的モチーフとして受容するとはどういうことなのだろうか。

フォルスターは、『シャクンタラー』ドイツ語訳版の序文で次のように記している。

「われわれ（ドイツ人…引用者）は、ここでもまた、知的な意味での理解にもっとも悦びを感じる。芸術作品においても、われわれは知識の成長を愉しむのである。われわれは自分自身の感受性のあり方に満足しているが、だからといって、われわれとは違った感じ方をする誰かに対し、それを非難したり、その感受性がもつ一風変わった長所を否定したりはしない。どんなに優れた楽器でも、名人の手で弾かれ、そのもっとも奥深いもっとも繊細な音色を奏でるのでなければ本領を発揮できないように、たとえどんなに高貴で豊かな素質をそなえた人でも、経験が与えてくれるすべての印象を真摯に受けとめ、それらがもたらす調和《ハーモニー》と響き合うのでなければ、最高度の完成へ至ることはできないのだ。……あらゆる国土は、それぞれ、住民の精神力と組織に影響を与える特別な性質をそなえている。この、きわめて多様な個性の数々を比較し、一般的なものと個別的なものを区別

することによって、われわれは、人類の姿をより正しく把握する。」(62)

『シャクンタラー』は、かりに戯曲であるとしても、当時のヨーロッパの基準にあてはまらない、およそ異質な作品であった。それをあえて翻訳紹介する意義は、異質な感受性のあり方を経験し、「きわめて多様な個性の数々」に関する知識を集積することによって、人類の全体像を把握するという「知的な意味での理解」にある、とフォルスターは言う。それはフランス人やイギリス人、イタリア人にはできないことだ。「かれらはただ、自分の趣味の直接的な満足を求めるに過ぎない。」(63)

この作品が、その後、つぎつぎにヨーロッパ各国語へ翻訳されたことを考えても、フォルスターが言うようなドイツ人の特権的地位に相応の理由があるとは思えない。しかし、興味深いのは、ドイツ人が人類の全体像を構成するという知的な悦びを味わうと主張する時、彼が用いている比喩である。人間という楽器は「もっとも奥深いもっとも繊細な音色」、つまり遙か彼方の国に隠れている風変わりな感受性と個性の数々を、注意深くひとつひとつ拾い出すことによって、全体としてひとつの和声《ハーモニー》を奏でることになる、と彼は言う。ここでは、多様であると同時に統一された全体として人類を把握する、という経験が、音楽の比喩によって表現されている。宇宙の秩序を和声に喩えること、あるいはそれと同一視することは、プラトン以来、ヨーロッパ思想史において珍しい着想ではないが、この場合それが、地球上の種々雑多な人間たちが織りなす姿について言われているのである。古代ギリシア人が「天球の音楽」を聴き取ろうとしたように、十八世紀末のドイツ人は人類の多様性が奏でる音楽を聴き取るというのならば、かれらの知的なアプローチというものは、偉大な被造物をまえに賛嘆をこめて仰ぎ見る、近代的な意味で言えば、ある種の美的な視線であることになる。

当時のドイツ人がおかれていたヨーロッパ外世界との関係(そもそも当時「ドイツ」は国家として存在していない。統一ドイツが植民地獲得競争に乗り出すのは十九世紀も終わり近くになってからである）を考えると、この比喩は、単なる修辞的技巧であることを越えて、この時代のドイツ知識人に広く見られる、諸民族の差異と多様性に関する審美的姿勢を示唆するもののように思われる。サティーが、詩のモチーフとしてしばしば取り上げられるようになったのも、その結果のひとつだろう。

なぜ、統一と一元性ではなく、多様性が良いものであるのか。人類の多様性を賛美する根拠はいくつかある。たとえば、ヘルダーにとって、それは神の「摂理」ゆえである。諸民族の生き方と文化がかくも変化に富みさまざまであるのは、われわれにはその理由をうかがい知ることは不可能であるにせよ、多様な全体になにか意味があるからに違いない。それゆえ、それはそのままに尊重されるべきであり、人間の手によって「理想的な」「正しい」「普遍的な」形態に収斂されてはならないのである。

しかし、ヘルダーの他のテクストからは、それと矛盾こそしないものの、明らかにそれとは区別することのできる、もうひとつの「根拠」を読み取ることができる。

「多くの時代と多くの民族によって跡《しる》される大いなる歩みの、いたるところに見られるあの良きもの、そこでのみ徐々に生じ得たあの良きものに対する眼差しを、自国民への愛ゆえに、曇らされるようなことがあってはならない。かのスルタンは、さまざまな宗教が彼の帝国内で、それぞれにそれぞれの神を崇めることをよしとした。彼は、それを、多種多様な花々が咲き乱れる、美しく彩り豊かな牧場のように思ったのである。地球上のさまざまな民族、さまざまな時代の詩や文学についても同じことが言える。あらゆる時代、あらゆる言語において、詩と文学はひとつの国民の欠点と美点の総体、国民の心情の鏡、国民の理想の表現であった。……これら数々の絵画を並べて鑑賞するのは、教えられることの多い愉しみである。政治や軍事の歴史を学ぶという、過ち多く慰めの乏しい方法よりも、この、さまざまな思考、営為、希望が展示された画廊を通して、より深く、多くの時代と国民を知り得ることは確かである。」(64)

ここで説かれている文化史の重要性は、彼の読者にとってとりわけ目新しいものではない。その限りでは、常識的なヘルダー理解を越えるものはここには何もないと言える。しかし、ここでもまた比喩は、それ以上のことを語ってくれる。

諸民族が産み出す詩や文学が、全体として、さまざまな「絵画」が展示される「画廊」に喩えられているが、これは、単にひとつの芸術分野を別の芸術分野で置き換えたに過ぎないというものではない。この比喩に平行するもうひとつの比喩は、共存する諸宗教の多様性を、花々が咲き乱れる牧場になぞらえている。そのような光景が映るのは、個々の宗教的信条に拘泥することなく、それらが競い合うさまを高みから眺めることのできる絶対的権力者の視界のみである。花々自身は、自分たちが共働してつくりだす美を観ることはできない。つまり、多様性を愉しむ美的視線とは、対象ひとつひとつに対してある意味で無頓着であるとともに、それらをいっきに見渡すことの出来る視野の拡がりがあって初めて可能になるものなのだ。同様に、「画廊」においても、ある種の無頓着さが支配している。そこに展示されている諸民族の「思考、営為、希望」は、それに注がれる個別的な関心によってではなく、ただそれらが一堂に会しているという事実によって、新たな美的価値を生み出すのである。その美は、種々さまざまなものが絡みあって浮かび上がる、複雑な形態と文様にある。それは、全体を眺めわたす俯瞰的な視線を必要とする。

この視線は、人間が、いわば擬似的に、神の視点を取ることによって可能となる。むろん、神ならぬ身の人間が、多様な全体の意図をとらえることはできない。全体は、読み解かれるのではなく、鑑賞される結果として、そこに美が現出する。そのような悦びのなかに、道徳的であれ実践的であれ、他の種類のいかなる配慮や関心も入り込む余地のあるはずがない。多様性が美的価値の源泉として擁護される可能性のひとつは、ここに根拠をもっている。

あらゆるものをひたすら美的関心においてのみ把握するということは、それ以外の関心を排除するがゆえに、ある種の平等性において把握することでもある。すべては全体の文様をつくりだす一要素として、ひとしなみに重要となる。しかし、ここで忘れてはならないのは、この、すべてのものがその共通性ゆえではなく、互いに異なるということによって達成される平等の原理は、かならず、視る者と視られる者との区別を前提にするという点である。もし、多様性が、美的価値の源泉であるがゆえに良きものであるとするならば、それは、視る者の特権的な地位を暗黙のうちに承認しているということでもある。視られる者同士の間で確保された平等は、視る者と視られる者との間に産み出される、新たにして決定的な差異によって破られる。異国趣味《エキゾチズム》という言葉で意味されるのは、そのような事態である。ある者を美的対象とみなすこと、それにはどこか、視られる者の尊厳を傷つけるものがあるのだ。

これらのドイツ人たちは、サティーの恐怖も、それを前にした時の逡巡も知ることはなかった。かれらにとって現実のサティーはあまりにも遠い。その代わりに、かれらは擬似的に神の視点をとり、サティーを美的モチーフとして愉しんだ。これは、一種、美的植民地主義とも言える事態ではないだろうか。

だが、それにもかかわらず、イギリス人医師の報告や多くの類似した報告のなかでは単なる「犠牲者」としてしか扱われない女性が、ドイツ人の手になる詩文学の中で、積極的に愛の犠牲を引き受ける主体としての自主性を回復していることは、皮肉としか言いようがない。

## 3　植民地主義批判とその限界

『ザディーグ』の数十年後、ヘルダーが、その主著『人類史の哲学のための諸考察』(1784-1791)の中でこの題材を扱った時、情報源はヴォルテールの時代とそれほど変わっていたわけではない。彼もまた、ベルニエやホルウェルを読み、当時広く迎えられた東インド会社の元将校アレグザンダー・ダウの著書(ペルシア語で書かれたインド史の翻訳)やいくつかの旅行記、宣教師の報告などをもとにしている。

「夫と共に妻を焼き殺すというインドの非人間的な習俗を説明するのに、夫の命が尽きる時に妻の命も終わるというこの恐ろしい対抗手段がなければ、夫の生命の安泰が保証されないからだ、と人は言う。そして、これらアジアの国々の女たちの淫らなずる賢さ、インドの踊り子の男をたぶらかす魅力、トルコやペルシアの後宮でくわだてられる恐るべき奸計について語る本を読めば、このような説明がほとんど信じられそうな気がしてくる。つまり、男たちは、女性の豊満な肉体が撚りあわせた発火しやすい火口を火花から遠ざけておく能力がなく、かといって、女性がもつ繊細な能力と意欲のもつれた糸を解きほぐし、より良い目的に誘導するにはあまりにも弱く気概がなかった。要するに、野蛮人は、肉体的には豊かだが精神的には貧弱であるというその本性にしたがって、野蛮人なりのやり方で平穏を探求したのであり、知力によって女性の抜け目なさを押さえることができないため、暴力をもって抑圧したのである。」(65)

一方、ヘルダーが典拠にしたと思われるストラボンの『地理学』第一五巻(66)には、次のように記されている。

「カタイア族に特有な風習として報告されていることだが、花婿と花嫁は互いに自分で相手を選び、夫が死ぬと妻もいっしょに火中に投じられるが、この習慣は、かつて妻たちが若者を恋して夫を捨てたり毒を盛ったりしたことがあったことに起因するという。それゆえ人びとは毒物の使用が止むようにするためこの法を定めた。しかし、この法もその原因も納得できるようには述べられていない。」(67)

ストラボンは習俗とその原因を(アレクサンダー大王にしたがってインドに赴いたオネシクリトスからの)伝聞として紹介している。ヘルダーもまた、女性の奸計に対する対抗手段として男性がこれを設けたという説明を、第三者の意見として引用する(「人は言う」)。しかし、ストラボンが、伝聞について、その事実としての信憑性を問題視するのに対して(「この法もその原因も納得できるようには述べられていない」)、ヘルダーが試みるのは、その習俗が成立するに至った経緯を「理解」することである。それゆえに、かりにそのような事実と動機が存在したのであれば、インド人がおかれていた条件下ではかくのごとき非人間的手段が選択されても不思議はない、という彼の判断が生じてくる。つまり、ヘルダーの関心は、住民の動機と出現した習俗の間の関係にのみ向けられていて、ストラボンがこだわった記述そのものの事実性はいわば括弧に入れられている。

背景となる知識に大きな進捗がないのだから、ヘルダーがサティーに関して、お馴染みの毒殺防止説やバラモンの役割について言及することになるのは、言ってみれば当然の成りゆきだろう。だが、それらの情報を取り扱う態度には、今まで見られなかった、ある微妙なためらいを感じとることができる。

「人間が作りだしたすべての制度において、あるものが良いか悪いかという問いは一面的に答えられるものではない。バラモンたちの制度は、それが創られた当時、疑問の余地なく良いものであった。さもなければ、それらの制度が、現にあるような規模と定着度、永続性を獲得できたはずがない。人間は、自然な心情として、みずからに害をなすものから可能な限りすばやく解放されようとするものである。たとえインド人が、他のどの民族よりも多くを堪え忍ぶことができるとしても、それに変わりはない。……バラモンたちが、彼らの民族に、温和、礼節、節度、そして純潔を身につけさせたことは認めざるを得ない。」(68)

そして、ヘルダーは、優雅な言葉と美しい肉体をもち、平和を愛する人々としてインド人を描き出す。このイメージは、その後、ドイツ語圏の中で着実に浸透していくことになる。

「付け加えるならば、ヒンドゥー教徒は、異教徒を迫害しない。かれらは、すべての人に各々の宗教、生活様式、英知を認めるのである。そうであってみれば、ヒンドゥー教徒に対して、かれらの宗教、生活様式、英知を認め、たとえかれらに受け継がれた伝統が多くの誤りを含んでいたとしても、せめて欺かれた善人として扱っていけないわけがあろうか。」(69)

ただ、「バラモンたちの制度」に見られる次のふたつの欠陥だけは、ヘルダーにとって見過ごすことのできないものであった。ひとつは、ヨーロッパではパリアという呼称で知られる最下層民、いわゆる「不可触民」の存在であり、もうひとつがサティーの風習である。ヘルダーは、そのどちらに関しても、輪廻転生思想に責任があると考えている。パリアに属する人々がその境遇に甘んじるのは、「人間をあたかも深淵へと投げ込み、その生き生きとした感情を鈍磨させる信仰」[70]——前世に犯した罪過のために現世の身分が定まり、現在の苦難を耐え忍ぶことで来世での幸福を得られると説くこの教えのためである、とする。そしてまた、

「夫の葬儀の薪の上で女性たちが焚死するのも、この教えの野蛮な結果のひとつである。なぜなら、この風習が最初に導入された時のきっかけが何であれ（それは故人を悼む崇高な感情からかも知れないし刑罰として慣習化されたのかも知れない）、来世に関するバラモンの教えが、この自然に反する風習を美化し、将来の希望をもって、あわれな犠牲者の心に死への熱狂をかきたてたことはやはり間違いないからだ。もちろん、この残酷な風習のおかげで、妻は夫の命をより大切にするようになった。妻は死においても夫と一体化され、ひとり生き残った者には耐え難い屈辱が待っているからだ。しかし、このような犠牲が、暗黙の慣習によって逆らうことのできない掟となってしまったら、それによって得られるものなどあるだろうか。」[71]

しかし、ヘルダーはこれを、ヴォルテールのような激烈な批判にまで高めず、指摘するだけにとどめる。そして、すぐに話題を、ヨーロッパ人によるインド支配の是非へと転じてしまう。「そして、ついに、いかなる距離をものともせぬヨーロッパ人たちがやって来て、いくたの王国を分捕り合った。かれらがその地からどのような情報や商品をわれわれのもとへと送ってこようと、歯向かうことを知らない民族に対してかれらが加えた悪行の数々を償うものではない。[72]」

ヘルムスやイギリス人医師が、女性の「解放」と植民地支配の正当化のためにサティーを断罪していたのとは異なり、ここでヘルダーが断罪するのは植民地主義である。そのこと自体は決して珍しいことではないが、それがここでは「バラモンたちの制度」についての判断と対照されているため、一層目立つものになっている。前者に対する決然たる口調に較べると、後者に関する態度は曖昧で、判断を保留ないし回避しているようにすら見える（「あるものが良いか悪いか……」）。実際、サティーの存在を輪廻転生思想の責任に帰する議論は、むしろ、「バラモンたちの制度」がもたらす害悪を、極力限定する方向に働いていると言ってもよい。ここでは、ベルニエやヴォルテールが指弾した、

サティーの背後でうごめくバラモン僧たちの欲得尽くの計算にも、炎の中で死んでいく女性たちが秘めている生への欲望にも、注意が払われることがない。「バラモンたちの制度」は、全体としては、「温和、礼節、節度、そして純潔」を知る民族を創りだしたという業績を認められ、ただ、輪廻転生説のみが、一切の責任を負わされているのである。[73]それは、可能な限り射程を延長し、あらゆる狂信と不寛容を攻撃しようとしたヴォルテールとはまったく対照的な姿勢だと言えるだろう。

パリアやサティーのような「反人間的で危険で邪悪なもの」(テイラー)を含むにもかかわらず、インド文明に対するヘルダーの判断がこのように煮え切らないのは、単にインド人の民族性に対する好意が彼の眼を曇らせているせいだけではない。より根本的な理由は、世界史をすべての民族によって織りなされるひとつのドラマだと考え、そのめくるめく全体のどのひとコマについても、それを支える存在に意味と尊厳を与えようとする彼の志向、つまり彼独特の多様性の把握が「バラモンの制度」に対する断罪をためらわせるのである。しかも、それはインド人に対してだけではない。

「結局、この世界において人間にかかわる事柄で重要なのは、場所と時代であり、民族においてはその性格である。……バラモンは、彼が住む土地に属している。自分以外その土地の神聖な性質にふさわしいものは誰もいない、と彼は信じている。そう信じている点では、中国人でも日本人でも同じようなものだ。彼は、自分の国土の外ではどこであろうと、移植された、季節はずれの草花のようなものだ。インドの賢人がその神を、中国人がその皇帝を思い描くやり方は、われわれとは違う。精神の力と自由、男性の名誉と女性の美についてわれわれが考えるようには、かれらは考えない。インドの女性たちは、たとえ家に閉じこめられていても、耐え難いほど辛いとは感じない。中国の高官は、彼以外の人間には熱のこもらぬお芝居としか思えない空疎な荘重さを誇示する。人間の多種多様なあり方が示すあらゆる慣わしについて、いや、われわれの円い地球の上で起こるすべての出来事について、こういうことが言える。」

そして、ヘルダーはさらに次のように続ける。

「もし人類が、タンタロスの労苦をもってしても決して到達できない、いずことも知れぬ完成の極に向かって、永遠に漸近線を描きながら近づいていく運命ならば、汝ら中国人や日本人、汝らラマ僧にバラモン僧たちよ、お前たちの居場所は、この巡礼の乗り物のひっそりした片隅にある。お前たちは、到達し得ぬ完成の極を想って心乱すこともなく、数千年の昔にお前たちがそうであったようにこれからもあり続けるだろう。」(74)

自由と解放に向かう世界史のダイナミックな進行から取り残され、数千年にわたって変わらぬ生活を続ける静的なアジア世界というイメージは、啓蒙期のヨーロッパではありふれた観念である。モンテスキューは「アジアでは権力は常に専制的とならざるをえない。……アジアには隷属の精神が支配している。この精神はいまだかつてアジアを去ったことはない」(75)と言った。だが、ヘルダーにおいて特徴的なのは、このような「政治体制の悪」(76)が、肯定されるとは言わないまでも、批判を免除されてしまうことである。「アジアの専制政治、人類のこのやっかいな重荷は、それを堪え忍ぶ用意のある国民、つまり、その深刻な圧迫をさほど感じないですむ国民において生じた。インド人は、極度の飢餓のさなかに、犬がその痩せこけた体をつけ狙い、やがてくずおれて犬の餌となるだろうという時でも、安んじて運命に身をまかせる。彼は立ったまま死のうと体を支える。顔青ざめ死にゆく彼の様子を、犬は辛抱強くうかがっている。」(77)ここで非難されているのは、飢餓をもたらす専制政治であろうか、それとも、飢餓に乗じて獲物を引き裂こうとしている犬、すなわちヨーロッパ人であろうか。そして、これらすべてを受け入れるインド人の諦念について、どこか賞賛の気配が感じられないだろうか。

こうしてヘルダーは、ヨーロッパの植民地主義を批判しつつも、その搾取の対象であるアジア世界には静謐と停滞を割り当てる。アジア人は、あくまでも「巡礼の乗り物のひっそりした片隅」で、「安んじて運命に身をまかせる」

人々であり、ヨーロッパ人は、その行動の目的がなんであれ、ともかくも行動する主体なのである。ホスケンの西洋フェミニズムが形を変えた植民地主義だと批判されたように、ヘルダーの植民地主義批判もこの地点でその限界に達していると言えよう。

＊

「邪悪な」慣習も、世界史の多様性を構成するかけがえのない要素の一部をなす。それは、それ自体が善であるとまでは言えないにしても、その存在は肯定されなければならない。だが、ヨーロッパ人による支配は、このような〈悪〉をも含むさまざまな制度を破壊するがゆえに、異なった次元でのもうひとつの「悪」とみなされる。要するに、ここには、悪に関する二重基準が存在するのだ。多様性を構成する〈悪〉が「良いか悪いかという問いは一面的に答えられるものではない」一方で、その破壊は絶対的な「悪」とみなされる。多様性を構成する個々の要素はいわば「善悪の彼岸」にある。このことは、政治体制にもサティーのような習俗にもあてはまる。

さらに突きつめれば、このような二重基準は、世界史という観念そのものにつきまとっていると言えるかもしれない。「一つの殺人は悪漢を生み、一〇〇万の殺人は英雄を生む(78)」というある映画の台詞が多くの人々の記憶に残るのは、歴史全体が示す矛盾に満ちた経験の前では、日常妥当している道徳律が通用しなくなることを誰もが感じているからだろう。アレクサンダーからナポレオンに至る多くの征服者、「世界帝国」の建設者たちが、数々の破壊と殺戮にもかかわらず、いやむしろ、その破壊と殺戮の規模の大きさゆえに、そしてそこから帰結する統一と一元化の果実——秩序と安寧、法制度の整備、通商の活発化等々——ゆえに免責されるのを見る時いやおうなく生じてくる不条理の感覚を、その台詞がうまく言い当てているように思われるのだ。

とはいえ、ここで注意しなければならないのは、同じく二重基準といっても、ヘルダーの場合には、右記のようなありふれた「英雄崇拝」とは逆の方向性をもつことである。通常は、個々の善悪が世界史のレベルで審問を免れるのに対して、ヘルダーの場合、世界史的な善悪を設けることによって個別的な善悪の区別が消失してしまう。彼が、世界史のレベルで多様性の尊重を掲げ世界の一元化を断罪する時、それは「英雄たち」、つまり植民地支配を押し進めるヨーロッパ列強に対する果敢な抵抗だと考えることができる。同時にそれは、世界史における敗者の側につくことでもある。ヘルダーに言わせれば、世界史の勝者たちはこう考える。「お前たち、世界のすべての地域に住む人間たち、お前たち、この世の始まりから今までに過ぎ去っていった人間たち、要するにお前たちは生きたのではなく、ただ、お前たちの灰をもって大地を肥やしたに過ぎない、時の終わりに、お前たちの子孫がヨーロッパの文化によって幸福とならんがため。」そして、吐き捨てるように彼は言う、「この種の傲慢な思想は、自然の品位に対する侮辱以外の何物であり得ようか」(79)。個別的な善悪の消失は、この弾劾をおこなうために支払わねばならない代償のようなものである。

## 4　サティーとジェンダー

ヘルダーが、サティーという風習の原因を、インド人の野蛮な「本性」に求めているわけではないことに注意しよう。彼は「インド人はその野蛮な本性ゆえに野蛮な習俗をもつ」とは言っていない。彼はこの風習を、インド人がある一定の条件（野蛮人の「本性」）下で、特定の課題（女性の制御）を解決するために案出、選択した方法（「野蛮人なりのやり方」）なのだと主張しているのである。

彼がサティーを「理解」しようと努力したことは確かである。その際、彼がインド人に与えられた条件だと考えたものは、今から見れば、まったくの見当はずれであることは言うまでもない。にもかかわらず、そのような理解に向けて努力することは、人類の多様性を還元することなくそのまま把握しようとする彼の根本的な企図からすれば、絶対に必要な作業であった。

異世界の習俗を「理解」しようとする、この奇妙にも歪んだ情熱。なぜそれは、ヨーロッパ外世界や女性に対するあからさまな偏見と共存しているのだろうか。前節で引用した文章をもう一度見てみたい。

「そして、これらアジアの国々の女たちの淫らなずる賢さ、インドの踊り子の男をたぶらかす魅力、トルコやペルシアの後宮でくわだてられる恐るべき奸計について語る本を読めば、このような説明がほとんど信じられそうな気がしてくる。……要するに、野蛮人は、肉体的には豊かだが精神的には貧弱であるというその本性にしたがって、野蛮人なりのやり方で平穏を探求したのであり、知力によって女性の抜け目なさを押さえることができないため、暴力をもって抑圧したのである。」

実をいうと、このテクストは、さまざまな民族がどのように異なったやり方で女性を扱ってきたかを論じている箇所の一部である。

「かくして必然的に、女性と愛をどのように扱うかが、人類史における最初の決定的な分岐点となった。世界のどこにおいても、女性は、彼女を求める欲望ゆえに争いの種となり、その本性からして、人類創造という建物の中のいわば最初の崩れやすい礎石だったのである。」(80)

彼はここで、諸民族の社会が多様な形態に分化していく最初の契機を、それぞれの社会における女性の扱い方に見ようとしている。多少意外に思われるかもしれないが、女性史は啓蒙主義初期の時代から、すでにそのプログラムの一部であった(81)。ヘルダーの女性に関する記述も、この系譜につらなるものだと言えるだろう。彼は書く。

「厳しい生活に曝されている大半の民族は、女性を家畜にまで貶め、みすぼらしい住居で生ずるあらゆる労苦を押しつけたのである。男性は、大胆で危険な仕事に従事するのだから自分たちはこまごまとした家事のくびきを免れていると考え、それらすべてを女性たちに押しつけた。地上の至るところ、大部分の未開人 (die Wilden) のもとで女性の地位が明らかに低い理由はここ

にある。」(82)

サティーは、そのような「あらゆる未開な(unkultiviert)諸民族に見られる女性蔑視(83)」のひとつの例として取り上げられているのである。一方、ゲルマン民族における女性の地位はそれとは異なっていた、と彼は主張する。

「大部分の民族において……女性は奴隷であった。しかし、お前(ゲルマンの乙女…引用者)の母たちは助言者であり友人であったし、女性のなかの高潔な人はすべていまなおそうなのである。」(84)

ここで「未開の」諸民族とゲルマン民族が対比されている意味は明白である。ゲルマン民族における男性の「友人」としての女性の地位は、そのまま、その後裔たる十八世紀ヨーロッパ市民社会において女性が占めた地位を暗示するものとされている(「いまなおそうなのである」)。ヘルダーは、女性をめぐる社会的編成について露骨な進歩史観を打ち出すようなことはしていないが、その背後に、確固たる野蛮と文明の秩序、未開(unkultiviert)と文化(kultiviert)の区分が存在することは疑う余地がない。

野蛮と文明の秩序。それはヘルムスやイギリス人医師にも共有されていただろう。しかし、かれらは文明による野蛮の克服を唱えたのに対し、ヘルダーは、サティーを「野蛮人」の「非人間的習俗」としながらも、かれらとは異なる結論を導き出した。いやむしろ、「野蛮人」の「非人間的習俗」であるがゆえに、と言うべきかもしれない。彼は、あるおぞましい習俗を「理解」しようとするあまり、それを「許し」てしまった。より正確に言えば、ナチ党員を「許す」ことを怖れていたバーリンとは異なり、ヘルダーは「許す」という問題に直面しなかったのだ。それは、野蛮と文明の画然たる区分が、問題そのものの発生を防いでいたからである。文明の道徳律は、それと区別された野蛮に対しては妥当しない。

二重基準を支えるもうひとつの柱は、「野蛮人」と複雑に絡みあいながら登場する、女性への偏見だろう。それは、次の三つに整理できると思われる。

まず第一に、（オリエントの）女性が淫乱であるという偏見。これは、サティーという風習の起源を説明するものとしてヨーロッパが伝統的に用いてきたトポス（毒殺防止説）と言ってもよい。[85] このトポスは、オリエントの研究が進めば進むほど、弱まるどころかむしろ強化されていく。ヘルダーが「これらアジアの国々の女たちの淫らなずる賢さ、インドの踊り子の男をたぶらかす魅力、トルコやペルシアの後宮でくわだてられる恐るべき奸計について語る本を読めば……」と言っていることから、当時すでにオリエントの女性の「性的放縦」に関する報告がかなり存在していたことがうかがわれる。さらに十九世紀になると、オリエントそのものが危険な魅力に満ちた女性として表象されるようになる。「オリエントとは、つねに性道徳に抵触するものだというように思われたのだった。オリエント……にまつわることごとくが危険な性の魅力を発散しており、……過度に〈自由な性的交渉〉によって、健康と家庭生活にふさわしい節度とを脅かしていたのである。[86]」

したがって、第二の偏見として挙げるべきは、女性の蠱惑的な性がもつ、社会紊乱を惹き起こしかねない力を、野蛮なやり方であろうと文明的なやり方であろうと、なんらかの形で統御せねばならない、という考えだろう。言うまでもなく、それは、社会を構成し、歴史を産み出すと称する男性が抱いている不安、つまり、女性に対するおのれの欲望に屈し、みずから作り上げた秩序を破壊するかもしれないという男性自身に向けられた不安と表裏一体をなしている。ヘルダーは当然のように書いている。「ひとりの男あるいはひとつの民族の本来の性格が明瞭にあらわれるのは、女性の扱いをおいて他にないと私は思う[87]」（傍点引用者）。これもまた彼特有のものというよりは、女性と社会的編成を結びつけ、女性の「扱い」を指標として「文明化過程」を描き出せると考えた啓蒙主義的「女性史」に共通する前提だと言って差し支えない。

最後の偏見は、右の引用の終わりの部分、「私は思う」にかかわっている。つまり、女性の「扱い」をひとつの指標とみなす、視点それ自体がかかえている問題である。女性をめぐる社会的編成を観察し、比較し、記述する「私」は、いずれのジェンダーにも帰属しない中性的な主体として設定されている。少なくとも、自己のジェンダーに対する問いかけを免除された存在として想定されている。それによって達成されるのは、いままさに触れた、女性は統御の対象であるという偏見――ガヤトリ・C・スピヴァクの言葉を借りれば「女性の道具性」――に対する無関心な中立性、コミットメントの欠如である。スピヴァクは、既存のサバルタン研究について次のように批判している。「まさに、サバルタンのサバルタン性とか主体的な立場性を重視しているのがこのサバルタン研究グループであるから、逆に、重要な道具としての女性に関して、女性が絶対不可欠だという点はもちろん、女性のサバルタン性について、こうまで無関心でいられるというのは驚きに値する。[88]」そして、そのような無関心さが、実は二番目の偏見と結託して、女性の道具性を強化し、社会と歴史を作り出すものであることを指摘する。「サバルタンも歴史家も、……女性を道具とし繰り返し彼女自身の意味を空虚化することにもとづいて、共同体や歴史の連続性を生み出すのである。[89]」単にサバルタンと呼ばれているものが実は男性のサバルタンであること、女性たちはサバルタンの中でさらにサバルタンの位置を占めるものであること、それを歴史家たちは隠蔽している、とスピヴァクは告発する。おそらく、同じ告発をヘルダーに対しておこなうことも可能だろう。彼は「野蛮人の男性」をただ「野蛮人」と言い、「野蛮人の男性」の文脈に過ぎないものを「文脈」そのものとみなす。他方で、「(野蛮人の)女性」は習俗の一構成要素をなすものとしてしか扱われず、独自の文脈を与えられることはない。対象に対し、かくもジェンダー的に盲目であることが、ヘルダーをしてサティーの「理解」が可能だと思わしめているのだ、と。

以上のように、ヘルダーのテクストに含まれる偏見をつぶさに見てきたのは、むろん、ヘルダー個人をあげつらおうとしてのことではない。そうではなく、ある習俗を「偏見なく」、すなわちその善悪を問わずに「理解」しようとする努力が、いかに多くの大がかりな「偏見」、つまり自覚されざる前提を必要とするかを確認するためである。

いま見たように、その「偏見のない」理解が組み込まれている大きな構造は、文明と野蛮の秩序、女性をめぐる社会の編成といった「世界史的」な前提に支えられていて、たとえ、個々の地域文化に向けられた眼差しが、それを傷つけることのないよういかに控えめで注意深くあろうとしても、その眼差し自体が、いまとなっては偏見というほかない、ある時代、ある文化、そしてある性《ジェンダー》の刻印を深くきざみ込まれた産物なのだ。

## IV　サティーの認知構造

フェミニズムに限らず、女性を「犠牲」にする儀礼を批判しようとする行為一般は、あるディレンマをかかえている。正確には、女性を「犠牲」にする儀礼という認知そのものに問題が潜んでいるのだ。このような認知は、ヨーロッパがサティーにコミットする際の典型的なあり方であり、すでにひとつの根強い「伝統」と化していると言ってもよい。Iで登場したホスケンの「西洋フェミニズム」もまたそれに足をすくわれたかたちである。十九世紀、イギリス支配下のインドでおこなわれたサティーについて、それをめぐる議論と政策の詳細を分析したラタ・マニは、イギリス人男性が書き残した、多くの、まったくフェミニスト的ではないサティーの目撃談について、同様の指摘をおこなっている(90)。みずから身を守ることのできない哀れな犠牲者としての現地女性と、救済者としてのヨーロッパ人（男性）というステレオ・タイプが、サティーを認知する際の基本構造を決定してきた。スピヴァクが「白人の男性たちが茶色い女性たちを茶色い男性たちから救い出している(91)」という文によって定式化しようとするのは、まさにこの認知の構造である。

さらに、この認知は、いわば現実と想像が入り交じる地点でもある。イギリス人がもつ植民地支配の権力は、想像を部分的に現実となし得た。一六九〇年、初めてカルカッタにイギリス東インド会社の商館を設立し、後に英領インドの拠点となるこの都市の基礎を築いた人物、ジョブ・シャーヌク（Job Charnock）は、夫の遺体と共に焼かれようとするバラモンの未亡人を炎の中から救い出し事実上の妻として娶った、と云われている。[92] われわれは、この英雄譚が、二〇〇年近い歳月を隔て、ジュール・ヴェルヌの傑作『八十日間世界一周』のなかで、主人公である寡黙なイギリス紳士フィリアス・フォッグによって反復されるのを読むことができる。ほかにも、サティーを嫌って逃亡した未亡人を救うため、機知に富んだ弁論によっていきりたつ群衆を説得したチャールズ・ハーディング（Charles Harding）の逸話[93]など、サティーにまつわる回想録や目撃談は、成功あるいは失敗したその種の冒険の記録に満ちている。「もしインド在住のイギリス行政官であったとしたら」というブルームの仮定は、これらの記録や報告によって形作られてきたサティーの認知構造に根ざす、ある意味で「正当な」想像であり、この地点で保守的な大学教師と実践的な女性運動家が出会うことに、実は何の不思議もない。

さらに一歩踏み込んで言えば、この認知において問題なのは、その「植民地主義的」性格以前に、なによりも現実と虚構が「入り交じる」どころか截然と区別され得るかどうかさえ疑わしいという、その性格である。たしかに、ジョブ・シャーヌクがインド人女性を救ったのは現実であり、フィリアス・フォッグのそれは虚構の中の出来事かもしれない。しかし、あらためて問い返してみよう。シャーヌクがインド人女性を「救った」とはどういうことだろうか。シャーヌク、インド人女性、集まった群衆とバラモンたち、焚かれた火、それらのすべてが歴史的に事実そこに存在したとしても、それだけでは「サティー」という出来事が成立するのに充分ではない。それにはさらに、彼が彼女を「救出した」（あるいは「救出を試みた」）というプロットが付け加えられる必要がある。このプロットを核として形成されるひとつの物語構造が、サティーを「サティー」として認知せしめる。それゆえ、この出来事はつねに、悪漢と犠牲者、そして英雄＝主人公（hero）を登場人物とし、彼の勝利もしくは挫折の物語として語られることになる。この物語は、多くの場合、登場人物のひとりでもある語り手が「救出」の輝かしい成功（もしくは惨めな失敗）を語る、一人称による回想形式をとる。つまり、これは、ヨーロッパ人に「サティー」として知られている出来事[94]が、現地で儀礼に介入する（あるいは介入を控える）目撃者の参与をその本質的な構成要素の一部としてもつ、ということである。彼は、そこで生じている出来事に本質的に属している。それは、記録され、報告されることによって初めて「サティー」となる。その意味で、シャーヌクによる「救出」を伝える記録の言説的位階は（そして失敗した事例を含むその他多くの記録の位階も）、ヴェルヌの小説がもつ位階と実は変わることがない。

別の言い方をするなら、ヨーロッパ人にとって「サティー」は、紀元前より書き続けられてきた、東方の酸鼻な習俗に関する報告や回想の中に存在する、ということである。むろん、それは、ヨーロッパ人男性による現地女性の「救出（あるいはその失敗）」譚が捏造であるということを意味するのではない（なかにはそういう場合もあろうが）。しかし、ヨーロッパ人によるこの習俗の認知は、それ自体の中にすでにある小さな物語の型を含んでおり、それがこの習俗に関する解釈と判断を大きく規定してきた。実際、ヨーロッパ人の手になる報告の数々は、時代も書き手もさまざまであるにもかかわらず、驚くほど一定のパターンを示している。それを、数千年にわたって変わることのない悠久たるインド文明の証拠と見ることもできようが（インド文明がそのようなものだとする見解自体ヨーロッパが生み出したものだ）、同時にまた、サティーを認知する様式の不変性を示すものとして解釈することも可能なのである。

## V　理解するということ

IIからIVにかけて、われわれは、ヨーロッパ人がサティーについて残したテクストのいくつかを分析してきた。それらを踏まえたうえで、このVでは、「すべてを理解することはすべてを許すこととは違う」という当初の問題にたちかえり、若干の考察を試みたい。

## 1　文脈的理解

まず、そもそもバーリンの言う「理解」とは、何を意味するのだろうか。

彼によれば、それは「個々人、さまざまなグループや国民、あるいは文明全体がお互いにどのような点で異なっているかを理解し、想像力を使って相手の思想や感情に〈入り込み enter〉、あなた自身が相手方の環境におかれたらどのように世界を見るだろうか、あるいは他の人々との関係であなた自身をどう見るだろうかと想像する」[95]ことである。つまり、これは、自分とは異なる信念をもつさまざまな人々や集団が、自分とは異なる環境におかれていることを認識し、そのうえで、自分をその環境へ移しかえてみることを意味している。インド人の場合でいえば、かれらがおかれていた気候風土、社会と宗教を、外側から客観的に観察するのではなく、その中に身をおきそれを我がものとした時、はたして世界はどうみえるか考えるということである。

この〈入り込む〉という言葉を、バーリンはヘルダーから受け継いでいる。ヘルダーの言葉「時代の中へ、土地の中へ、歴史全体へ歩み入れ。君をすべての中へ移し入れ、感じとるのだ」[96]で知られる「感情移入 Einfühlung」という概念は、なにかきわめて情緒的、心情的な理解を意味するもののように受け取られることが多い。たとえば、文学作品を読む時に、読者が作品の主人公に「感情移入」する、などと言う場合のように。もし、これを歴史の理解に適用するならば、「感情移入」とは、過去の人物がその時々において感じたこと、考えたことを想像し、それに対して心情的に同一化するということになるだろう[97]。はたしてバーリンもまた、ヘルダーの「感情移入」をそのような心情的同一化という意味に理解し、受け継いでいるのだろうか。この疑いは、彼が「想像力を使って」と言っていることによって一層強まるように感じられる。

しかし、実を言えば、それは情緒的、心情的な思い入れではなく、これから見るように、一種の知的な操作を意味している。われわれが他者を理解するのは、心情的な同一化によるのではなく、対象がおかれている文脈の中へみずからを置き直してみることによる。

私はこれを、文脈に依拠する理解という意味で「文脈的理解」と呼ぶことにしようと思う。

これは、簡単な言葉で言ってしまえば、「他者の立場に身をおく」ということだろう。われわれは日常生活においても、そのようなことをしばしば口にするが、とはいえ、その意味するところをしっかり把握しているとは限らない。「他者の立場に身をおく」ということが、はたして何を意味するのか、意味し得るのか。それを考えるための手がかりとして、まず、バーリンの思想的源流であるヘルダーの他者理解の特徴を、カントと比較しながら見てみたい。

ヘルダーとカントは、お互いの作品について手厳しい批評をおこなったことからもわかるように、思想的に対極の立場にあった。和辻哲郎は、ヘルダーの強い影響をうかがわせる『風土』の中で、両者の対立点を次のようにまとめている。ヘルダーは諸国民の個性を尊重し、「国民はそれ自身の特殊性において独自の意義を持ち、人道（Humanität）の実現として完成せるものたり得る」[98]と考えた。和辻はそれを「並在の秩序」と呼び、人類の不断の進歩を前提とするカントの「前後継起の秩序」と対比させる。カントが「並在の秩序」を排斥するのは、「人においてただ理性者としての本質をのみ見、その個性、性格、自然的素質というごときものをすべて偶然事として捨て去る彼の立場のゆえである。だから彼においては〈人類の性格〉とは人が理性者であるという最も普遍的な規定をさすのであって、個別者の特殊の個性を意味するのではない[99]」。

この両者の対立は、他者理解の問題でもまったく同じ形で再現されることになる。カントは『判断力批判』において次のように書いている。

「共通感覚（sensus communis）は、共同的な感覚の理念という意味に理解されなければならない。共同的な感覚とは、つまり、判断を下すにあたって、考えの中で（ア・プリオリに）、誰であれ他人がどのような表象をもっているかに配慮する能力のことである。……これは、自分の判断を、他人が下す判断、ただし、現実に下された判断ではなくむしろ下す可能性のある判断であるが、それと照らし合わせ、さらに、われわれ自身の判断行為に制限を加えている偶然的な要因を捨象して、自分をすべての他人の立場に置いてみる時、可能になる。」(100)

これに対して、先に引用したヘルダーの言葉は、その前の部分も含めると以下のようになっている。

「それでは、君は、時とチャンスにめぐまれてさえいたら、君の素質を開花させて、オリエントの人や、ギリシア人、ローマ人がもっていた性向や技能を身につけ、これらの人々のようになれたと言うのか。いや、その間には大きな隔たりがある。重要なのは、実際に身につけた性向や技能だけだ。……時代の中へ、土地の中へ、歴史全体へ歩み入れ。君をすべての中へ移し入れ、感じとるのだ *fühle dich in alles hinein*。」(101)

何気なく読めば、どちらもおなじように、「他人の立場に身をおく」ことの重要性を言っているようにみえるかもしれない。カントは、他人の表象に配慮する能力について語り、ヘルダーは、他人が生きる歴史的現実を追体験せよと説いている。

しかし、どのようにしたら「他人の立場に身をおく」ことが可能だと考えているかという点で、このふたりは対極にあると言ってよいだろう。カントは思考上の操作として、自分の判断と他人の判断を比較し、さらにそれらを近づけてみることを提案する。そのやり方は、自分の判断形成に影響した偶然的な事柄、たまたまその時おかれていた状況によって自分の判断に付随することになったさまざまな要素を取り除き、いわば自分の判断をできるかぎり「純化」することである。これは、判断を、それが形成された固有の文脈から切り離すことを意味している。したがって、自分の判断が近づいていく目標となる他人の判断というものも、固有の文脈の中で形成された現実の他人の判断ではなく、ある可能的な判断、もしあらゆる文脈から切り離され、偶然の支配からまぬがれたとしたら万人が下すであろうような判断だということになる。カントによれば、他人の表象に配慮するのは、「自分の判断をいわば人間理性全体と照らし合わせるため[102]」なのである。

一方、ヘルダーは、人間一般がもっている共通性が、他者理解の鍵であるとは考えない。他者を理解するためには、むしろ、他者の他者たるゆえんを理解しなければならない。だから、彼は、「時とチャンスにめぐまれていたら」つまり異なった文脈に生まれていたら、という想定を無意味なものとしてしりぞける。なぜなら、異なった文脈こそが他者の核心であり、異なった文脈に生まれるということは、すなわち他者となる、ということを意味しているからである。そこに生じるのは他者それ自体であって、他者の「理解」ではない。肉体は同一のまま、ただ、衣服を取り替えるようにさまざまな文脈を身につけることはできない。衣服を替えるということは、この場合、別の人間になる、ということである。

それゆえにヘルダーは、他者がおかれている文脈、カント的に言えば、たまたま生じているにすぎない偶然的な状況こそが他者理解の鍵だと考え、その中へと〈入り込む〉ことを要請する。彼の言う「感情移入 Einfühlung」とは、カントのような、純化された普遍的な判断への接近ではなく、かといって、対象との心情的、情緒的な同一化のことでもなく、固有の地誌的、歴史的状況によってもたらされた要素を他者の本質としてとらえる、ということを意味している。それらが、他者を形成することになったのはたしかに偶然にすぎないけれども、いったん形成された他者にとって、それらは本質的な構成要素である。偶然の産物を二次的なものとして削ぎ落とすのではなく、本来の主題として真剣に取り扱うこと、それがヘルダーの方法の核心なのである。

## 2 「文脈的理解」の背景

ドイツの哲学者ハンス＝ゲオルク・ガーダマーは、その主著『真理と方法』において次のように書いている。「精神科学においては、われわれの歴史的伝統がそのあらゆる形において研究の対象ともなるのであるが、同時に伝統そのものがその真理において語り出すのである。……歴史的伝統は、歴史学的な批判が下す意味で真ないし偽であるだけではない。歴史的伝統はつねに真理を仲介するのであり、その真理を分有することが必要なのである。[103]」

このように断定すること、すなわち「歴史的伝統はつねに真理を仲介する」と主張することは、十九世紀における歴史的諸学問の興隆と発展を経験して初めて可能となった。ヘルダーは、これら歴史的諸学問の基礎をきずいた父祖たちのひとりである。彼は民族の伝統と文化の重要性を強調し、あらゆる民族がそれぞれに尊重すべき独自の歴史と文化をもつとした。彼は、しばしば一般に信じられているのとは違って、ナショナリズム（もしナショナリズムを自文化絶対主義という意味に理解するならば）の父ではない。なぜなら、自文化の優位を主張する人々は、各民族の成果に順位をつけ序列化することのできる確かな基準があると信じているのに対して、ヘルダーの考えの基礎にはある種の懐疑主義が存在するからである。

彼は、その歴史的思考の輪郭を描いた著作の中でこのようなことを言っている。

「私の立場が地上の一点に限られ、目はよく見えぬため目標を見あやまらざるをえず、私が本来何を好み何を欲しているかも謎と言う他はない。私の力の及ぶところは、一日、一年、一国民、一世紀がせいぜいだ――これこそは私が無であって全体がすべてだということを保証してくれる。……私は巨大な広間を横切って、かくれた大画面の一隅を、しかも暗がりの中でかいま見るにすぎぬ。その私に、どんな判断ができるというのか。」[104]

懐疑主義は、新アカデメイアからセクストス・エンペイリコスに至る古典的な形態においては、感覚の不確実さ、知覚の相対性、法や習俗の多様性などを根拠として、真なる知識の不可能性、ないしはその不可能性の主張自身すら不可能であることを導き出す。だが、ヘルダーにおいて見いだされるのは、そのような古典的懐疑主義ではなく、その「近代的」形態とも言うべき歴史的懐疑主義である。ここでは、懐疑へと導く契機としてわれわれが歴史的存在であるということに注意が喚起される。ヘルダーは、世界史（普遍史）を「全体」として導入する。その全体はむろん神の摂理によって導かれているのであるが、その全体の中の特定の場所に埋め込まれ条件づけられているわれわれ人間にとって、全体の様子やその究極の目的など知る由もない。われわれの視野は限定され、われわれの知識は部分的である。すべての人が全体の中のいずれかの場所に位置し、誰も全体を見渡すことができないのだから、特権的で絶対的な知識を所有する者は存在しない。すべての知識は相対的だということになる。

しかし、ヘルダーの懐疑主義の特徴は、単に懐疑への契機として「歴史」を導入したことに尽きるものではない。

「無数の国民や時代が影のように現れては消えてゆく。この巨大な者たちには、ほとんど確たる視点も見通しもない。こういう盲目の道具どもが、みな自分は自由だと思って働いているが、自分が何であるのか、何のために働くのかは知らない。全体のことは何もわからないのに、懸命に協力して、自分の蟻塚が宇宙だと思っている。」(105)

この一節は、一見するとありふれた懐疑主義的言明のようにも見えるが、実はきわめて特色あるふたつの主張を含んでいる。まず第一に、歴史の中で働く主体として集団的単位（国民や時代）が導入される。つまり、この場合、懐疑にさらされるのはある集団がもつ「知識」ないし世界観なのである。第二に、それらの集団は、その限定された視野ゆえにそれぞれ異なった世界観をもっているが、それは閉鎖的であって（「自分の蟻塚が宇宙」）相互に独立している、というものである。

もし個人について言われるのであれば、最後の主張は諦念に満ちた意思疎通の断念に終わるだろう。しかし、集団の場合、それは、真なる知識やコミュニケーションの断念を越えて、古典的懐疑主義には見られないある転回を見せるのである。

「どんな個物の中にも、すでに全体が現れている。どんな個物の中にも、ただただこの全体を暗示する、言い知れぬひとつのものが現れている。そういう全体とは偉大なものであるに違いない。ささやかなつながりがすでに偉大な意味を告げ、しかも数世紀の長さもわずか数綴りにすぎず、諸国民は数文字、おそらくは句読点でしかない。それらは、それ自体では何物でもないが、全体の意味をいささかでも伝えるという点では、すこぶる重要なものだ。」(106)

大きな全体としての歴史のとるに足らぬ一要素である諸国民、それは個々に異なる限定された存在であるが、まさにそのように限定されたものであることによって、全体を構成するためになくてはならない一要素なのである。それはちょうど、ある文を構成する文字のうちのひとつがただの一文字であるにもかかわらず、それが変わってしまうと文全体の意味が変わってしまうという意味で重要であるように重要なのだ。

たとえ人間には文全体の意味を見通すことができないとしても、文が意味をもつためには、各文字は相互に異なっていなければならない。共通点をもたず、その意味ではもっとも普遍性から遠いものたちこそが、全体の意味を支えている、というこの発想は、Vの1において見たようなヘルダーの他者理解のあり方、つまり偶然的に形成された固有性こそが他者の本質であるという考え方と通底している。ここに示されているのは、歴史をある種の歴史法則や目的論に還元することなく、歴史的全体の多様性をそのまま多様性として受けとめようとする歴史観なのである。そして、このことから、多様性を形成する各要素は、多様であるからこそ重要であり、しかもそれらは等しく重要なのだ、という結論が導き出される。なぜなら、その重要性の根拠は、個々の要素それ自体の中にあるのではなく、それらが互いに異なっているという関係性の中にこそ含まれているからだ。

＊

さて、多様性にもとづく平等という結論へ至る議論の礎をなしているのは、ふたつの特色ある主張、歴史の主体をなすのはある種の集団的存在である、という説（集団説）と、それらの集団はそれぞれ独自の異なった世界に住んでいる、という説であった。まず、後者の説から見てみることにしよう。

われわれは、実はひとりひとり異なったものを観ているのであって、それぞれ独自の世界に住んでいるようなものだという考えは、とりたてて目新しいものではない。すでに『テアイテトス』では、ソフィストであるプロタゴラスの説として、次のような議論が展開されている。「僕の感覚というものは僕にとっては真なのだ。なぜなら、それはいつでも僕にとっての有を感覚させるものなのだから。すなわち僕は、プロタゴラスの言う通り、僕にとってのあるもの、あらぬものの、あるということ、あらぬということの判別者なのだ。」[107] そこから、ソクラテスは、次のような帰結を（もちろん後で否定するために）引き出してみせる。「何でも各自が感覚を通して思いなすところのものが、各自にとっては真なのである」し、「各自の思いなすところのものはただひとり各自自身がこれを思いなすのみであって、しかもそこに思いなされていることは皆ことごとく正しいのであり、真なのであろう」[108]。ソクラテスの論敵たるプロタゴラスがこの見解の提唱者とされていることからもわかるように、各人にそれぞれの真理を割り当てるような相対主義は、プラトンとその後継者たるヨーロッパ哲学にとって、常にうち破られるべき敵役であった。それは、思想史のなかで、真理を求める正統な努力が、それを論破することによってより一層おのれの論理を研ぎ澄ましていく、そういう否定的な役回りをつねに受け持ってきたのである。

しかし、大航海時代以降、この相対主義にはある新たな側面が付け加えられることになる。論理のうえでは先に触れた集団説の登場、経験的には世界に関する地理的、人類学的情報が一挙に拡大したことがそれに深くかかわっている。諸世界に関する経験的な情報の蓄積は、たとえば次のふたりの間に見られるような変化をもたらした。[109]

紀元二世紀頃の懐疑主義者セクストス・エンペイリコスは書く。「人肉を食することもわれわれの地では不法であるが、他国の諸部族全体においては無差別のことである。それに他国人をわざわざ持ち出さなくても、テュデウスも敵の脳味噌を食べたと言われているし、またストア派も、他人の肉であれ自分の肉であれ、人が人肉を食べるのはおかしなことではないと言っているのである。[110]」この奇怪な例をもって、セクストスが言おうとしたのは、「諸々の物事の変則性はかくも大きいことが示されるのであるから、存在する事物が自然本来的にどのようなものであるかをわれわれは言うことができないのであって、われわれに言えるのはただ、この生き方と相対的に、あるいはこの法律と相対的に、あるいはこの習慣、またその他のひとつひとつと相対的に事物がどのようなものとして現れるかということだけ[111]」だということである。したがって、われわれは判断を保留しなければならない、というのが彼の結論であり懐疑主義の要諦であるが、ここで注意したいのは、「他国の諸部族」の例もギリシア人やローマ人の例も区別無く用いられていることである。彼の関心は、ある行為が現在の自分たちのそれとは極端に異なっているという事実から事物の相対性を引き出すことにのみ向けられていて、それらの例が集団であろうが個人であろうが、あるいは習俗であろうが哲学的信念であろうが頓着しない。そのような違いは問題ではないのである。

それに対して、近代における懐疑主義の復興者モンテーニュは、古代懐疑主義の強い影響下にあって同じ題材を扱いながらも、そこに新しい観点を付け加えている。「自分の父親を食うことを想像するくらい恐ろしいことはない。だが、昔この習慣をもっていた国民はこれを親に対する敬愛と親愛の証拠と考えていた。そうやって、祖先の遺体を自分たちの体内に、いわば骨髄の中に宿し、消化と滋養を通して自分たちの生きた肉と化して、ある意味でよみがえらせ再生させることによって、もっともふさわしく立派な墓所を与えようとしたのである。この迷信が頭にしみこんだ人々から見れば、親の遺骸を土中に腐らせて動物や蛆虫どもの餌食にさらすことがいかに残酷で、忌むべきものであるかは想像に難くない。[112]」モンテーニュが異様な習俗のなかに見ようとしているのは、単なる事物の相対性ではない。異様な習俗を現象的に扱うのではなく、それを自分たちとは異なったある思考の表れとしてとらえ、その思考がどのようなものであるかにまで思いをめぐらせようとする。その時、この人肉嗜食というおぞましい例から導き出されるものは、事物の相対性ではなく思考の相対性であり、判断保留ではなく「かれらはいったいどのように考えるのか」という問いなのである。

セクストスと同じ習俗を取り上げながら、モンテーニュがこのような異なる方向へと考えを進めるにあたっては、新大陸からもたらされた異民族に関する膨大な情報が大きな役割を果たしたであろうことは疑うべくもない。モンテーニュが新大陸の住民にひとかたならぬ関心を抱いていたことはよく知られている。『エセー』で取り上げられる数数の例証のなかには、古典古代の書物から抜き出されたものに混ざって、新たに発見された異世界の例も数多く見られる。名篇「食人種について」においては、アメリカ原住民の高貴さがヨーロッパ文明の腐敗と対比されつつ描かれている。

ところで、異民族の習俗の背後に自分たちとは異なった思考を想定することが可能になるためには、単に経験的に得られる情報が増大するだけでなく、それをとらえる概念枠も変化する必要がある。われわれは現在、ある集団がこれこれの考え（世界観）をもつがゆえにしかじかの振る舞いをすると当たり前のように口にするが、このような言い方にはある暗黙の前提が含まれている。それがまえに挙げた集団説という主張、すなわち、集団をひとつのまとまりをもって行為する主体とみなす考え方である。そして、さらにその延長として、集団はその振る舞いを通じて固有の思考を表現している、という主張を付け加えてもよいだろう。これらの主張はことさら言い立てるほど変わったものではないと思われるかもしれないが、よく考えてみると、集団を個人になぞらえたうえで、言葉や表情などの表現がその人の内面（の存在）を指示しているととらえる個人についての信念を、類推的に適用したものであることがわかる。集団に関してこのような類推をおこなうことは、必ずしも当然かつ自明なこととは言えない。ヨーロッパ思想史のある時期にこのような考え方が登場したことによって、その後の歴史は大きな変化を被ることになったのである。

モンテーニュにおいてはまだ萌芽的にしか現れないこの考え方を、ヘルダーは、きわめて自覚的かつ明瞭に言い表した。バーリンは、これらの点をヘルダーの思想の特徴として挙げ、前者の説を民本説（populism）、その系である後者を表現説（expressionism）と名づけている。[113] このような前提があって初めて、ある民族が多種多様な形態の「表現」活動、すなわち法律や習俗、言語、歴史、歌謡、文学、芸術等々を通じて、自己ないし自己の世界観を表している、いやそもそも、集団というものにそのような表現される（外に表される ex-press, Aus-druck）べき「内面」、すなわち意味の世界が存在する、と考えることが可能になったのである。それによって、異なった時代にさまざまな人々が違う目的のために製作した事物の集合が、時代を貫いて、ある巨大な単一の主体が作り出した「作品」であるとされる。それらは、個々の目的、個々の作者の意図を越えて、民族の自己表現だということになる。したがって、逆に、それらあまたの「作品」を事細かに調べていけば、その中心に、作者たる民族の姿が浮かび上がるだろうという期待が生まれたとしても不思議ではない。これが、十九世紀に歴史的諸学問の発展を促すことになったモチーフである。ヘルダーは自文化優越主義という意味でのナショナリズムの祖ではないと先に述べたが、集団が自己を表現するという基本的な考え方を準備した点では、たしかにナショナリズムの理論的祖型を作ったと言えば言うことはできる。

ともあれ、われわれの問題設定にそって言えば、集団に関するこの考えは、次のような結果をもたらした。

「無数の国民や時代」、「巨大な者たち」、「盲目の道具ども」が「自分の蟻塚が宇宙だと思っている」という言明は、集団説を踏まえることによって、単なる懐疑主義を越えた内容を獲得することになる。世界には、見慣れぬ習俗、理解不能な法、不思議な言語などが多数存在するのだから、それらが由来する、各々の集団がもつ意味の世界もまた相互に閉ざされた孤立したものに違いない。そこから得られる結論は、集団の垣根を越えた相互交流は不可能である、という排他的なものかもしれない。また、通常、個々人の恣意を越えたものであると考えられるような事柄、たとえば真理とか正義といったものまで、それぞれの集団の産物、その閉ざされた世界でのみ通用する基準に過ぎないのではないか、という懸念であるかもしれない。しかし、たとえそうだとしても、それだけがすべてではない。というのも、集団に関するそのような懐疑主義は、真理や正義を消滅させるのではなく、むしろ、その複数化をもたらすからである。それぞれの集団にはそれぞれの真理があり、それぞれの正義がある。このようなビジョンは、個人についてならば底なしの懐疑へ通じる道かもしれないが、別の場合には、他の集団、他の民族、他の文化が独自の価値観と世界観をもつことを認め、自分とは異なる物差しで物事を観じ、判断する人々がいることを受け入れる動機づけとして働くに違いない。

第二章や第四章で言及したヴィルヘルム・フォン・フンボルト、言語相対主義として知られる思想を最初に提唱したこの言語哲学者は、次のように書いている。「どんな言語でも、その言語の属する民族の周囲に円周《クライス》を画いているものであって、人は他の言語の円周の圏内に移り住む以外に、自己の円周の中から脱け出す方法はない。(114)」あらゆる民族は、民族語によって画定されるそれぞれの境界線の内側に住んでいる。そして、どの民族にも属さない抽象的な「人間」など存在しない(これもまたヘルダー以降、強調され受け入れられるようになった考えである)のであれば、人は誰でもいずれかの民族語が描き出す円のひとつに属していることになる。それゆえ、私は私の民族語によって限定された真理をもち、彼は彼の民族語によって限定される真理をもつ。たとえ彼の真理が私にとって異様なものであるとしても、それは彼にとって私の真理が異様なものであることと同じなのだ。私に彼の真理が理解できないのは彼の真理が偽りであるためではなく、彼が私の真理を受け入れないのは彼の理解力が劣っているからではない。だとすれば、お互いがお互いにとって受け入れることのできないそれぞれの真理を奉じているという、この事態に対処する唯一の公正なやり方は、この事態全体をそのまままるごと受け入れることではないか。

真理が、文脈に依存する複数的なものと考えられるようになると、たとえば歴史と真理との結びつきが可能になる。ガーダマーが言うように、歴史は常に真理を語るようになる、その歴史の中に育ち、その歴史を生きる者にとってではあるが。ひとつの歴史と、その歴史が仲介する真理は、確固とした関係で結ばれている。ただし、個々の集団がそれぞれかれら特有の歴史をもつように、歴史が語り出す真理もまた所有冠詞を付されている。

このように、ヘルダーによって導入された集団説を媒介にして、知ることの限界の自覚を説く懐疑主義から、自分とは異なる民族、異なる文化、異なる歴史とそこで語られる真理に対して、公正で平等な態度をとらねばならないという動機づけが導かれることとなった。これは古代懐疑主義とは異なる近代の懐疑主義の大きな特徴である。

ここまでくれば、バーリンの懸念、すなわち「文脈的理解」はすべてのこと——世界史を満たしているあらゆる愚かな信念と行為も含めて——を「許して」しまうのではないか、という懸念の意味が明らかになる。ここで問題となっている「許す」の根拠は、歴史の大きなパノラマを構成しているすべての要素（集団）を尊重し、平等に接しなければならない、というものである。なぜなら、人間が見ることのできる範囲を越えたところで、それらの要素がどのような意味をもつのか、われわれには測り知ることができないのであるから。われわれは、世界史に登場するあらゆる民族や国民の所業について、あれは善く、これは悪いなどと判断する責任を負っていない。われわれは、良い文化と悪い文化を区別する可能性をさしあたり放棄する。「文脈的理解」は、歴史的多様性への配慮ゆえに、〈悪〉をその内部にかかえこむ危険性を帯びていたのである。

付け加えておくなら、この多様性にもとづく平等の理念こそ、いまもなお、いやむしろいまこそ、われわれにとって重要だと思われる。われわれが、あらゆる国民、あらゆる民族の文化や宗教はみな平等に重要であると宣言する時、あるいは、少数者の言語や文化も有力な言語や文化と同等の敬意をもって扱われなければならないと主張する時、多くの場合われわれはそれを信念として、その背後に遡ることのできない公理のように考えている。しかし、これらの信念が芽生えてくる背景には、いままで述べてきたような多様性に対する積極的な評価への転換があったのである。

## 3　バーリンの多元論とテイラーの「賭け」

人類という種が示す多様性に直面した時、人はどのような立場を選び得るだろうか。

バーリンは、自分は相対主義者ではない、と言う。この場合、相対主義とは、人類の多様な集団をつなぐいかなる普遍性も認めないことを意味している。彼によれば、ヘルダーも多元論者でこそあれ、決して相対主義者ではなかった、とされる。[115] そして、バーリンの薫陶を受けた哲学者テイラーもまた、自分は相対主義者ではないと宣言する。しかしながら、他方でかれらは、アラン・ブルームとは異なり「普遍主義」を奉じているわけでもない。相対主義を否定しながらも、独善的な普遍主義に陥らないこと。バーリンとテイラーがこの隘路をどのようにくぐり抜けようとしているのか、それを見ておきたい。

バーリンが主張する多元論[116]にはふたつのポイントがある。ひとつは、人類がいだく諸価値は、たしかに人々や集団によって異なるけれども、しかし無限に多様なのではなく、一定の限られた数の普遍的な価値から成っているという主張。

ふたつ目の、より重要なポイントは、これら一定数の普遍的な諸価値の間には、決定的で最終的な矛盾があり、決してすべてを整合的に組み合わせることはできない、という主張である。複数の普遍的な諸価値、たとえば自由とか平等とか公正とかいったものの間には、どれかを優先すればかならず他のどれかの実現が阻まれるといった、一種の競合関係が存在する。いや、競合関係という言い方は正確ではないだろう。これらの諸価値の実現にむけてなされる努力は、同じ目的を争っているわけではないからだ。にもかかわらず、これらの諸価値の間には、なんらかの抑制関係があり、その数は限られているのにすべてを同時にかつ完全な形で実現することは原理的にできない、というのが、バーリンの有名な就任講演「ふたつの自由概念」の根幹をなしている洞察である。

したがって、ひとつの真に優先すべき価値を発見し、そのもとに他の諸価値を適切に配置すれば、それら従属的な諸価値もまたまったき形で実現をみる、つまり完全な社会が成立する、という考えは夢想に過ぎないことになる。

このようなユートピアの放棄は、ある意味では、理想社会をめざす努力に対するシニカルな嘲笑と受け取ることもできよう。しかし、別の見方をすれば、事実として存在する人類の多種多様な社会のあり方に対して、平等で公平な態度をもって接することを可能にしてくれると言うこともできる。そのような態度は、現に存在する多くの社会の中から、そのうちのひとつを、諸価値の真の組み合わせを発見した究極の社会として特権化したりはしない。あるいは、将来実現されるかもしれない「完全な社会」に照らして、現に存在する諸社会の「進歩」を測り序列化したりすることもないだろう。しかも、このような平等で公平な態度を、相対主義によることなく達成するのである。

むろん、相対主義によっても、諸社会は平等なものとして現れるが、それは、それらの間をつなぐ一切の絆が否定され、優劣を測る共通の基準が存在しないとされるからである。相対主義は、異なった価値にもとづく社会相互の間を、深淵をもって分断してしまう。しかし、バーリンの場合には、諸社会は、一揃いの定まった諸価値を共有している。ただ、個々の社会がおかれている自然的、歴史的、文化的環境によって、すなわち文脈によって、その組み合わせが変わり、強調点のおきどころや優先度が変化するために、社会はその姿を変えるのである。重要なのは、それらの諸価値には究極的に整合的な組み合わせというものが存在せず、それゆえ、多様な姿をとった諸社会のうちのどれが「正しい社会」だとも正しい方向に向かっている社会だとも言えない、ということである。そして、それにもかかわらず、諸社会の間をつなぐ普遍的な諸価値は、その相互理解を可能にしてくれる。

よりつきつめて言えば、諸価値の間の原理的な矛盾というバーリンの洞察は、多様性そのものの解釈を変えてしまったことになる。かりに、なぜ人類の諸社会はかくも変化に富み、さまざまな習俗と文化に身をゆだね、異なった法のもとで生活しているのか、という問いかけがあるとすれば、従来ならばその答えは、まだ正しい社会の姿が発見されていないからだ、あるいは、現存する社会のうちのどれが正しい社会であるかまだ認識されていないからだ、ということになるだろう。つまり、多様な社会が存在する原因は、時機がまだ到来していないこと、あるいは人類の（一部の）無知、無力に帰せられるわけである。いずれにせよ、多様性は、未熟で不完全な状態、時いまだ満ちぬこと、人の力の至らざることの徴なのである。創世記にあらわれるバベルの塔の挿話において、言語の多様性が神によって与えられた罰の結果、あるいは罰そのものだったことを思い出してほしい。

それに対して、バーリンのように考えれば、多様性のもつ意味は一変する。多様性はそれ自体として正常な状態であり、未熟でも不完全なものでもない。なにかへ至る過程ではなく、なにかが欠けた状態でもない。社会について言えば、すべての社会が一定数の普遍的な価値を分けもっているのであり、それらの様相が個々に異なるのは、個々の社会がおかれている文脈のためである。ある社会にはある価値が欠け、別の社会には別の価値が欠け、はたまた、もうひとつの社会にはすべての価値が完全無欠な形で具現されているせいではない。したがって、将来において、あるいは単なる論理的可能性においてですら、それらの相違が収束し、「真の」「完全な」「正しい」社会が登場することはあり得ないのである。われわれはこうして、少なくとも、頽落した多様性から本来的な唯一性へ立ち戻らねばならぬ、という強迫観念から解放されることになる。

＊

本章冒頭においたバーリンの言葉を、いま一度、ここに引用したい。

「しかし、理解するとは受容することではない。ヴィーコは、断固とした言葉でホメロス的社会の社会的不正義や残忍さを呪う時、どんな知的不快感も味わっていない――また味わう必要もない――。ヘルダーは、地方文化の偉大な征服者や破壊者――アレクサンドロス、カエサル、シャルルマーニュ――を非難したり、東洋の文学や太古の詩歌を賛美したりする時、一貫性を欠いているわけでない。……人はある文化を、道徳的に、あるいは美学的に不快なものであるという理由で、拒否することができる。しかし、この見地に立つのも、それにもかかわらず、その文化が、人間的と認知できる社会に、どのように、また、なぜ、受け入れられえたかということを、人が理解できる場合だけである。」

ある異質な社会の理解についても、それが必ずしも「許すこと」にはつながらないとバーリンはあらためて確認するのだが、ここでは、「許す」という言葉が「受容する accept」という言葉に置き換わっている。そして、ある社会の文化を「許す／許さない」とは、「拒否すること reject」であるとされる。「許す／許さない」(117)に較べ、「受容する／拒否する」という言葉づかいは、明らかにある種の受動性を帯びている。それはつまり、他者の文化の価値について、最終的な判断を下す責任を回避しているように思えるのだ。それゆえ、他者集団の世界観を前にして「道徳的にあるいは美学的に不快なものであるという理由で拒否する」際の主観性は、異なる集団同士の世界観が相容れない場合でもそれらは対等であり、同じように正当な根拠をもっているという認識を、むしろ告白していると言えよう。

たしかに、われわれはナチ党員に関して、理解することが許すことにつながってしまうというバーリンの恐れを共有し、それに疑問を抱くことはなかった。だが他方、ある異質な社会に対して突きつけられた「拒否」が、もしそれが啓蒙主義者ヴォルテールのように「過去において若干の選抜された文化……をもつ文明化された社会の価値だけが正しいとする考え方」(118)にもとづいてなされたものだとしたら、われわれはもはやその振る舞いを正しいとは考えない。むしろ、「許し」、「受容しよう」と努力し、他方「許さない」、「拒否する」という判断こそが許し難い独断であり傲慢だと考えるのではないだろうか。つまり、明確に集団を問題にした場合、「悪を許してしまうような理解とは何か」

という問いの前提をなしていた「悪」それ自体の自明性が疑わしいものになってしまうのである。

言い換えれば、これは、文化の固有性を尊重することとそれに倫理的にコミットすることとの間に矛盾が生じ得るということを意味する。そのような例は、Iに登場したシュウィーダ、ブルーム、ホスケンという三人の論者が示すように、現代でもしばしば見ることができる。

それに対して、チャールズ・テイラーは、「はじめに」で引用したように、次のような仮定を提案していた。他の文化を学ぶ際には、「多様な性格や気質を持つ多数の人間に、長期間にわたって意味の地平を与えてきた諸文化は——換言すれば、善なるもの、神聖なるもの、賞賛すべきものについての彼らの感覚に表現を与えてきた諸文化は——、たとえわれわれが嫌悪し拒否すべきものを多く含む場合ですら、われわれの賞賛と尊重に値するものをほとんど確実に含むと想定することが理にかなっている」。ただし、彼によれば「この仮定は……賭けのようなものを含んでいる」。なぜなら「この主張の妥当性は、その文化を実際に学習する中で具体的に証明されなければならない[119]」のであり、「われわれが最後に、それらの文化の価値が高い、あるいは他の文化の価値と等しいという結論に到達する[120]」かどうかを事前に知ることはできないからである。

この「価値平等性の仮定」は、自分とは異なる文化を（それゆえに）尊重することと、（それにもかかわらず）それを理解しかつ判断しようとすることの間にある矛盾を、「理解」へ至る過程の前と後という、いわば「時差」を利用して解決しようとする。理解は、価値判断の可能性を確保するために、どうしても生じなければならない。なぜなら、「すべての文化が尊敬に値するということでは」ないからである。とはいえ、その判断は、独善的な普遍主義ではなく、われわれが「自らの基準を変化させ」、他の文化において「何が価値を構成するかについての理解」を獲得した結果でなければならない。しかし、そのような結果、つまり「ガダマーが〈地平の融合〉と呼ぶもの[121]」が実際に生じるという保証はどこにもないのだ。

## おわりに

われわれの出発点は、あらゆることを理解できてしまうことへの恐怖、すなわち、ある対象を理解することは、たとえそれが悪しきものであったとしても許すことにつながりかねない、という怖れであった。〈悪〉を「許す」ことへの怖れは、多くの場合、相対主義への怖れとして表現される。たとえば、テイラーの「わたしは相対主義者ではありませんから、正しい文化と、反人間的で危険で邪悪なものという意味での悪い文化との最終的な判断は、可能だとする立場に立っています」という発言。あるいは、ブルーム（「もし君がインド在住のイギリス行政官だったら……」）やホスケン（「文化相対主義の主張は……」）の言葉を考えてもよい。これほど立場を異にする人々が、異口同音に相対主義の危険について警告しているのはなぜだろうか。いったん相対主義に譲歩したが最後、〈悪しき〉文化の面前で立ちすくむしかない、とかれらは考えているようだ。

これら相対主義への反対者たちは、正しい文化と悪い文化との区別は「最終的」に可能であり、それは文脈によって左右されることはないと信じている。つまり、Ⅳで扱った小さな物語の中に登場する〈悪〉ではなく、それ自体として存在する絶対的悪がある、ということだ。

もしそうであれば、多かれ少なかれ、問題はきわめてシンプルな二者択一の形をとることになる。断固として最終的判断の可能性に訴えるか、それとも相対主義に同調してなすすべなく手をこまねいているか、のふたつにひとつしかない。

だが、私には、この問題設定の仕方そのもの――対立を先鋭化させ、相対主義に与しないのならば、残された選択肢はひとつしかないと思わせること――が、〈悪しき〉文化に直面したヨーロッパ人の困惑を表現しているように思われる。相対主義という概念は一種の踏み絵であって、これを踏まない者は善悪の判断基準を失い、悪に屈服したとみなされるのだ。

しかし、〈悪〉への関係はそのように単純なものではない。サティーに帰せられる〈悪〉には二種類ある。ひとつは植民地主義的な意味での〈悪〉(野蛮で残酷)であり、もうひとつはジェンダー的な意味での〈悪〉(女性の抑圧)である。植民地主義や(西洋)フェミニズムは、これらの〈悪〉を克服するものとして自己を正当化しようとする。そして、その際、これらの主義主張にサティー理解の範型を与えているのが、「白人の男性(もしくは白人の女性…引用者)たちが茶色い女性たちを茶色い男性たちから救い出している」という小さな物語なのである。

この物語のなかで、〈悪〉は、当の〈悪〉を否定しようとする文脈の中で、その否定に抗するものとして生じている。サティーの〈悪〉は、その中では決して克服されることはない。なぜなら、この物語は克服されるべき対象としての〈悪〉なしでは成立しないからだ。

このような〈悪〉への関わり方、すなわち、否定しつつ必要とするといった二義的な関係のあり方は、サティーに限ったことではない。それは、多少大袈裟なことを承知のうえで言えば、北米を含むヨーロッパ文明が異世界の〈悪しき〉文化と取り結ぶ典型的な関係のあり方である。それによって、ヨーロッパ文明は、異世界に対する干渉を〈文明化の使命〉として正当化することができる。

さらに、この小さな物語には、白人が茶色い男たちからその女たちを、すなわち、その最良のものを救い出すという、救出のモチーフが含まれている。これもまた、サティーだけに当てはまることではなく、そこには、異世界自身が知らない異世界の宝を発見し、救い出し、図書館や博物館に保護するのは、主体(男性)として行動するヨーロッパであるという、オリエンタリズム的観念の反映を見てとることができる。大いなる洞察力をもってかれらを導き、かれら自身の文化の真髄へと手引きしてやることが必要なのだ。(122)

小さな物語の中にこめられているこれらの含意を踏まえると、最終的判断か相対主義かという二者択一を迫る問題設定は、〈悪〉のあり様に比して単純すぎるのではないか、という疑念が湧いてくる。〈悪〉は、ヨーロッパ人にとって、文明化と救出を正当化する不可欠の前提なのであるから。

われわれが扱ってきた過去のさまざまな論者のなかで、最終的判断か相対主義かといった、単純化された問題設定に囚われなかったのは、美的受容へと奔ったドイツ・ロマン派の詩人たちを別にすれば、ヘルダーだけだろう。すでに見たように、ヘルダーにおいてもサティーへの批判は存在する。ただ、その言辞は、(限界はあるにせよ)より声高で確信に満ちた植民地主義への抗議によって掻き消されがちであった。いや、今となってあらためて考えてみると、むしろそれは、サティーの〈悪〉と植民地主義の〈悪〉との関係を正確に反映させようとした結果だったのかもしれないと思えてくる。サティーという〈悪〉を植民地主義正当化のために持ち出すのが常だとすれば、それによって正当化される植民地主義をより大きな、もうひとつの〈悪〉だと考えるヘルダーにおいて、サティーの〈悪〉の「強度」が低下するのは当然とも言える。

ヘルダーのこのような振る舞いは、相対主義と呼ばれるべきものだろうか。たしかに、サティーへの批判は、反相対主義者たちが望むほどには猛々しくはない。しかし、それは、彼がサティーを取り巻く「茶色い人々」の文脈のみならず、それに関わる「白い人々」の文脈をもあわせて判断しようとしたためなのだ。サティーという〈悪〉の強度が低下するのは、相対主義的な意味で善悪の判断基準が失われたためではなく、植民地主義というヨーロッパ人の〈悪〉との相関関係においてサティーを把握した結果である。ヘルダーは、このように、〈悪〉を重層的な文脈のうちにとらえようとする。これは、文脈に左右されない悪が存在するとする「最終的」判断とも、判断基準を放棄する相対主義とも異なる〈悪〉への関わり方だと言えるだろう。私が先ほどから〈悪〉の「強度」という表現を用いているのも、重層的な文脈における複数の〈悪〉の相互関係をなんとか言い表そうとしてのことである。

ただ、すでに指摘したように、ヘルダーの植民地主義批判は、行為（加害）者をヨーロッパ人とし、被害者をアジア人とした地点で終わっている。それはジェンダーについても同じであって、能動的行為はつねに男性から発し、女性に受動的対象以外の役割が与えられることはなかった。

しかし、重層的な文脈に見いだされる〈悪〉の複数性というビジョンは、ヘルダーの思惑を越えて、さらに拡張することができるだろう。たとえば、供儀の中心にありながらほとんど注意を払われてこなかった女性自身をめぐる文脈である。ヘルダーから二〇〇年近い時を経て、ようやくわれわれは、彼女の文脈に身を置いて考えること（を試みること）の重要性に気づくようになった。

ヘルダーからさらなる教訓を読み取るとすれば、それは、〈悪〉をその文脈から見るだけでは充分とはいえず、見ているわれわれの側の文脈をもあわせて判断しなければならないという警告だろう。これはいわゆる「ヨーロッパ中心主義」への批判を先取りしているとも言えるが、より重要なのは、かれらだけではなく、われわれもまた文脈のなかに生きる存在であり、他者の文化を「理解」するには、他者の文脈とわれわれの文脈を突き合わせ、その交差する地点で観察しなければならない、という点である。そしてまた、この作業によって初めて、われわれは、そもそも「われわれ」とは誰なのかを知ることになる。

*

それでは、最後にいま一度、最終的判断か相対主義かという二者択一を迫る問いに戻り、なぜそれがそのような問いとして作り上げられたのか、考えてみることにしよう。

この問いは、一見すると、この問いを発する者たち、つまりヨーロッパ（ないし北米）人を、苦しい地点まで追い込んでいくように見える。他者の文化への敬意と、文脈に依存しない剥き出し（括弧なし）の悪との間で、かれらは悩み、煩悶し、そして「最終的」に決断する。そこにはいくらか演劇的ともいえる要素がひそんでいて、主人公たちは、苦しみ抜いたすえにようやく決断を下すのである。その点では、相対主義者も反相対主義者も変わりはない。つまり、この問いの真の分水嶺は、相対主義者とその反対者との間にあるのではなく、悩み苦しみながら決断する主体としてのヨーロッパと観察され判決を下される客体としてのアジアの間を通っているのだ。

現代の多くの事柄がそうであるように、ヨーロッパはもはや教え諭す存在でも、暴力をもって支配する存在でもない。だが、かれらは、わずかに残ったサティーのような例に、植民地主義が過去のものとなった時代の、悩める自画像を刻印しようとする。観察し、苦悩し、決断するヨーロッパ。悩める行為者としてのヨーロッパ。意識せざる優位者。[123] かつて植民地主義のアリバイであったサティーが、いまや苦悩するヨーロッパのアリバイとして利用される。

かりに、かれらが言うように、文脈に依存しない悪があるとしても、それを含むこの問い自体は、やはり、あるひとつの文脈、すなわちヨーロッパ的な文脈の中に置かれているはずだ。しかし、この問いは、文脈に依存しない悪を表に出すことによって、問い自身もまた文脈に依存しないものであるかのように装っている。複数の文脈を交差させる代わりに、いやむしろそれを避けるために、そして、ヨーロッパが自分の〈悪〉から目を逸らすために、この問いは作り上げられたのである。

この問いには答えがない。相対主義と反相対主義、どちらを採るべきか判断するしかるべき手がかりが存在しないのは、悩むこと自体がアリバイとなるからである。にもかかわらず、あるいはそれゆえに、この問いは、かれらに対して決断を迫る。答えをもたぬこの問いは、いつまでもいつまでもかれらにつきまとう。「すべてを理解することはすべてを許すことではない」とあえてバーリンが言う時に感じ取れる一抹の不安――それがすべての議論の出発点であった――は、そのどちらもが共に答えではないと、彼が承知していたことを示している。通奏低音のように執拗に繰り返されるこの問いかけこそが、かつて世界を支配したヨーロッパの残響なのである。

(1) この肯定形が格言として知られる。出典不明。Henry Hardy(バーリンの遺稿の編集者)が運営する以下のウェブ・サイトを参照のこと。The Isaiah Berlin Virtual Library, URL:http://berlin.wolf.ox.ac.uk/queries/untraced_quotations.htm(二〇〇六年四月現在。)
(2) Ramin Jahanbegloo, *Conversations with Isaiah Berlin*, 1992, London: Halban, p. 38.〔I・バーリン/R・ジャハンベクロー『ある思想史家の回想』(みすず書房、一九九三年)六四頁。〕
(3) Isaiah Berlin, 'Alleged Relativism in Eighteenth-Century European Thought,' in Berlin, *The Crooked Timber of Humanity*, New York: Vintage Books, 1990, pp. 86f.〔「一八世紀ヨーロッパ思想におけるいわゆる相対主義」、田中治男訳『理想の追求 バーリン選集4』(岩波書店、一九九二年)八一頁。〕
(4) 田中雅一「女神と共同体の祝福に抗して――現代インドのサティー論争」、田中『供儀世界の変貌』(法藏館、二〇〇二年)二九二頁。
(5) チャールズ・テイラー、岩崎稔・辻内鏡人訳「多文化主義・承認・ヘーゲル」『思想』一九九六年七月号、五頁。
(6) Charles Taylor, *Multiculturalism and* "*The Politics of Recognition*," Princeton: Princeton University Press, 1992, pp. 72f.〔チャールズ・テイラー、佐々木毅・辻康夫・向山恭一訳『マルチカルチュラリズム』(岩波書店、一九九六年)一〇〇頁以下。〕
(7) テイラーの引用からも知られるように、われわれがこれから問題にしていく「悪」とは、神学的あるいは道徳的意味での「悪」ではない。人が、異文化の習俗を「悪しき風習」と呼ぶ意味での「悪」で、いわば「人類学的」悪とでも呼ぶべきものである。人類学者大塚和夫は、サティーについてではないが、女性性器切除(FGM)について次のように述べている。「FGM問題との関連で重要なのは、価値相対主義の中における、優劣や美醜といった判断ではなく、善悪という価値判断である。さて、異文化(異民族・異宗教・異ジェンダー)におけるある制度や慣習を〈悪〉と判断した場合に、反・自文化中心主義の基本的に内省的な視線からは、他者に対する批判とそれにもとづく働きかけは生まれてこない。理論上、反・自文化中心主義は、他者の〈悪〉を傍観するしかないであろう。」〔大塚和夫「女子割礼および/または女性性器切除(FGM)」、江原由美子編『性・暴力・ネーション』(勁草書房、一九九八年)二六二頁。傍点は原文による。〕
(8) インド独立以来、四〇件にものぼるサティーがあり、近年に限ってもループ・カンワルが唯一の例ではなかったのだが、この事件についてはインドの女性団体が敏感に反応し、その是非をめぐって激しい論争が闘わされた。支持派、反対派双方がデモを繰り広げ、ついには当初介入をためらっていたインド首相ラジーヴ・ガンディー(当時)までも巻き込む事態に発展、サティーに関する書物が相次いで出版されるきっかけともなった。事件の経緯をここで詳述することはしないが、それをめぐる論点のうち、重要だと思われるものを確認しておきたい。

主としてヒンドゥー原理主義者からなるサティー擁護派は、サティーは宗教的問題であり、カースト（ループ・カンワルはラージプートというインド北西部の支配的カーストに属していた）もしくはヒンドゥーの伝統の一部であると主張する。かれらにとって、サティーや、亡くなった女性を祀る祭儀（サティーをおこなった女性は女神＝サティーとして崇められる）への規制は、宗教や伝統に対する国家の不当な介入である。一方、女性団体や世俗主義者から構成されるサティー批判派によれば、宗教や伝統をもちだしてサティーを正当化しようとするのは、欺瞞以外の何ものでもない。かれらは、サティーの背景に、いかなる意味でも宗教や伝統とはかかわりのないさまざまな動機が隠れていると指摘する。たとえば、死んだ夫の家族は寡婦となった妻に高額の持参金を返却しなくて済み、サティーがおこなわれたその地元は一種の宗教的聖地としての名声を獲得する。さらに、この出来事を、ヒンドゥー・ナショナリズム高揚のために利用しようとする政治勢力の存在がある。

ループ・カンワル事件をめぐるもうひとつの主な論点は、彼女の「自発性」に関するものである。サティーは彼女みずからが望んだのであり、強固な宗教的信念の発露なのだという擁護派の主張に対して、それを疑わせるさまざまな状況証拠が指摘されている。たとえば、サティーは夫の死の翌日すぐさま実行され、ループ・カンワルの実の両親は、彼女と話しあう時間すら持つことができなかった。かれらは、新聞を通じて初めて娘の身におきたことを知ったという。また、事件の後、村の医者が失踪し警察の事情聴取をまぬがれたことも、なんらかの薬物の使用を疑わせた。しかし、これらはすべて疑惑の域を越えることはなかった。サティーを見物しようと何千人もの人間が取り巻いていたのだから、彼女が強制されていれば、あるいは薬物の影響下にあれば、そうと知れたはずだと考えられるかもしれないが、実際の現場は、たちこめる煙と人々の叫び声で、彼女の声はおろか姿や仕草さえ見定めることは困難だったと言われる。警察は夫の家族をいったんは逮捕したが、結局、容疑は証明されることなく終わったのである。

この出来事の詳細は以下で知ることができる。John Stratton Hawley, 'Introduction,' および Veena Talwar Oldenburg, 'The Roop Kanwar Case: Feminist Responses,' in John Stratton Hawley (ed.), *Sati. The Blessing and the Curse. The Burning of Wives in India*, New York; Tokyo; Oxford: Oxford University Press, 1994. また、前掲の田中雅一「女神と共同体の祝福に抗して」を参照のこと。

（9） *Der Spiegel*, 1999, Nr. 2 (11. Januar), S. 158.

（10） Richard A. Shweder, *Thinking through Cultures. Expeditions in Cultural Psychology*, Cambridge: Harvard University Press, 1991, pp. 17-19.

(11) Allan Bloom, *The Closing of the American Mind*, New York : Simon and Schuster, 1987, p. 26. 〔アラン・ブルーム、菅野盾樹訳『アメリカン・マインドの終焉』（みすず書房、一九八八年）一八頁。〕

(12) 注（7）を参照。

(13) Fran P. Hosken, *The Hosken Report. Genital and Sexual Mutilation of Fimales*, Fourth Revised Edition, Lexington: Women's International Network News, 1994, pp. 17f. 〔フラン・P・ホスケン、鳥居千代香訳『女子割礼 因習に呪縛される女性の性と人権』（明石書店、一九九三年）三三頁および四一頁以下。ただし、これは第三版の翻訳。〕ホスケンは、文化や伝統を口実に女性がいかに抑圧されてきたかを告発するに急なあまり、ヨーロッパ人がおぞましいと感じる非ヨーロッパ世界の習俗をいささか無原則に列挙してしまう。ここに挙げられている習俗は、それぞれ地域や文化的背景を異にしているばかりでなく、「人喰いの風習」のように実在が確かでないものすら含まれている。本書第一章の2を参照のこと。

(14) 岡真理『彼女の「正しい」名前とは何か——第三世界フェミニズムの思想』（青土社、二〇〇〇年）七九頁。

(15) ギアーツが取りあげているのは、インドではなくバリ島のサティーである。バリ島は、インドネシアにあって、イスラーム化の波にさらわれることなく残ったほぼ唯一のヒンドゥー文化圏であり、オランダの支配下に入った後もなおヒンドゥー文化の影響が色濃い独自の習俗を維持していた。

(16) Clifford Geertz, *Local Knowledge*, New York: Basic Books, 1983, p. 43. 〔クリフォード・ギアーツ、梶原景昭他訳『ローカル・ノレッジ』（岩波書店、一九九一年）七六頁。〕

(17) Tzvetan Todorov, *Les morales de l'histoire*, Paris: Bernard Grasset, 1991, p. 209. 〔ツヴェタン・トドロフ、大谷尚文訳『歴史のモラル』（法政大学出版局、一九九三年）二四〇頁。〕

(18) *Diodorus of Sicily in twelve volumes*, IX, Cambridge: Harvard University Press, 1947, pp. 319f. (Book XIX. 33). Vidya Dehejia は、インドにサティーが導入されたのは紀元五世紀以降だとするが（*Sati. The Blessing and the Curse*, p. 50.）、今のところ私にはこの食い違いを解明する能力はない。

(19) ibid. p. 323 (Book XIX. 34).

(20) 「もうひとつこの王国（マーバール国…引用者）での風習を述べておこう。それは夫が死んで遺体を火葬に付する際、その妻が自ら火葬壇に身を投じて夫と共に焚死することである。そしてこの行為をあえてした婦人は一般から大いに賞賛される。したがってかかる婦人は現実にその数が決して少なくないのである。」〔マルコ・ポーロ、愛宕松男訳注『東方見聞録 2』（平凡社、東洋文庫一八三、一九七一年）一七五頁以下。〕マルコ・ポーロより半世紀ほど遅れて、イスラームの大旅行家イブン・バットゥータもまた彼の旅行記においてサティー目撃談を語っている〔家島彦一訳注『大旅行記 4』（平凡社、東洋文庫六五九、一九九九年）三〇九頁以下〕。さらに、旅行記ではないが、モンテスキューが『ペルシア人の手紙』第一二五書簡でサティーに言及している。

(21) ヴェネチアの名家の出身であった商人コンティは、ダマスカスを振り出しに、ペルシア、マラバール海岸（インド亜大陸西縁）を経て、インド内陸部、セイロン、スマトラ、ジャワ、さらに中国南部にまで到達した。彼は、一四四四年故郷に帰り着いたが、放浪の間に余儀なくキリスト教を否認していたため教皇に赦免を嘆願し、贖罪のために語られた二五年におよぶその冒険の数々は教皇の秘書によってラテン語で記録された。cf. R. H. Major (ed.), *India in the Fifteenth Century Being a Collection of Narratives of Voyages to India*, Elibron Classics (Reprint of London: The Hakluyt Society, 1857), introduction p. ix. その中に含まれる、第一妻がサティーをおこなうのは法によるが、それ以外の妻がサティーをおこなうかどうかは、結婚契約の際の取り決めによる、という記述は珍しい。cf. *India in the Fifteenth Century*, The Travels of Nicolo Conti の p. 24（ただし、この本の頁数は通し番号になっていない）。

(22) 大部の旅行記 *Vermehrte Newe* (sic) *Beschreibung Der* (sic) *Muscowitischen und Persischen Reyse* (sic) *So durch gelegenheti einer Holsteinischen Gesandtschaft an den Russischen Zaar und König in Persien geschehen*, Tübingen: Max Niemeyer Verlag, 1971 (Nachdruck der Ausg. Schleswig, Holwein, 1656) を著したオレアリウス（Adam Olearius, 1603-1671）に宛てた書簡のなかで、マンデルスロは、アクバルによって定められたサティーに対するムガル帝国政府の方針を記している。それによると、サティーをおこなうためには知事の正式な許可が必要とされるが、それを禁止することはできず、寡婦の意志がかたい場合には知事は許可を与える義務があった。cf. M. S. Commissariat, *Mandelslo's Travels in Western India* (*A. D. 1638-1639*), Delhi; Madras: Asien Educational Service, 1995 (Reprint of London; Bombay; Calcutta; Madras: Oxford University Press, 1931), p. 43.

(23) Sir William Foster (ed.), ***A New Account of the East Indies by Alexander Hamilton***, vol. I, Amsterdam: N. Israel, New York: Da Capo Press, 1970 (Reprint of London: The Argonaut Press, 1930), p. 157. ハミルトンは、感情をまじえず淡々と、毒殺防止起源説、バラモンの役割、生き残った妻の屈辱について語り、目撃した二件のサティーの様子を記録にとどめている。彼は、こころならずも結婚した妻が夫の死後、自分を捨てたかつての恋人を道連れに葬儀の炎に身を投げたという話を語っているが、これと同じ話が後述のベルニエ『ムガル帝国誌』にもある。

(24) 彼は、地球上のさまざまな人間集団のパノラマが急速に拡大していく時代にあって、それを整理し概観するために、近代的な意味で初めて「人種」という言葉を使用した人物としても知られている。第二章の3を参照のこと。cf. Art. 'Rasse' in Otto Brunner/Werner Conze/Reinhard Koselleck (hrsg.), *Geschichtliche Grundbegriffe*, Bd. 5, Stuttgart: Klett-Cotta, 1984, S. 142.

(25) *Voyages de François Bernier*, Tome Second, Paris: s. n, 1830, p. 98. 〔ベルニエ、倉田信子訳『ムガル帝国誌(二)』岩波文庫、二〇〇一年、九七頁以下。〕

(26) ibid., p. 107. 〔同、一〇六頁以下。〕

(27) ibid., p. 103. 〔同、一〇三頁。〕

(28) ibid., p. 103. 〔同、一〇二頁以下。〕

(29) ibid., pp. 107f. 〔同、一〇七頁。〕

(30) ibid., p. 108. 〔同、一〇八頁。〕

(31) cf. P. J. Marshall & Glyndwr Williams, *The Great Map of Mankind*, London: Dent, 1982, pp. 75f. 〔P・J・マーシャル/G・ウィリアムズ、大久保佳子訳『野蛮の博物誌』(平凡社、一九八九年)一一五頁以下参照。〕

(32) cf. A. Leslie Willson, ***A Mythical Image**: The ideal of India in German Romanticism*, Durham: Duke University, 1964, p. 46.

(33) cf. *The Great Map of Mankind*, p. 104. 〔『野蛮の博物誌』、一五八頁参照。〕

(34) *Les Œuvres Complètes de Voltaire* 59, Institut et Musée Voltaire, ed. by J. H. Brumfitt, Geneve: Institut et Musée Voltaire, Toronto: University of Toronto Press, 1969, p. 149. 〔ヴォルテール、安斎和雄訳『歴史哲学』(法政大学出版局、一九八九年)一〇三頁。〕

(35) cf. ***A Mythical Image***, p. 24 n. 9 & pp. 37f. また、ヴォルテール『歴史哲学』六〇頁以下および一〇七頁以下注(3)(4)を参照。

(36) Voltaire, ibid., p. 148. 〔ヴォルテール『歴史哲学』、一〇二頁。〕モンテスキューも「輪廻の教義」について、同じようなことを言っている。「それは、良い方にも悪い方にも向けられたので、インドにおいては良い効果と悪い効果とをもっていると言おう。それは血を流すことに対するある恐怖を人間に与えるので、インドにおいて殺人を極めて少なくしている。そして、そこでは死刑をもって罰することはほとんどないのに、誰もが平穏である。他方、妻はそこでは夫の死に際してわが身を焼く。すなわち、そこでは罪のない者ばかりが非業の死を遂げる。」*Œuvres Complètes de Montesquieu*, Tome I, Paris: Nagel, 1950, p. 100.〔モンテスキュー、野田良之他訳『法の精神　下』（岩波文庫、一九八九年）四九頁以下。〕

（37） Voltaire, *Le Siècle de Louis XIV*, Préface et Notes par Rene Groos, Paris: Librairie Garnier Freres, 1947, Tome II, p. 278.〔ヴォルテール、丸山熊雄訳『ルイ十四世の世紀　4』（岩波文庫、一九八三年）一七〇頁。〕巻末「人名録　フランスの著作家」の中でベルニエが紹介されている。

（38） Zadig, ou Le Destinée, Histoire Orientale, in *Œuvres Complètes de Voltaire, Nouvelle Édition*, Tome 27, Romans, Paris: Chez Lefevre, Deterville, 1818, p. 42.〔ヴォルテール、植田祐次訳『カンディード他五篇』（岩波文庫、二〇〇五年）一四八頁。〕

（39） ibid., p. 42.〔同、一四八頁以下。〕

（40） ibid., p. 47.〔同、一五七頁以下。〕

（41） このエピソードには、サティーをめぐる現代の論争にも受け継がれる、重要な論点がいくつか含まれている。すなわち、この習俗の歴史的正統性に関する議論、宗教を隠れ蓑として経済的利益が追求されているのではないかという疑い、そして、サティーを望む女性の自主性に関する問い、の三つである。これは、サティーを啓蒙的立場から批判する人々の前提がどのようなものであるかを明らかにしていることにもなる。もちろん、伝統の権威に対する理性の優位、経済的利害から自由であるべき「純粋な」宗教的行為という（おそらくは反事実的な）観念、なんらかの強制なしには死を望むはずのない人間の「自然（本性）」といった諸前提は、あまりにも近代ヨーロッパ的な刻印を帯びていて、すべてがそのまま現代のサティーをめぐる論争において通用するわけではない。

（42） イギリス支配地域でサティーが禁止されるのは、ウィリアム・ベンティンク（Lord William Bentinck）がベンガル総督（のちにインド総督）に就任した後の一八二九年のことである。

（43） R. Hartley Kenney, The Suttee: The Narrative of an Eye-witness, in *Bentley's Miscellany*, Vol. XIII, 1843, p. 241.

（44） ibid., pp. 243f.

（45） ibid., p. 244.「ある時、犠牲者自身が心底からからかうような調子で私に話しかけてきた。私があまりにも好奇心をむき出しにして、儀式の手順すべてを詳細に記録していたからである。」

（46） ibid., p. 250.

（47） とはいえ、この場面にイエス受難の一幕を連想するのは筆者だけではない。「多かれ少なかれ〔東インド会社の…引用者〕

誰もがおちいる苦境は、残酷な不正を黙認するか、それとも暴動の引き金をひくかという選択、ピラトの昔にまでさかのぼる選択であった。」（傍点引用者）Philip Woodruff, *The Men Who Ruled India. The Founders*, London: Jonathan Cape, 1953, pp. 255f.

(48) サティーの背後に宗教勢力の「陰謀」を見ようとする解釈は、ループ・カンワル事件をめぐる現代の論争においても見られた。注の（8）参照。

(49) 厳密に言えば、語りの理論において、現実の著者、テクストの機能要素としての語り手、一人称による登場人物の三者はすべて別物である。それらが同一視される場合があるとすれば、まさにそのような効果をテクストが狙っていることを意味する。しかし、この点にこれ以上深入りする必要はないだろう。

(50) R. Hartley Kenney, ibid., p. 256.

(51) Clifford Geertz, *Local Knowledge*, p. 39.〔ギアーツ『ローカル・ノレッジ』七〇頁〕からの再引用。クリフォード・ギアーツ、小泉潤二訳『ヌガラ』（みすず書房、一九九〇年）一一五頁以降においてもまったく同じ引用がなされている。

(52) ibid., p. 40.〔ギアーツ、七一頁以下。〕

(53) Johann Gottfried Herder, *Sämtliche Werke*, Bernhard Suphan (hrsg.), Bd. XVI, Hildesheim: Olms-Weidmann, 1994 (3. unveränderter Nachdruck der Sammtlichen Werke. Berlin: Weidmannsche Buchhandlung, 1877-1909), S. 84ff. Über ein morgenländisches Drama.

(54) フォルスターの翻訳に対するゲーテとヘルダーの反応、および『シャクンタラー』の反響については、以下の記述を参考にした。*Georg Forsters Werke*, 7. Bd., Berlin: Akademie-Verlag, 1990, S. 490ff.

(55) ジョーンズによる英訳版への序言をみよ。ibid., S. 284.

(56) フォルスターの死後刊行された、ドイツ語訳第二版に付されたヘルダーによる序文の一節。Herder, *Sämtliche Werke*, Bd. XXIV, 1886, S. 580.

(57) マハーデーヴァとも。シヴァ神の別名。上村勝彦『インド神話』筑摩書房、二〇〇三年、六一頁参照。

(58) Johann Wolfgang von Goethe, *Werke Hamburger Ausgabe*, München: Deutscher Taschenbuch Verlag, 1982, Bd. 1, S. 276.

(59) Karoline von Günderrode, Die Malabarischen Witwen, in *Karoline von Günderrode. Der Schatten eines Traums*, Darmstadt; Neuwied: Luchterhand, 1979, S. 88.

(60) Friedrich Schlegel, Kritische Friedrich-Schlegel-Ausgabe, Ernst Behler (hrsg.), Bd. 5, Dichtungen, München; Paderborn: Verlag Ferdinand Schöningh, 1962, S. 285f.
(61) ibid., S. 11. 〔フリードリヒ・シュレーゲル、平野嘉彦訳「ルツィンデ」、『ドイツ・ロマン派全集 第一二巻 シュレーゲル兄弟』(国書刊行会、一九九〇年)二一一頁以下。邦訳の訳語を一部変更した。〕
(62) *Georg Forsters Werke*, Bd. 7, S. 286.
(63) ibid.
(64) Briefe zur Beförderung der Humanität, 107. Brief, in Herder, *Sämtliche Werke*, Bd. XVIII, 1883, S. 137.
(65) Ideen zur Philosophie der Geschichte der Menschheit, in Herder, ibid., Bd. XIII, 1887, S. 325.
(66) A. Leslie Willson は、ヘルダーがこの説をアレクサンダー・ハミルトンから受け継いだとしているが (p. 52)、ディオドロスやストラボンで読んだことも考えられる。ヘルダーとハミルトンの記述に、他の可能性を排除するような特異な類似性があるわけではない。
(67) *The Geography of Strabo*, vol. 7, Cambridge: Harvard University Press, 1954, p. 53. 〔ストラボン、飯尾都人訳『ギリシア・ローマ世界地誌 II』(龍溪書舎、一九九四年)三九八頁から。ただし、邦訳の訳文を多少変更した。〕
(68) Ideen, Herder, *Sämtliche Werke*, Bd. XIV, 1909, S. 28.
(69) ibid., S. 29f.
(70) ibid., S. 31.
(71) ibid., S. 31.
(72) ibid., S. 32.
(73) 後年の輪廻転生説についてのヘルダーの文章 Herder, *Sämtliche Werke*, Bd. XVI, 1887, S. 185ff. Über Denkmale der Vorwel (1792).
(74) Herder, *Sämtliche Werke*, Bd. XIV, S. 38.
(75) *Œuvres Complètes de Montesquieu*, Tome I, pp. 375f. 〔モンテスキュー、野田良之他訳『法の精神 中』(岩波文庫、一九八九年)一一三頁以下。〕
(76) Herder, *Sämtliche Werke*, Bd. XIV, S. 39.
(77) ibid., S. 39.

(78) チャールズ・チャップリン監督・主演『殺人狂時代』（一九四七年）の中の台詞。似たようなことを賀茂真淵が言っていると、ある本を読んで教えられた。「其時一人も殺さで有しは今のただ人共也。人を少し殺せしは今の旗本さぶらひと云。今少し多くころせしは大名となりぬ。又其世に多く殺せしは一国の主となりぬ。扨是をかぎりなく殺せしは、公方と申て世々さかへり。」渡辺浩『東アジアの王権と思想』（東京大学出版会、一九九七年）一八六頁以下。

(79) Herder, *Sämtliche Werke*, Bd. XIII, S. 342.

(80) ibid., S. 324.

(81) Barbara Stollberg-Rilinger, Väter der Frauengeschichte? Das Geschlecht als historiographische Kategorie im 18. und 19. Jahrhundert, in *Historische Zeitschrift*, Bd. 262 (1996).

(82) Herder, *Sämtliche Werke*, Bd. XIII, S. 324.

(83) ibid., S. 324.

(84) ibid., S. 325.

(85) Ⅱの冒頭のディオドロスの引用、および以下を参照。*Diodorus of Sicily in twelve volumes*, VIII, Cambridge: Harvard University Press, 1963, p. 385.

(86) Edward W. Said, Orientalism, New York: Vintage Books, 1978, p. 167.〔エドワード・W・サイード、今沢紀子訳『オリエンタリズム』（平凡社、一九八六年）一七一頁。〕

(87) Herder, *Sämtliche Werke*, Bd. XIII, S. 324.

(88) Gayatri Chakravorty Spivak, in *Other Worlds*, New York: Routledge, 1987, p. 216.〔G・スピヴァック「サバルタン研究――歴史記述を脱構築する」、R・グハ他、竹中千春訳『サバルタンの歴史　インド史の脱構築』（岩波書店、一九九八年）三三〇頁以下。〕

(89) ibid., p. 220.〔同、三三七頁。〕

(90) Lata Mani, *Contentious Traditions*, Berkeley: University of California Press, 1998, p. 162.

(91) Gayatri Chakravorty Spivak, 'Can the Subaltern Speak?,' in Cary Nelson/Lawrence Grossberg (eds.), *Marxism and the Interpretation of Culture*, Urbana: University of Illinois Press, 1988, p. 296.〔ガヤトリ・C・スピヴァク、上村忠男訳『サバルタンは語ることができるか』（みすず書房、一九九八年）七八頁。〕

(92) cf. Philip Woodruff, ibid., p. 74.

(93) cf. Sir W. H. Sleeman, *Rambles and Recollections of an Indian Official*, London; Humphrey Milford: Oxford University Press, 1915, pp. 24f.

(94) ちなみに、Sati は現地語では儀礼の名称ではなく、儀礼によって聖化された女性を意味していた。ところが、ヨーロッパ人は、もっぱらその儀礼を Sati もしくは Sutee と呼び慣わしてきた。cf. John Stratton Hawley (ed.), ibid., pp. 11f.

(95) Ramin Jahanbegloo, ibid,. p. 36.〔R・ジャハンベグロー、同、六二頁。〕

(96) Johann Gottfried Herder, Auch eine Philosophie der Geschichte zur Bildung der Menschheit, in Herder, *Sämtliche Werke*, Bd. V, S. 503.〔ヘルダー、七字慶紀・小栗浩訳「人間性形成のための歴史哲学異説」『世界の名著　六八』（中央公論社、一九七五年）一〇〇頁。ただし、訳文は筆者による。〕

(97) 次の、簡にして要を得た記述を参照のこと。宮武昭「感情移入の歴史学（J・G・ヘルダー）」、作田啓一他編『人間学命題集』（新曜社、一九九八年）所収。

(98) 和辻哲郎『風土』（岩波書店、一九三五年）二二〇頁。

(99) 同、二三二頁以下。

(100) Immanuel Kant, *Kritik der Urteilskraft*, B 157/A 155.〔カント、篠田英雄訳『判断力批判　上』（岩波文庫、一九六四年）二三二頁。ただし、訳文は筆者による。〕

(101) Herder, ibid.〔ヘルダー、同。ただし、訳文は筆者による。〕

(102) Kant, ibid.〔カント、同。〕

(103) Hans-Georg Gadamer, *Wahrheit und Methode*, 4. Aufl., Tübingen: J. C. B. Mohr, 1975, XXIX.〔ガーダマー、轡田収他訳『真理と方法　I』（法政大学出版局、一九八六年）ｘｘｘ頁。〕

(104) Herder, ibid., S. 584f.〔ヘルダー、同、一七四頁以下。〕

(105) ibid., S. 585.〔同。〕

(106) ibid., S. 584.〔同。〕

(107) プラトン、田中美知太郎訳『テアイテトス』（岩波文庫、一九六六年）六五頁。

(108) 同、六九頁。

(109) 以下の、セクストス・エンペイリコスとモンテーニュの対比は、すでに第一章で言及したものだが、行論上の必要性からもう一度繰り返す。

(110) セクストス・エンペイリコス、金山弥平、金山万里子訳『ピュロン主義哲学の概要』(京都大学学術出版会、一九九八年)三七〇頁。

(111) 同、七七頁。

(112) Montaigne, *Œuvres Complètes*, Gallimard, 1962, p. 565.〔モンテーニュ、原二郎訳『エセー(三)』(岩波文庫、一九六六年)二七六頁。〕

(113) Isaiah Berlin, *Vico and Herder*, London: Hogarth, 1976. p. 153.〔アイザィア・バーリン『ヴィーコとヘルダー』(みすず書房、一九八一年)二九四頁以下。〕とはいえ、バーリンによるこのふたつの説の内容の定義は、ここで私が与えたものとは少し異なっている。

(114) Wilhelm von Humboldt, Ueber die Verschiedenheit des menschlichen Sprachbaues und ihren Einfluss auf die geistige Entwicklung des Menschengeschlechts, in Humboldt, Andreas Flitner/Klaus Giel (hrsg.), *Werke in Fünf Bänden*, Bd. 3, S. 434.〔フンボルト、亀山健吉訳『言語と精神』(法政大学出版局、一九八四年)九五頁。邦訳を一部変更した。〕

(115) cf. Isaiah Berlin, 'Alleged Relativism in Eighteenth-Century European Thought,' in Berlin, *The Crooked Timber of Humanity*.〔「一八世紀ヨーロッパ思想におけるいわゆる相対主義」『理想の追求 バーリン選集4』。〕

(116) バーリンの多元論、およびバーリンとテイラーに見られるヘルダーの影響については、中野剛充の以下の論考を参照のこと。「バーリンとテイラー――多元主義を巡って」、社会思想史学会編『社会思想史研究』二三号(一九九九年)所収。「多元主義思想の一系譜――アイザイア・バーリンとチャールズ・テイラー」、『社会思想史研究』二四号(二〇〇〇年)所収。また、川上文雄「アイザイア・バーリンの自由論における政治観」、日本イギリス哲学会編『イギリス哲学研究』第一五号(一九九二)所収。ただし、ここでのまとめはあくまでも筆者の理解にもとづいている。

(117) バーリンによる「許す」の意味解釈は、'Alleged Relativism in Eighteenth-Century European Thought,' p. 84.〔「一八世紀ヨーロッパ思想におけるいわゆる相対主義」で論じられている。しかし、そこで与えられている定義はわれわれの議論に資するものではない。

(118) 'Alleged Relativism in Eighteenth-Century European Thought,' p. 84.〔「一八世紀ヨーロッパ思想におけるいわゆる相対主義」、七七頁〕

(119) Charles Taylor, Multiculturalism and "The Politics of Recognition," pp. 66f.〔チャールズ・テイラー『マルチカルチュラリズム』九二頁以下。邦訳を一部変更した。〕

(120) ibid., p. 69.〔同、九五頁。〕
(121) ibid., p. 67.〔同、九三頁。〕
(122)「かつて西洋にとってのアジアとは、距離感と疎遠感との無言の表象であり、イスラームとは、ヨーロッパ・キリスト教世界に対する戦闘的な敵対心にほかならなかった。こうした恐るべき不変の相手を打倒するためには、まず最初にオリエントを知り、ついでオリエントに侵入してこれを所有し、しかる後、学者や兵士や裁判官の手で再＝創造しなければならなかった。すなわちかれらは、忘れられた言語、歴史、民族、文化を発掘し、それらを、同時代のオリエントを判断したり、支配したりするために利用できる真に古典的なオリエントとして、……同時代の東洋人の目の届かぬ所に……陳列してみせたのである。」Said, ibid., pp. 91f.〔サイード、九二頁。〕
(123) イギリス当局がサティーを禁止するに至った経緯は、大変興味深い。かれらは、宗教的に「寛容」であろうとして、インド人梵学者に依頼してインドの古典文献を調査し、その中にサティーを正当化する箇所が存在しないことを確認したうえで、公式にサティーを禁止したのである。しかし、今でいえば「多文化的」なこの態度は、実は根本的に近代ヨーロッパ的である。ヒンドゥイズムが宗教であること、宗教であるからには文書化された聖典が存在するはずであること、ヒンドゥイズムの本質はその聖典のなかにあること、聖典は古ければ古いほど正統性が増すことなど、かれらは無意識のうちにヨーロッパ的な基準を押しつけている。cf. Lata Mani, ibid., 1998 の第一章。なお、次の論文は、バリ島に関して似たような事例を指摘している。永渕康之「文化的権威の歴史化とその開示――バリにおけるヒンドゥー、法、カースト」、山下晋司・山本真鳥編『植民地主義と文化』(新曜社、一九九七年)所収。

# あとがき

この本は、三部構成に終章が加わるという形になっています。三つの部分を分けるふたつの切れ目——ふたつの転換点と言ってもいいでしょう——には、私が友人たちとおこなった調査旅行が関係しています。

もうずいぶん昔のことになりますが、独語独文学専攻で修士論文を提出した後、私は一種の無気力状態に陥ってしまいました。東洋の島国で、遠く離れたヨーロッパの文学作品について論文を書くという作業にどんな意味があるのかという疑問をもち、次になにをすれば良いのか分からなくなってしまったからです。

そこで、その後ドイツに留学した時、ドイツ文学研究の歴史、つまりゲルマニスティクの学問史を調べてみよう、と思い至りました。それによって、自分がしていることの制度的な基盤を確かめることができるだろうと期待したからです。その結果、第二部に収めたふたつの章のもととなる論文が出来あがりました。

しかし、そこで私が得た結論は否定的なものでした。それは、少なくともヨーロッパにおいては、ドイツ文学研究に限らず総じて国民文学研究は、制度としてすでにその歴史的使命を果たし終えている、というものだったのです。いまから顧みると、いささか性急な結論だったかもしれませんが、いまでも基本線においては間違っていないと思っています。

このようなわけで、ふたたび悶々とした思いを抱いていた私に手を差し伸べてくれたのは、一橋大学助教授（当時）だった畏友内藤正典君です。彼は、ドイツにおける外国人労働者、主としてトルコ人労働者の実態を調べる調査旅行に私を共同研究者として誘ってくれました。言うまでもなく、それは私にとってさまざまな意味で新鮮な経験でした。人と会ってインタビューをするということ自体、それまでしたことがありませんでした。極右政党の幹部にインタビューをしにいった時の緊張感などいまでも忘れることができません。その時の成果をまとめたものが、第三部にあたります。

そうこうしているうちに、大学で私の置かれている環境が激変しました。いわゆる大学院重点化改革というものがあり、私は総合文化研究科の地域文化研究専攻というところに所属することになりました。それまで同僚といえばドイツ研究関係者ばかりだったのが、アジア、中東、北米、中南米と世界のありとあらゆる地域を研究対象とする人たちと同僚になったのです。

そこには、私と同世代の仲間がいました。職場の同僚を仲間と呼ぶのはおかしいかもしれませんが、大学院重点化の過程で次々に降りかかってくる難問、難題に一緒に立ち向かっているうちに、自然に連帯感が生まれました。

そこで私たちは、地域横断的な（フランス、中国、北米、中南米そしてドイツにまたがる）テーマを設定し、共同研究をしようということになりました。広域移民を研究対象に選んで科学研究費を獲得し、カリブ海の諸地域へ調査旅行に出かけました。仲間には「不惑にして第三世界を知る」などとからかわれましたが、ヨーロッパ以外の地域を知らなかった私には、その旅行は掛け値なしに驚愕と驚嘆の連続でした。私は、ジャマイカとガイアナで、貧困とはなにかを初めて知りました。フランス領ギアナやグアダループでは、その自然と街並みの美しさに魅せられつつも、ヨーロッパからの独立とヨーロッパへの従属が、たった数百キロしか離れていないカリブ海諸国、諸島にもたらしたあまりの違いに呆然としました。この体験がなければ第一部のふたつの章や終章が書かれることはなかったでしょう。ヨーロッパはその外部からも見られなければならないという当たり前のことに、私はようやく気づいたのです。

これらの旅と友人、仲間たちにこころから感謝します。

カリブ海への旅行は、もうひとつの大事な出会いのきっかけとなりました。調査旅行の成果は『クレオールのかたち』として、二〇〇二年、東京大学出版会から刊行されました。それを編集者として担当されたのが、後藤健介さんです。なにも書くことができずに苦しんでいた数年間のあいだ、後藤さんからいただく葉書に書き添えられた励ましの言葉が、私にとってどれほど心の支えになったかは、おそらく後藤さんご自身の想像をはるかに越えるでしょう。本当にありがとうございました。

最後に、私が書くものの最初の読者にして最も厳しい批評家でもある妻典子に感謝することを許していただきたいと思います。もし、この本が多少なりとも読むに耐えるものであるとしたら、それは彼女のおかげです。

足立信彦

二〇〇六年春

# 初出一覧

第一章　カリブの人喰い人種

「カリブの人喰い人種——食人言説と相対性」、遠藤泰生・木村秀雄編『クレオールのかたち——カリブ地域文化研究』東京大学出版会、二〇〇二年、一七五—二一〇頁を一部改稿。

第二章　言語・人種・多様性

「言語・人種・多様性」、田中克彦・山脇直司・糟谷啓介編『言語・国家、そして権力』ライブラリ相関社会科学4、新世社、一九九七年、四七—七五頁を全面的に改稿。

第三章　童話と政治

「ヤーコプ・グリムにおける歴史と国民意識」、東京大学教養学部外国語科編『外国語科研究紀要』一九八六年、第三四巻、第一号、一—二三頁を加筆修正、改題。

第四章　文学・歴史・革命

「ドイツ国民文学史記述と歴史の機能」、長沼敏夫編『近代ドイツ精神の展開』朝日出版社、一九八八年、二三九—二八八頁を改題。

第五章　移民のいない「移民国」ドイツ

「ドイツという国の生きにくさ——なぜ外国人はドイツ人になれないのか、なりたがらないのか」、内藤正典編『もうひとつのヨーロッパ——多文化共生の舞台』古今書院、一九九六年、一七—三〇頁、および「移民のいない多文化主義——ドイツにおける外国人統合問題」、川田順造他編『岩波講座　開発と文化4　開発と民族問題』岩波書店、一九九八年、一六九—一八三頁を全面的に改稿。

第六章　「文化」の限界

「「文化」の限界――「統合」と「多文化社会」の間で」、『ドイツ研究』第一五号、日本ドイツ学会、一九九三年、二〇―二五頁、および「相対主義のヤヌス――差別と寛容の論理」、『本』講談社、一九九三年一二月、三五―三七頁、および「人種なき人種主義」、『ＵＰ』二七〇号、東京大学出版会、一九九五年、四五―四九頁を全面的に改稿。

終章　〈悪しき〉文化について…書き下ろし。

# 索　引

## あ 行



## か 行

## さ　行

## た　行



## な　行



## は　行

## ま　行



## や　行



## ら　行

## わ　行

**著者紹介**
足立信彦（あだち・のぶひこ）
1956年生まれ
東京大学大学院総合文化研究科教授
主要著書に，
『近代ドイツ精神の展開』（分担執筆，朝日出版社，1988年）
『言語・国家，そして権力』（分担執筆，新世社，1997年）
『クレオールのかたち』（分担執筆，東京大学出版会，2002年）

〈悪しき〉文化について

2006年6月20日　初　版

［検印廃止］

著　者　足立信彦

発行所　財団法人　東京大学出版会
代 表 者　岡本和夫
113-8654 東京都文京区本郷7-3-1 東大構内
電話 03-3811-8814　Fax 03-3812-6958
振替 00160-6-59964

印刷所　大日本法令印刷株式会社
製本所　牧製本印刷株式会社


ISBN 4-13-010101-3　Printed in Japan

| | | |
|---|---|---|
| 工藤庸子 | ヨーロッパ文明批判序説 | A5・七〇〇〇円 |
| 石井洋二郎<br>工藤庸子編 | フランスとその〈外部〉 | A5・四五〇〇円 |
| 小坂井敏晶 | 民族という虚構 | A5・三二〇〇円 |
| 蓮實重彦<br>山内昌之編 | いま、なぜ民族か | A6・二〇〇〇円 |
| 山下晋司 | バリ観光人類学のレッスン | A6・三二〇〇円 |
| 油井大三郎<br>遠藤泰生編 | 多文化主義のアメリカ | A5・三八〇〇円 |
| 小泉順子 | 歴史叙述とナショナリズム | A5・六二〇〇円 |
| 桑野　隆 | バフチンと全体主義 | A5・四五〇〇円 |
| 山本博之 | 脱植民地化とナショナリズム | A5・八二〇〇円 |
| 丹治　愛 | ドラキュラの世紀末 | A5・二四〇〇円 |
| 遠藤泰生<br>木村秀雄編 | クレオールのかたち | A5・四四〇〇円 |

ここに表示された価格は本体価格です．御購入の
際には消費税が加算されますので御了承下さい．